带团队秘诀

Tips for Leading Your
Team to Excellence

一看就懂的管理圣经　一点就透的带队秘诀

91种带队方法论　100句管理箴言

牛留栓◎著

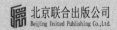

北京联合出版公司
Beijing United Publishing Co.,Ltd.

图书在版编目（CIP）数据

带团队秘诀 / 牛留栓著. —北京：北京联合出版公司，
2018.8

ISBN 978-7-5596-2474-1

Ⅰ.①带… Ⅱ.①牛… Ⅲ.①企业管理—组织管理学
Ⅳ.①F272.9

中国版本图书馆CIP数据核字（2018）第195846号

带团队秘诀

作　　者：牛留栓
策划统筹：杨勤健
责任编辑：昝亚会　　夏应鹏
特约编辑：徐润涛　　卢丽利
封面设计：颜　森

北京联合出版公司出版
（北京市西城区德外大街83号楼9层　　100088）
三河市龙大印务有限公司　新华书店经销
字数：253千字　710毫米×1000毫米　1/16　17印张
2018年12月第1版　2018年12月第1次印刷
ISBN 978-7-5596-2474-1
定价：56.00元

优秀的团队靠什么支撑

带团队，这是一个让许多人充满困惑的命题，即便是深谙管理之道的企业家，就带团队而言，也不能说完全掌握了所有秘密。团队管理本身具有日日新的特点，没有一劳永逸的方法，只有在不断的实践过程中总结经验教训，调整理念方法，才能走出一条符合团队发展实际的道路，因此，领导者每天必须拿出时间来思考这个问题。

团队的强大，是每一位团队成员努力的结果，但主要依赖其团队制度与文化的开创者，而团队弱小，主要责任也同样在于这个组织的领导者。但凡把团队出现的问题，归咎于下属如何如何差、外部环境如何如何糟糕、竞争对手如何如何强大、公司历史旧账如何严重的领导者，都是不合格的，因为他不知道自己的职责。

团队领导者是整个组织的领头雁，若不明白自身的职责，整个团队就将分崩离析。站在团队管理的高度，领导者必须懂得一个优秀的团队是靠什么支撑下去的，是靠什么让团队成员在工作中找到事业的归属与人生的价值的。在我看来，一个优秀的团队离不开这五大支柱的支撑。

第一，领导者高尚的品性修为。

领导者的品性修为看似是个人问题，实则是团队管理最根本的所在。它具体包含：认真的自我批评、主动沟通，乐于倾听、愿意为下属的过错承担责任、不做以私害公的糊涂事、严以律己、宽以待人、心胸宽广、乐于吃亏。

领导者唯有先完善自己，管好自己，才能带好团队。时时处处用自身的言行举止影响大家、带动大家，树立、传递和弘扬正能量，领导者就会拥有一种持久的、无形的人格魅力，成为众人学习的榜样，带动大家朝着积极的方向前进。

第二，具有向心力、凝聚力、塑造力的团队精神。

团队精神涵盖的内容极为丰富，如责任、协作、共享、和谐、尊重等，我想把这些字眼集中到更为具体的事物上来，这便是大雁精神。大雁从没有独自一只在天空飞行的，我们经常看到的都是一行行、一排排大雁组成的雁队。没有一只大雁可以独自飞到南方，正是每一只大雁成就了团队，也正是整个雁队成就了每一只大雁。

优德历经十几年的风雨沧桑，涌现出了众多业务精英，创建了一支支执行力超强、富有战斗力的业务团队，凭借的正是大雁精神。优德人彼此扶持，相互信任，爱岗敬业，敢想敢干，永葆对事业的追求和激情，成就了今日强大、进取的优德。

第三，刚性、理性、亲民的制度。

团队要制度化管理，这要在实际管理中严格执行。在团队的日常管理中，保证制度的刚性是根本，不因员工对团队做出过贡献而手下留情，不因领导身份而随意变通，更不因谁与领导关系密切而网开一面，这体现的是制度的公正性。

制度有刚性并不意味着制度就不需要完善。制定制度的目的是对一些模糊不清的事项做出一个明确的规定，因此，制度的时间性很强，我们必须关注团队的规章制度，发现不切实际或不合情理的要及时纠正，这体现的是制度的理性。

制度化管理并不意味着死板与僵化。人都会犯错，但有的是故意为之，有的则是无心之失，这就需要针对不同情况，采取不同的应对措施，因此，制度也要亲民。好的制度，是因符合人性而被人们自觉遵守，而不是因为惧怕被迫遵守。

第四，共同的愿景和价值观。

没有共同的愿景和价值观的组织不叫团队，只能叫团伙，而团伙是没有未来的。共同的愿景和价值观是软性的企业文化，它就像磁铁，将不同年龄、不同学历、不同经历的人紧紧凝聚在一起，使之具有积极向上的强烈欲望，以及为了共同的目标而努力奋斗的实际行动。

我在这里强调"共同"二字，是因为愿景和价值观必须符合团队所有成员的利益与追求，必须是团队所有成员归属感的重要依托，必须是实现共同梦想的指引与导向，唯此，才能齐心协力干大事。如果领导者将愿景和价值观视作噱头，那么他的团队建设工作将会面临重重的危机和挑战，毕竟彼此的信任是合力产生的根基。

第五，"提携成长，人尽其才"的人才培养观和使用观。

一个人的能力是有限的，如果只靠领导者一个人的智慧指挥一切，即使一时取得了惊人的进展，也肯定会有行不通的一天。因此，团队不能仅仅靠领导者经营，而要依靠全体员工的智慧经营。

依靠全体员工的智慧，需要领导者按照每个人的才能配置岗位，制订长期的人才培养计划，大胆提拔年轻人，敢于授权，给予试错的机会，让每个人的才能都能充分地发挥出来。

一个真正优秀的领导者，不以个人的好恶标准识人用人，善于用比自己更优秀的人，善于团结比自己更强的人。有才之人多少都有些傲骨和脾气，只要不影响大局，领导者也需要放宽心胸，宽容接纳，当然，那些品德低下的人，即便再有才华，也不能任用。

团队管理说大了是一门科学，说小了是一种能力。这种能力不是那些所谓的管理技巧、人际门道，而是领导者对自我的定位以及对团队价值的定义。当领导者明确了自我定位和团队价值，就自然会看到，上述支撑团队的五个支柱，其中心点是"以奋斗者为本"。

一个团队必须要以奋斗者为本，以价值创造者为尊；要创造以奋斗者为本的人才机制和文化土壤，让懒人、庸人、不创造价值的人汗颜并被淘汰出局，让奋斗者和价值创造者快乐并脱颖而出。人是团队价值创造的源泉，是团队成长的伟大力量。毫无疑问，带团队的基本点就是要"以人为本"。

在本书中，我除了分享或亲历、或耳闻的故事，也注重体系化的理论和经验的阐释。这些理论和经验，是我 20 余年来带团队的实战总结，包括内部协同管理、团队文化管理、团队核心发展思维，等等。

　　本书没有故作高深的描绘，每个篇章都深具可读性和参照性。因此，本书既是一部中高层领导者可以参考的团队管理书，也是一本团队员工可以拿来汲取经验、提升自身工作主动性、创造更多价值的实战之作。我相信，等你阅读完本书，当有人问你：给你一个团队，你会怎么管？你的表情一定是笃定的，因为在你心中已经有了答案。

给你一个团队，你会怎么管

一个合格团队的组建应该具备哪些条件？依我所见，它需要这样三个条件：一是个体的自主性，二是行动的思考性，三是群体的协作性。领导者只要使下属充分具备了这三大要素，团队的基础便牢牢地打下了。

让很多团队领导者感到困惑的是，自己的团队即便有了明媚的底色，但之后的发展却仍然会被长久的阴霾笼罩。在实际的工作中，领导工作所遭遇到的诸多现实困境远远超出他们的想象。人性上的种种问题，常常让团队的管理面临巨大压力，不管是中高层管理者还是创始人，在他们坚强的身影下是隐约可见的苦恼和委屈：自己身为团队的一员，却丝毫感受不到团队的支撑；他们付出的比别人多，却得不到下属的理解和支持；他们做得越多，越感觉自己无力，越被下属疏远，甚至在陷入苦斗之时，遭人背叛。

出现类似这样的问题，原因是多种多样的，但归结到一点，是管理上的问题。实际上，带团队就是带人，管理团队的核心就是怎样管理人。管理的本质是让人把事情做得更好。这句话有两层含义，其一，管理要讲究实用主义，不仅仅是内在的机制。其二，团队领导者的任务是管理员工的行为，以实现组织目标。

为了最大化实现上述目标，团队领导者既要充当管理者的角色，又要充当教练的角色。管理者确定团队的发展目标，为团队实现这一目标制订指导性的行动方案；教练则要帮助员工提升各方面的能力，确保他们有能力做到最好。在整个团队架构中，管理者也是参与者，像过去那样只知发号施令，把自己的决定强加给员工的人，只能被员工孤立，而单纯地扮演教练的角色，以为每一个员工都能如期如愿地达成目标，这也是一种海市蜃楼般的虚幻。因此，管理者和教练两种角色缺一不可。通俗点说，做领导的，既要有把控大局的能力，也要着眼帮助员工成长，这两者都是工具性的，当然核心还在于后者。

在不同阶段确立不同的领导方式、制定有挑战性的团队目标、提升团队的生产力和士气、培育团队精神、改善内部沟通、提升整体效率、化解内部冲突、明确个体职责、体现公平公正、建立系统化的激励机制——这十项是团队领导者的基本工作内容，从中我们不难发现，这十项内容所指的对象都是"人"这一主体，也就是说人是一切管理的出发点和落脚点，脱离人而大谈特谈管理，是不现实的，而在这当中，帮助员工成长是核心中的核心。

帮助员工成长，是优德控股集团董事长牛留栓始终奉行的团队管理理念，他用质朴的语言阐释了其中的内涵：团队的领导人要允许手下的人犯错误。人无完人，没有错误如何成长，没有失败如何成功。给别人机会就等于给自己机会，帮助别人就等于帮助自己。成就了别人，才能成就自己。先让跟随自己的人成就梦想，自己的梦想就更水到渠成。不能光打自己的算盘，不考虑手下付出了多少，能得到多少。

允许犯错、给予机会、帮助别人、成就他人、多为手下考虑——无一不是为了促进员工的成长，在这个过程中，正如牛留栓所强调的，领导者要建立传帮带文化，要怀着公平之心为每个成员做指引，不仅自己把工作做好，还能帮助别人做好工作。

帮助员工成长，其实也是在帮助领导者自己，员工成长了，具备了解决各类问题的能力，领导者就能有更多的精力思考团队战略，为团队发展指引方向。如果忽视了员工的成长，或者说为了自身所谓的权威，故意打压员工，那么只会出现一个结果，那就是自己一个人疲于琐事，无暇抽身。

帮助员工成长的另一个益处在于，每个人的能力各有不同，注重发挥他人的长处，用心弥补他人的短处，把个人的弱势变成集体的优势，就能打造出完美的团队。

牛留栓在任何一个场合，都把员工挂在嘴边，记在心上，放在最重要的位置。这源于他的情怀。因为有情怀，他将自己定位为后勤工作者，提出并且践行"公司的事，员工来解决；员工的事，公司来解决"的人文理念；因为有情怀，他不被传统思想束缚，用人不问出身、不论亲疏、唯才是用，不看文凭看水平，不看阅历看能力。

　　牛留栓情怀的出发点和落脚点都在一个"人"字上，他在这部心血之作中不厌其烦地一再强调：员工是团队的主体，领导者要真正将员工当作一起成长的伙伴、不可缺少的无形资产。正因具备这样独特的团队管理思想，牛留栓将优德打造成了所有参与者都能拥有获得感、成就感、幸福感的舞台。

　　牛留栓擅长用通俗易懂的语言来讲道理，一说就透，一讲就懂。在这部著作中，他依旧用他的牛式语言来阐述专业性的问题，同时又不失逻辑的严谨。他通过简洁有力的描述与翔实的案例，为我们揭示了团队管理的真相，告诉我们应该如何建设和管理一个团队。内容富有系统性与针对性，容易上手，尖锐深刻。

　　牛留栓的这部著作有着非常清晰的定位，适合中国的团队领导者学习参考，同时又具有很强的指导性，为初创业者提供了丰富的经验。以上正是这部著作的价值所在。

人民日报社河南分社社长　

 **目录**

引言　连接一切，赋能于人

PART1　怎样用人

第一章　骨干是折腾出来的 / 012

宝剑锋从磨砺出，梅花香自苦寒来，这种锤炼的过程能让人产生韧性与干劲。骨干是要在关键时刻扛住重担的人，能享受多大的荣耀，就要能承受多大的委屈。我相信，最后淬炼出来的一定都是精华。

第二章　分清将才和能臣 / 022

带队伍讲究"用意不用力"，即善于任用将才与能臣，提纲挈领地达到"四两拨千斤"的效果，这就需要带队者具备"察贤"的本领。不论是十佳品质、"八观六验""六戚四隐"，用人都不能片面唯贤，而应当综合考量。

第三章　谋人取才，用人取德 / 032

天行健，君子以自强不息；地势坤，君子以厚德载物。一个人不管在团队中处于什么位置，都应该将德才兼备作为律己的要求。领导以德服人，成员充满能量，整个团队就能充满正气。

第四章　给团队一个学习的氛围 / 039

竞争力的与时俱进，其实质就是人才的与时俱进；而人才的与时俱进，我认为关键在于及时更新专业知识储备。任何事情的改变无外乎是由内因、外因两个方面导致的，所以我们一方面倡导形成自学的意识，另一方面为所有人提供最好的条件，创造团队学习的氛围。

第五章　培养人才就该"传帮带" / 047

中华民族特别讲究文化传承，好的东西应该代代相传，发扬光大。企业文化的传承其实很好落地，就是领导者以身作则，传授、帮助、带领。君子成人之美，不成人之恶，优秀的领导者也是一样。

第六章　用合适的人，做正确的事 / 057

人无完人，同时人无废人。就像七巧板一样，每块都不一样，但每块都有用武之地，只要搭配合理，相互取长补短，就能拼成完美的图形。不要总是盯着一个人的短板看，即便自己克服不了，也可以用其他人的优势来弥补。准则只有一个：用合适的人，做正确的事。

PART2　如何管理

第一章　打造混凝土一样的聚合团队 / 066

孤阴则不生，独阳则不长，故天地配以阴阳。优秀的团队应该像混凝土一样，充分发挥优势，充分协同合作，让团队的合力最大化。

第二章　先遵守规矩，再体现个性 / 073

制度是团队的规矩，人人都应当遵守，执行要尽力，赏罚要从严，如此才能捍卫制度的威信。不过，制度无私并不代表着管理无情。管理团队的本质还是管人，人是有创造力的，是有温度的，所以好的制度要能让人"随心所欲不逾矩"，这种灵活就是制度的思想。

第三章　鼓励狼性，淘汰小资 / 080

我对团队的要求就是，要有一股狠劲儿，无论是对工作还是对自己。这股劲儿不是天然就有的，需要有人正确引导，适时推动，这是团队领导的一项必修课。带着工作的理念去生活，这一点我不管；但带着生活的理念来工作，这一点绝对不行。

第四章　审时度势，不忘初心 / 089

世上唯一不变的就是变化，因地制宜、因时而动也由此成了千年不变的哲理。创新并不是无中生有，也不是推倒重来，而是一种继往开来，即审时度势而不忘本。正所谓"不忘初心，砥砺前行"。

第五章　内部竞争，外部进化 / 096

一个团队走向失败的原因往往是多种多样的，但变得优秀的原因却大致相似。内部有一套良性竞争的机制，对外敢于在开放吸收中快速进化。正是通过这种内外兼修，团队的综合战斗力才能稳步提升。

第六章　公平就是一碗水端平 / 104

世上从来没有绝对的公平公正，团队领导的任务之一是不断地改进，尽可能做到相对的公平公正。凡治天下者，必因人情。一碗水端平，才能上行下效。做到了亲疏如一，管理方游刃有余。

第七章　伟大都是干出来的 / 111

执行力也是一种竞争力，甚至是一个企业的基础力，它解决的就是一个"做"字。再优秀的战略，没有执行力也等于零。培养团队的执行力，就要让员工尝到主动执行的甜头，继而默化成一种习惯。习惯了上行而下效，执行力就会在团队中扎根。

第八章　终极管理，无为而治 / 118

将能而君不御者胜，展现的是无为而治的道理，是一种更高程度的自动自发。通过简化层级、制度管理、文化凝聚等一系列内部管理生态的优化与变革，使整个团队达到"力出一孔，利出一孔"的效果，无为而治距离高效的管理就近在咫尺了。

PART3　用什么激励

第一章　薪酬不能导向福利 / 126

发给员工的薪酬要够，且要有竞争力，但是有一个前提，员工给团队创造的价值也一定要够。高薪酬是一种奖励措施，要奖给优秀的员工，同时保障公平，拉开奖与不奖的差距。薪酬千万不能导向福利，没有产出的就不能拿奖，否则对员工和团队都是百害而无一利。

第二章　一切以责任结果为导向 / 133

企业的首要任务是生存，而没有利润，企业就不可能存活，因此利润是企业存在的根本，它就是团队要关注的结果。从本质上讲，考核就是为了激励员工更有效地为团队创造价值，所以我们的考核要做到目标明确、重点突出、公平公正，用数据说话。

第三章　赏得心动，罚得心痛 / 139

激励的关键在于有效，有效的关键又可以分为两点，一点是及时处理，一点是找对人。表扬要当面，批评要私下，考核是为了弘扬优势，摒除陋习，提高团队战斗力。只能把人赶跑而不能催人奋进的考核是失败的考核。

第四章　许以金钱，更授予荣誉 / 148

带团队要讲文化、立制度、明赏罚，赏罚的重点在"赏"字上。物质奖励是基础，授予荣誉能拔高人的价值，两者是相辅相成的。物质激励不足，员工就没有安全感；精神激励不足，员工就没有激情。不到位的奖励等于没有奖励，节约管理成本千万别在这上面做文章。

第五章　大权在握，小权分散 / 156

管理者必须明确自己的岗位责任和工作范围，同时要明确部属的权力和职责。主要权力要集中在管理者手中，部分权力可以分散给部属，做到大权在握，小权分散，各司其职，各负其责，这样的团队才能有序、稳固、高效。

第六章　用而有度，授中有控 / 163

行圣人之礼，遵中庸之道。中庸讲求的就是度，不偏不倚，不骄不躁，不疾不徐，过犹不及。管理亦是如此，它是一种可定性而难以定量的工作。用而有度，授中有控，是为定性；用几分，空几分，是为难以定量，自在管理者心中。这就是管理的艺术。

第七章　大浪淘沙，胜者为王 / 170

考核是团队管理中的一大重点，也是一大难点。考核体系不要太复杂，关注什么，就考核什么，这样也能明确员工的奋斗方向。一旦推行考核制度，就要公平、从严，像大浪淘沙那样，每个人都要接受考验。真金不怕火炼，是金子总能发光。

PART4　靠什么带队

第一章　梦想引领，砥砺前行 / 178

前行的道路一定是长远而艰辛的，正因如此，团队领袖更要背负起每个成员的前途与命运，要用梦想引领大家的方向，团结万众，凝聚人心，永不停息地为实现这一梦想而奋斗。

第二章　上下同欲，风雨共舟 / 185

上下同欲者胜，风雨共舟者兴。当众人愿意为了实现团队的梦想甘愿吃苦时，这支队伍一定更容易拧成一股绳，一定是无往而不胜的。团队自上而下做到了同心同德，没有理由不会同向同行。

第三章　正人先正己，做事先做人 / 193

其身正，不令而行；其身不正，虽令不从。榜样的力量是无穷的，正人先正己，做事先做人，优秀的团队领导者应当主动担起自己的责任，不揽功，不诿过，这样才能赢得下属的尊重与追随。

第四章 放下架子，用心聆听 / 200

有道是"知屋漏者在宇下，知政失者在草野，知经误者在诸子"。团队要成事，就需要召集志同道合之人。志同来自合作，道合来自倾听。领导者敢于听言纳下，正身黜恶，团队众人才会有信仰、有担当，向着梦想齐迈进。

第五章 将心比心，以心换心 / 208

一支同心同德的军队、身体力行的军队、有凝聚力的军队，才是无坚不摧的军队，才能够出奇制胜。一个光杆司令打不了天下，孤掌难鸣，就像舟和水的关系一样。领导者做到了将心比心，员工才能和领导以心换心。

第六章 胜则齐相庆，败则共相救 / 218

单丝不成线，独木不成林。个人通过努力可以实现小目标，团队通过努力才能落实大方向。团队的生存与发展要讲点大雁精神，掉队了拉一把，有困难帮一下。身在团队，谁都不能置之度外。唯有群体奋斗，才能群体成功。

第七章　洞察先机，做未来 / 226

企业要做未来就要有远见，这话落到实处，就是在强调人才的成长与科技的发展。一个真正有格局的管理人，他的手里一定得握着十年之后的人才，心里想的都是二十年后的世界。

连接一切，赋能于人

未来组织最重要的职能是赋能

重新定义领导者的身份

做家长式管理的终结者

未来组织最重要的职能是赋能

孔子有言："君子谋道不谋食。耕也，馁在其中矣；学也，禄在其中矣。君子忧道不忧贫。"这段话讲的是人生修养的境界问题，意思是说真正的君子不担心衣食和物质利益，他们担忧的是自己能否修道成功。

"修身，齐家，治国，平天下"是儒家文化中相当重要的一个思想，同时也是传统知识分子尊崇的信条。通俗点说，"修身，齐家，治国，平天下"就是以自我完善为基础，通过管理好家庭而后治理好国家，直至平定天下来实现人生的追求。这一人生追求的最高境界的原点，便是个人修养与作为。

《大学》强调修己是治人的前提，唯有修己，方能"帅天下以仁，而民从之"。按现在的话说，就是用充满正能量的人格魅力，在潜移默化中引导、影响周围的人，使之知廉耻、懂礼仪、明是非、知感恩、尊孝道，由个体的完善进而到社会的完善，而不是以强权暴力去统御控制。

人本身具有社会性，因此个人的修为最终要落实到社会层面才有意义。不过，相对个体而言，团队的社会性更为显著，它与社会变革联系得更为紧密。

互联网以它全新的交互形式，不仅改变了人与人之间的沟通方式与协作思维，更在颠覆传统行业的同时，颠覆了传统的组织治理方式。虽然未来的团队会演变成什么样子还很难有定论，但时代在超速发展，团队管理也必须要有超越传统的方式。那么，什么样的团队管理方式是超越传统，迎合时代需求的呢？简单地说，可以分为内外两部分，对外，它必须能够随时应对复杂多变的外部竞争环境；对内，它必须能够持续激发团队成员的内在动力，并在工作中持续为他们赋能。

传统的团队管理方式，带有明显的工业化时代思维，以"管控"为中心，以"剥夺感"为手段，将团队成员变成一条条流水线，一个个零部件，造成团队自我更新与迭代功能丧失。而超越传统的团队管理方式，需要重新定义团队的功能——不再将团队视作工具，更不将员工视作"物"，而是扮演起"连接器"与"孵化器"的角色，关注员工成长，给予充分授权，为其创造可以展示自己才能的舞台，使其意识到身为团队一分子的价值，从而建立起自主工作的意识，最大限度发挥个人才能，驱动"目标感""分解任务""获取资源""自我定义"四大能力的培养或养成，这便是"赋能"的基本内涵。

"赋能"一词，最早由阿里巴巴集团学术委员会主席、湖畔大学教育长曾鸣在为《重新定义公司：谷歌是如何运营的》一书所作的序言中提出："赋能"就是通过言行、态度、环境的改变与影响，为某个主体赋予某种能力和能量。它最早是积极心理学中的一个名词，后来被广泛应用于商业和管理学，其理论内涵是团队由上而下地释放权力，最终培养出员工自主工作的能力。

稻盛和夫把人像物质一样分成了三种：自燃型、可燃型和不燃型。自燃型的人比较坚强，他们很容易把自己燃烧起来，发出光和热；可燃型的人像木材或煤块，找得到火种，他们才可以燃烧；而第三种不燃型，没有被点燃的可能，即使有了火种，依然冰冷，无动于衷，甚至会泼冷水。

培养员工自主工作的能力，就是将不燃型人变成可燃型人，直至自燃，其本质是相信员工能够做正确的事；而前面提到的"目标感""分解任务""获取资源""自我定义"这四大能力是自主工作能力的四个维度，其中，我更看重"自我定义"的能力。

互联网时代的一大特性是不确定性。对营利性组织来说，最大的挑战不是来自竞争对手，而是来自瞬息万变的环境，为了应对各种不确定性，组织需要不断进行变革，这时候员工的"自我定义"能力显得尤为重要。

传统组织以岗定人，以人设岗，组织与员工是点对点的关系。组织的任务是分派与监督工作，员工的任务是服从命令、听从分配，时间一长，组织的活力将会丧失，个体能力也容易渐渐衰退。而"自我定义"能力，反映的是个体的思考力、主动性、效能率，强调人与人之间的合作与分享，它要求个体不断学习新技能，在某一个方面有独特之处，其他方面的知识与能力也能做到随时更新、迭代，如同U盘一样，能适应任何一台电脑，即插即用。

"现代管理学之父"彼得·德鲁克在他最后一本书《21世纪的管理挑战》中提到，预测未来的最好方法是参与创造。而我要说的是，团队的健康发展，同样依赖于员工的参与创造。员工是团队发展的参与者，而不仅仅是任务的接受者和旁观者；团队则是员工美满工作、幸福人生的参与者，同呼吸、共命运，彼此协作，达成共赢。

要想使团队与成员之间成为彼此命运的参与者，势必要依靠团队文化。曾鸣指出，只有文化才能让志同道合的人走到一起，在彼此认同的基础上，形成信任关系，使组织内部人与人的联系更加紧密，从而激发持续的创造力与斗志，最终相互成全。

君子谋道不谋食，君子忧道不忧贫。有所追求的个人注重修养作为，人正其心，必能正其行，正其行，众人使之，天下归心，又何必忧心衣食俸禄为几何？作为团队也是如此。当这个团队注重个人成长，注重过程创新，注重思维创意，轻管理重释权，少层级多沟通，给每个成员营造足够的创新空间和成长锻炼的机会，团队领导者又何必担心留不住人，做不出成绩？

修己治人，重在"修己"，明德于天下，故而天下从之。在今天快速变化的环境下，着眼于未来的组织，通过赋能，将激发团队成员的自发力，打造能够应对变化的敏捷团队，故而忠诚有之，效能倍之，在任何环境下都能创造出卓越的成就。

重新定义领导者的身份

如今叱咤风云的不少商界翘楚、企业大咖，二三十年前，同样出身"草莽"，做事"简单粗暴"，不讲规矩，没有制度，只有江湖，他们的这一特点，被有些媒体称为"原罪"。

我是不认可这种说法的，正如正和岛创始人刘东华所说，中国的民营企业家没有原罪，有的是原功。因为中国的企业家，尤其是民营企业家，是伴随着改革开放成长起来的，当时他们鲜有制度的保障，无不是摸着石头过河，披荆斩棘，在前面蹚雷、开路，流汗、流泪、流血。他们以那个时代的行事风格、管理方式、经营手段，以令人难以置信的速度让自己的企业在体制外壮大，在资源、市场、人才、政策、资金甚至个人地位都毫无优势的前提下实现了高速成长，为国家的经济发展和制度建设贡献了自己的一份力量。

要说这些企业家是野蛮生长，那也是时代使然。而当下，他们和他们的企业，依旧焕发出强大的生命力，依旧在自己所处的行业引领潮流。那是因为作为企业的领导者，他们适时转换自己的角色，调整做事的方式，从"野蛮的闯入者"转变为"坚定的守夜人"。

著名财经作家吴晓波指出，民营企业家野蛮生长的时代已经结束了。在互联网时代，新事物层出不穷，趋势发展、科技进步……组织的功能被重新定义，领导者的身份也在发生新变化，卓越领导者的特征和关键行为也被重新定义。如果说过去的企业领导者的身份更多的是一个管理者、监督者，那么现在的领导者的身份又是什么呢？要具备什么样的能力，才能带领企业、带领追随自己的人走向一个又一个成功呢？

在我看来，一个称职的、符合时代要求的团队领导者，不管他领导的团队是什么性质的，团队成员多或少，对团队的定位、对业绩的需求是什么，他总是离不开这五种身份：高尚道德的铸造者、正向价值的传播者、身居一线的实干者、多维冲突的化解者、引领创新的变革者。

在这五种身份中，我将"高尚道德"与"正向价值"放在前两位，意在突出与强调领导者舍私利、行正道的品行操守。领导者是团队的主心骨与精神领袖，领导力、人格魅力、影响力、吸引力及号召力的提升，都建立在领导者的品行操守之中，这包括以"大我"的爱去包容一切，以奋发图强的精神去引导一切，以兼容并蓄的方式去接纳一切，如此，方能如吸铁石一般牢牢吸引住德才兼备的人才，激发员工最大程度的热情，从而与团队成员共同创造出卓越的成果，将团队推到一个别人难以超越的高度。

领导者是团队的主心骨与精神领袖，这并不等于说团队是领导者的私有物，可以随心所欲，任意为之。肆意践踏员工的尊严，随便牺牲员工的利益，还美其名曰是为了集体的利益，其实只是为了一己私欲。

团队，是所有成员互相依靠、彼此成全的纽带与桥梁，它需要的是引领者而不是独裁者，注重的是合作共赢，而不是占有控制。

领导者作为团队主心骨与精神领袖，应有五个方面的特性：第一，明确事业的目的和意义，并向员工明示；第二，描绘梦想，揭示更加远大的目标；第三，创造有助于提高员工满意度、幸福度的环境；第四，绝不将老员工弃之不顾；第五，愿意并主动做出自我牺牲。

现在很多企业家都在谈"领导力"，我认为领导力在某种意义上是一个过程，当一个领导者行善无私、谦卑有礼、知人善任、敬人爱人、以义为利，且最终自利利他时，这便是领导力。领导力当然也取决于领导者对自己的身份定位，什么样的领导，就有什么样的领导力。

团队领导者在新时代的五种新身份也好，团队主心骨与精神领袖的五种特性也罢，归结到一起，无非四个字，即"以人为本"。领导者是团队的向导，他必须承担起将团队成员带向康庄大道的责任，在翻山越岭、跋山涉水的过程中，他有义务保障每个人的安全，确保每个人得到自己的所需，赢得自己的所求，因此，我非常看重"创造有助于提高员工满意度、幸福度的环境"这一领导者特性。

员工满意度、幸福度是指个体作为职业人的满意度和幸福程度。创造有助于提高员工满意度、幸福度的环境，对团队发展意义重大，它的原点来自领导者的"高尚道德"与"正向价值"。有了这个基础，领导者还会担心员工完不成任务，与自己离心离德，做出损害团队利益的事情来吗？

团队中人的行为是人与人相互作用的结果，通过领导者重新定义自己的身份，从而改变团队所有成员的行为风格、价值观念、认知体系，是个持续的过程，是每个团队领导人必须深入思索并践行的课题。

做家长式管理的终结者

中国的很多民营企业带有明显的家长式管理痕迹，充斥着一言堂作风，权力高度集中在最高领导者手中，管理主要依靠最高领导者的个人直觉、经验和个性，没有正式的程序和规则，任人唯亲。习惯于家长式管理的领导，喜欢控制他人，热衷于别人的服从，将一起打拼的团队伙伴视为孩子。对家长来说，什么样的孩子是让自己满意的孩子？是听话的孩子。"我让你怎么干你就怎么干，我不让你干你就不能干"。下属只能听命行事，不能有半点不同的声音。

家长式管理的一大特点是"真主意，假商量"。拿现实中家长对孩子的批评来说，不管听上去多么刺耳，多么情绪化，家长都会解释成是为了孩子好。习惯于家长式管理的领导对员工同样如此，更有甚者，就是从道德上绑架员工，让员工顺从或者就范。他们经常挂在嘴边的话是："我给你那么高的薪水，你为什么还要跳槽？""我是老板都加班加点，你凭什么朝九晚五？"他的潜台词是：你只是个附庸，按我说的去做就行。哪怕这样做不对，或者不切实际，也得这样做。

独断专行是习惯于家长式管理的领导者的另一大特点。权力是个奇妙的东西，不仅能带来一定的成就感，还能带来实际的利益，但如果领导者对权力使用不当，太倚仗权力，不管做什么事都采取强硬的手段来压制下属，并且不厌其烦地一再向人们显示自己的权力，则不能使下属信服。

独断专行的恶果是显而易见的，其一是个人的权力无法受到约束；其二，独断专行必然会压制人才，影响下属发挥能力和智慧。

在一些企业，人才频繁流动，很大程度上是因为领导的独断专行。古人云，"士为知己者死"，用在这里并不一定合适，但善于倾听员工意见确实已经成为领导留住人才的关键要素之一。

松下幸之助是日本松下公司的创始人，在他的时代，松下公司从一个只有3名员工的家用电器制造作坊跃升为世界500强企业，一个重要的原因就在于松下幸之助善于与员工沟通。他经常问员工："说说你对这件事情的看法？""要是你来做，会怎么办？"这样做会使员工有被尊重的感觉，从而认真地发表自己的见解，使企业增产增效。

独裁式的家长经常用棍棒教育孩子，习惯家长式管理的领导则经常恐吓员工。恐吓分为两种，一种是文化恐吓，有些公司墙上写着"今天工作不努力，明天努力找工作"之类的标语，其本意或许是向员工强调危机意识、忧患意识，唤起员工工作的紧迫感，但很多时候这样的话语往往会起反作用。对于一些人来说，这就是赤裸裸的威胁，最糟糕的结果不过是卷铺盖走人。一种是随意进行经济处罚，员工做错事，不问缘由，上来就是"按制度处罚"，从来不问背后的原因，更没有想过如何调动员工的工作积极性，总是从负面激励上做文章。其中透露出来的信息，就是领导者的苛刻和无情。

有人会说，一个团队如果没有惩罚措施，那有人故意磨洋工，故意做错事，甚至故意损害团队利益怎么办？这样的人在任何团队都存在，但是毕竟是少数，如果发现有人故意这么干，直接请他走人即可，不应该抱着"宁可错杀三千，不可放过一个"的心理去管理团队。

团队的任何一项措施，任何一个制度，都要体现积极的导向性，而不是以负面思维去设计各种考核指标，然后无所不用其极地进行量化，一不小心出错就处罚，这样的方式只会引起员工的反感和惶恐。

习惯家长式管理的领导者，人治氛围浓重，既没有人情味，团队成员之间又缺少亲密感，内部管理往往以私情代公义，造成内耗，增加不信任感，形成二元对立。在经济全球化的冲击下，这样的组织必须随着社会的快速变迁而迅速调整，否则必被淘汰。那么，我们该如何破局呢？经验告诉我们有以下几种办法。

第一，转变思想观念。

团队领导者要把每个人当作独立的个体。每个孩子都是独立的个体，虽然他们需要家长的呵护与照顾以及引领，但他们也有自己的想法。作为成年人的员工，自然有独立的思考能力，有为自己担负责任的能力，不要总是把员工看成长不大的孩子。互联网时代，知识工作者越来越多，我们不能把员工当作螺丝钉来使用，而是要尊重他们，要让他们听从自己内心的召唤。

第二，多关注员工需求，做好正向引导。

有的员工，领导交代他做某事，他积极行动，勤于思考，总能取得令人满意的结果。但让他单独主动做些什么，他则往往陷入迷茫，不是他偷懒，而是因为他并不知道自己擅长什么，或者是自己的价值观与所从事的工作出现了不一致或者不协调。这个时候，作为团队领导者，所要做的是启发员工在更高的层面上思考一些问题，比如，"我对于团队的成长能贡献些什么？""在自己的工作岗位上能做出什么样的成绩？""哪些地方最能发挥我的个人价值？"引导员工将这些问题思考清楚，他才有可能找到自己的方向，才有可能充满激情与梦想。

第三，多鼓励，多给展示机会，让人才发光。

在一个团队中，成员大致可以分为这样三类。一类是"上将型"，领导者应给予这类员工充分发挥的余地和空间，让他们感到被重视，实现自我价值。一类是"良卒型"，对于这类员工，领导者应该重视鼓励表扬和期待的力量，要对"良卒型"员工进行正面的促进，尽量少用或不用负面的批评、惩戒。另一类是"健马型"员工，这类员工常常是刚加入公司的年轻人，领导者要多给他们锻炼的机会，帮助年轻员工树立信心。

第四，允许他人犯错。

智者千虑，必有一失，所以犯错是一种常态，不必苛求。领导者要学会敬重别人，包容别人，经常怀一颗慈悲的心去帮助别人。要把关怀员工、帮助员工当作自己的职责。

可能会有朋友质疑，这几个方法很常见，通过这四种一般管理学上的通行做法，就能改变领导者的家长式管理、独裁式手段吗？

中国市场经济的历史很短，虽然经过了几十年的发展与创新，但现代化治理道路依旧漫长。方太集团主席茅理翔指出，中国95%的民营企业是家族企业，并且其中的大部分仍处在传统家族企业阶段。即便是依照现代企业制度建立的公司，受传统文化的影响，其组织、其领导，也还是或多或少地存在家长式作风。

团队的日常工作，重在执行落实，执行落实不利，即便是最细微的问题，也会"小洞不补，大洞吃苦"；执行落实到位，大事化小，小事化无。所以，企业内部的管理，不是简单聘请一个职业经理人，或是引进管理团队就万事大吉了，企业管理需要在每天的具体工作中下功夫，破解家长式管理同样如此。

团队经营的所有方法，说到底都是围绕人而展开，脱离了"人"这一主体，所有的理念、方式、手段都是海市蜃楼。关注团队中的每个人，解决实际问题，才能有实际的效果。所以，上述四点方法，看似寻常普通，但若是将它们一一落实到位，团队与领导者的风貌，会有根本性的改变。

PART 01

怎样用人

　　为了适应时代的发展，我们要不断地创新。改变自己，也是一种创新。每天发现问题，敢于改变、敢于创新。当我们看不到自己的问题的时候，那就是一种停止不前。创新很重要，无论是企业发展，还是个人成功，都来源于创新。

　　要不想被淘汰，就必须要努力。付出了多少，就能得到多少。我们要保持学习能力，提高管理水平，提高个人素养，成为别人的榜样。

——董明珠·2018年开年干部会议讲话

第一章 骨干是折腾出来的

宝剑锋从磨砺出，梅花香自苦寒来，这种锤炼的过程能让人产生韧性与干劲。骨干是要在关键时刻扛住重担的人，能享受多大的荣耀，就要能承受多大的委屈。我相信，最后淬炼出来的一定都是精华。

脱胎换骨才能扛大任

《孟子》有云："天将降大任于斯人也，必先苦其心志，劳其筋骨，饿其体肤，空乏其身，行拂乱其所为，所以动心忍性，曾益其所不能。"在这一篇的主题下，我认为它可以解读出几层意思：要肯吃苦受累，能忍受挫折委屈，没有一番脱胎换骨，就扛不起团队要授予的大任。

阿里巴巴集团内部有个传统，叫"一年香，三年醇，五年陈"。就像酒的年份那样，工作满一年就是"香"，满三年就是"醇"，满五年就是"陈"，分别对应着对阿里文化的"认同""融入"与"传承"。到了"五年陈"的那一年，员工会收到阿里私人定制的一枚戒指，上面除了铭刻着阿里的笑脸Logo，还有员工自定义的个人标签，象征着这名员工真正地成了一名"阿里人"。这种传统被称为阿里的"年陈文化"。

我觉得这个"年陈文化"非常好，它看似是一个死规定，但其实在不声不响当中为团队的管理与建设做了很多事情。很多企业不见得明确地提出了"年陈文化"，但在实际操作上往往也遵循类似的标准。优德也一样，但凡走上高位的管理者，都要在基层摸爬滚打多年，尝尽酸甜苦辣后方可晋升，不管这个人的底子有多好，天分有多高。这就是所谓的"试玉要烧三日满，辨材须待七年期"。

刚刚走出校门的学生对工作充满激情，也很富有想法，他们的未来存在无数可能，前提是愿意沉下心来做事，愿意放低姿态来学习、奋斗。在优德一次内部会议上，有位市场部的领导惋惜地说，有个优秀的员工离职了。我当时问了四个问题。

第一个问题：他有多优秀？我得到的答复是：这个员工进公司两个月就拿到了小组的业绩冠军，曾经连续三个季度都被评为部门优秀员工。

第二个问题：他为什么离职？我得到的答复是：他认为自己优秀的表现没有被领导发现，态度和努力都可圈可点，却没有被提拔到一个更高的岗位上。

第三个问题：他在公司工作了多久？我得到的答复是：一年。

听完之后，我追问了第四个问题：你觉得你做得对不对？这位领导想了想，然后跟我说："我确实应该提拔他，这样他或许就能留下来了。"

我摆摆手，说："不见得。肯定一个人的进步，不一定就得体现在职位上。从你回答的第一个问题中，我也认为这个员工是个不错的苗子，进来两个月就能拿冠军，说明有天分；连续三个季度都拿优秀，除去运气成分，说明他有方法，肯努力。这种时候，你就得给他委派难度更大的任务，让他感受到压力与挑战，从而激起他更大的斗志，实现更大的进步。拿三个季度的优秀就翘尾巴，连失败和挫折都没有经历过，我不认为他能把队伍带得有多好。你给他升职，他绝对会骄傲自满。所以，你没提拔他是对的，但你没考虑到他是不对的。"

"年陈文化"的本质是时间的考验。换句话说，一个人优不优秀，有没有带团队的能力；一个团队过不过硬，唯有经受时间的考验才能知道。

除了考验骨干，这种文化还能纯净队伍。团队和成员之间是双向选择的关系，有点像谈恋爱，只有你情我愿才能在一起；再不济也是一方先妥协，双方凑合着过。有些人最初我们很看好，但最后我们没有走到一起，我管这个叫"没有缘分"。我从来不批评这些离开的人，人各有志，价值观不同而已，所谓"道不同不相为谋"。有些人最初不被我们看好，但在"凑合着过"的过程中，我们看到了他的进步，他也逐步认可了我们的文化，这种人就是应该被紧紧团结起来的人，因为时间换来了我们的缘分。当一个团队聚集了大量这种成员的时候，上行下效就会变得特别容易，领导有号召力，成员有执行力。

"年陈文化"的另一层含义就是"冷考验"，就是要故意"晾你一阵子"，看看你的德行、韧性怎么样，看看你有没有事业心、责任心，是不是这山望着那山高，有心当官，无心干事。提拔骨干，有时候就得故意施加一些这样的考验。

器必试而后知其利钝，马必驾而后知其驽良。检验坐在关键位置的人是否称职，就应该"试之以事，任之以事"，要以业绩为主，同时考察他们的能、勤、绩，唯有经历风雨洗礼、挫折锤炼才能见真章。一个人升迁得太快，这些方面的考察就必有疏漏，而且容易招致大家的嫉妒与不满，这对整个团队而言是巨大的风险；积累知识和经验的时间若不充足，对于人才本身的成长也是极大的制约。

因此，要想当团队的骨干，必须先踏踏实实在基层部门工作过，积累了相当的时间和经验，熟练地掌握了人际沟通方面的技巧，具备能融会贯通应对各种复杂问题的知识与能力。只有饱受挫折，善于总结，勤于思考，精于业务，培养起"好谋而成"的耐性和修养，才能不露怯地担当起团队的大任。

干部的干劲决定企业的发展

日本经济界泰斗土光敏夫先生多年前提出了一个观点："人们能力的高低强弱之差固然是不能否定的，但这绝不是人们工作好坏的关键，而工作好坏的关键在于他有没有干好工作的强烈欲望。"

相信大家对美国的《福布斯》杂志都比较熟悉，它是世界财经界四大杂志之一，内容颇具前瞻性，观点鲜明，不拘一格，我非常喜欢看。荣登《福布斯》的女性企业家并不多，玫琳凯是其中之一，她被评为"全球企业界最具传奇色彩并获得巨大成功的人物"。在我的印象中，被如此评价的女性企业家仅此一位。

玫琳凯是做推销员起家的，她的法宝就是始终保持热情，始终充满干劲，不管遇到多么困难、多么棘手的问题，她始终相信自己可以做到，并且不断自勉。所以，带着"致力于让女性的生活变得更加美好"的理念，她真的就把公司给办起来了。我认为，玫琳凯的伟大不仅在于创造了美国商业史上的一个奇迹，更重要的是为全世界的女性树立了一个成功的榜样。幸福生活都是铆足了干劲拼搏出来的，男人女人都一样。

时任新中盟集团董事长的孔祥丽女士在第五届中国健康产业企业家高峰论坛上有一段十来分钟的发言，里面提到了新中盟发展的几个阶段。2010年新中盟集团初创，2013年初见成效，2014年迈上一个新台阶，2015年飞速发展，到2017年如日中天。短短8年时间，整个新中盟从团队组建到稳定发展，再到快速提升、利润倍增，不仅要依靠科学的管理机制与优化组合，更要整个团队铆足了劲儿去努力，要一天24小时当成48小时那样去努力。团队的劲儿从哪里来？要从干部身上来。她有一句话说得特别好："干部有干劲，团队就有热情。干部的思维不改，团队的命就不会改，整个企业的运就不会来。"现在，她带着梦想创业"中发投"，并且立誓要用一两年的时间再创一个新中盟集团。我认为，她就是河南乃至中国的"玫琳凯"——她就是一个充满干劲的好领导，靠着这股锐气，什么团队都能快速向前发展。

有一本书叫《从0到1：开启商业与未来的秘密》，作者是彼得·蒂尔、布莱克·马斯特斯。我觉得这本书的名字取得特别好，形象地阐释了创业这个无中生有，然后破壳而出的阶段。创业、带团队，最难的就是"从0到1"的阶段，因为什么都没有，所以每个机会都要把握，只要有一点点希望就要争取，因此免不了打"大仗、恶仗、苦仗"，这个阶段是难熬的。

优德发展之初，我就做了个市场调研，想看看多少农村家庭有血压计和理疗仪器？后来发现，一百户人家不过就两户有。这就是强大的市场需求啊！当年的农村确实是医疗健康产业的蓝海，少有人涉足。但要进入这片蓝海，还是要下一番功夫的。

相对于生活在城市当中的人来说，农村人的健康意识要淡薄一些，你直接跟他们去讲这些医理知识，然后直接推销产品，他们就会认为你是骗子，根本不搭理你。我们当时很多跑一线的销售人员很辛苦，三十七八摄氏度的夏天跑到农村里，一两个星期可能只收获一身的蚊子包，不少人只能吃底薪，为了省钱，中午饭就啃一个大馒头。很多人跟我说打开医疗设备的农村市场太难了，觉得看不到希望，之前鼓起来的干劲一下子就泄掉了，一些人也因此选择了离开。我不怪他们，因为当时我们确实什么都没有。

不过，我们有很多干部还是不错的，知道该怎样在逆境中鼓舞人心。前两个礼拜，人家都不跟我们谈，后面愿意听我们说了，这些干部就鼓舞大家，我们有进步了；起初，人家不相信我们的产品，后面也愿意试用了，这些干部就鼓舞大家，我们真的有进步了；后来，我们慢慢地有了销量，这些干部就鼓舞大家，我们有希望了。带着队伍满怀信心，锲而不舍，这是多么可贵的品质！所以当年年底，尽管资金并不宽裕，我和高层的几个领导商量了一下，决定克服一切困难给这些优秀的带队者发奖。经历了苦战的他们也感触颇深，接到大红包的那一刻，很多人都流泪了。有个人当时说了一句话："公司就是我们的船，只有我们一起努力，才能驶向远方。"我握着他们的手，发自内心地感激道："你们就是优德的荣耀！"

大仗、恶仗、苦仗出骨干，这是一句真理。我为什么很看重干部的干劲？因为要想在大仗、恶仗、苦仗中凯旋，仅有杰出的业务能力是不够的，更重要的是心态——率领千军万马逆流而上的干劲。我们可以规划未来，却不能定论，谁也不知道5年、10年后到底会发生什么。马云说过这么一句话："今天很残酷，明天更残酷，后天很美好，但绝大多数人死在明天晚上。"为什么？就是让逆境与未知的困难把干劲给磨掉了。

困难远比想象中强大，未来也远比想象中美好。所有正在带队的领导，所有想要带队的领导，请向玫琳凯女士学习，请向孔祥丽女士学习。心有所向，不屈不挠，方能百战不殆。

通过任务了解潜力

谈论接班人的问题，我认为三皇五帝中的尧和舜就是非常典型的例子。尧是当时部落联盟的首领，是一名出色的管理者。他设置了谏言之鼓，让天下百姓能够尽其言；同时，他还立了一块诽谤之木，允许天下百姓在此指出他的过错。这一举措可谓开了管理沟通之先河，树了一个好榜样。

尧年老后，为了选出最为合适的接班人可谓煞费苦心。相传尧曾下令，要求各个部落的首领推举继承人，很多人都推荐了舜。舜出身于民间，因品德高尚，在民间颇有威望。为了考察舜，尧先把自己的两个女儿娥皇和女英嫁给了舜，以观察他怎样治理自己的小家；随后，尧又安排了九名男子侍奉在舜的左右，以观察他怎样待人接物。确认舜的品德没有问题，且德行高尚之后，尧开始让舜逐步接触国家管理方面的事务，如职掌五典、管理百官、负责迎宾礼仪，等等。经过三年的多方考验，尧对舜非常满意，最终传位于舜，并且留下了十六字心传："人心惟危，道心惟微，惟精惟一，允执厥中。"这十六个字收录于《尚书·大禹谟》，成为今天的中华心法。大意是：人心危险难安，道心幽微难明，只有精心一意，诚恳地秉执其中正之道，才能治理好国家。

舜上任之后，谨记"允执厥中"的思想，励精图治，大行中正之道，使全国呈现出一派欣欣向荣的景象。舜不仅成了中华道德的创始人之一，还成了华夏文明的重要奠基人。到了晚年，舜也效法尧，开始物色合适的接班人，并借助一定的任务加以历练、考验。最后，通过治水的考验，禹成了新一任接班人。

放在今天，尧和舜的做法可以用一句俗话来概括——是骡子是马拉出来遛遛。这是我非常喜欢的选人方法，它能直观、快速地展现候选人的才干和潜力。会带团队，那就带一支新队伍，几个月之后用成绩说话；会搞营销，那就做一套方案，用最终的业绩证明。通过执行具体的任务，往往能够发现一些乍看之下不怎么起眼的人，也能淘汰一些看上去很厉害的人。总而言之，本领强不强，具体事情上见分晓。

我自始至终都认为，一家企业，从高层领导到普通员工，每一个人的人格都是平等的，但每个人的能力都是不等的。我曾经在优德的内部会议上说过，公司和人之间的关系类似于水和鱼，水好鱼自然就好。这个比方其实还有下半句，那就是小池子里养小鱼，大池子里养大鱼。

《淮南子·主术训》中就有这样一段话："人有其才，物有其形，有任一而太重，或任百而尚轻。是故审豪厘计者，必遗天下之大数；不失小物之选者，惑于大数之举。譬犹狸之不可使搏牛，虎之不可使捕鼠也。"有的人干一份工作就叫苦叫累，连本职工作都干不好；有的人身兼数职也不嫌吃力，事情安排得井井有条。前者适合在"万年科员"中历练，后者可以在"万人之上"中履新。这些都要靠具体任务去检验才能发现，漂亮的履历是反映不了这些问题的。所以，小材应小用，大材应大用，别让狸猫和牛打架，也别让老虎去抓老鼠。量才施用，让每个人坐在合乎自己能力的位置上，这就是整个团队最大的公平，否则就会引起整个团队的失衡。

这个筛选怎么做？在此之前，我想先谈一谈团队中三种层次的人。一是"不负责任"的人，这种人是需要教育改造的，不接受改造就应当将他们清除出队伍；二是"为事情负责"的人，这种人能够完成领导交代的事情，却不关注事情后续的结果，他们适合被安排做基础性的工作；三是"为结果负责"的人，这种人会想尽一切办法，达成大家都想要的结果，他们就适合被好好栽培，成为领导接班人的候选人。搞清楚成员之中的这些区别，下达任务才能做到精准而有效。

对于刚刚毕业的学生，或者工作经验尚浅的年轻员工，适合给他们安排方向明确、内容具体的工作，这样很容易让他们快速熟悉业务，迅速掌握工作技巧，同时养成强大的执行力，有没有责任心也能在这个阶段的考验中一目了然。新员工的可塑性非常强，趁早帮助他们养成健康的工作观，对员工、对团队而言都是非常重要的事情。

对于有一定工作经验的老员工，或者是资质较好的新员工，布置工作时给一个大致的思路即可，剩余的交由员工去创造。能力足够的员工，会顺着思路思考，然后分解任务，自己制订一个细化落实的方案。在这个过程中，能力突出、积极上进的员工会逐步由"为事情负责"向"为结果负责"转变。

对于优秀的老员工，布置工作时可以再前置一个环节，提出问题即可，让员工思考问题，然后让他们理顺思路，制订落实的方案。对于极富创造力、能力出众的员工而言，这个阶段最能调动他们的积极性，能够最大限度让他们施展自身的才华。在此期间，领导把控整体方向即可，不要插手具体工作，要让员工在探索中快速突破自我。

其实，布置任务的过程最终是为了引导员工完成自我进化，然后择优而用，实现团队的可持续成长。相对于卸下领导自身的担子，更重要的是让员工学会思考自己的岗位，学会用最有效的方法解决眼下的问题，学会把握发展的方向。

通过任务了解潜力，这里面的内容不仅管理者要知道，优秀的员工也应当了解。现在，优德有不少优秀的年轻人在公司的鼓励下开始内部创业，已经组建或者即将组建自己的小团队。在这里我想以过来人的身份给大家提个醒，不要盲目聘用一些能力高的人，有多大的庙就请多大的佛，相互合适就是最好的管理哲学。

提倡循序渐进，允许破格晋升

十年树木，百年树人。所有骨干都是培养出来的，就像种树一样，先要挖坑翻土，营造一个适宜生长的环境；栽苗之后要踩紧土，给足水和肥，让它安定下来；其间需要因时制宜地处理生长中的问题，做到按需浇水、施肥、修剪、防病；处理完这些之后，剩下的就要交给树苗本身，让它在风雨中自然成长。

一棵树的成长要经历许多阶段，光是地面以上的部分就有很多变化，如长得越来越高，树围越来越粗，枝丫越来越多，等等。一个人能成长到什么阶段，在很大程度上取决于他为此投入了多少时间与汗水。总体来说，投入得越多，收获就会越大。

《领导梯队》这本书讲到了领导力发展的七个阶段：管理自我、管理他人、管理经理、管理职能部门、事业部总经理、集团高管、首席执行官。这七个阶段是循序渐进的，骨干的培养总体上也遵循这个顺序。只有游刃有余地做好了前者，才可能胜任后面的工作。我想着重讲讲前四个阶段，也就是从管理自我到管理职能部门的阶段，因为它已经涵盖了整个团队95%的成员，最具有普适性。

第一，管理自我。一个团队中的所有人都要学会管理自我，要学会利用有限的时间，不断拓展、提升个人的技能，迅速完成专业化和职业化，尽可能多地为团队做出贡献。如果一个人通过管理自我，成了团队中的佼佼者，能够有效地与人合作，并且遵循整个团队的价值观，这种人就可以被赋予管理他人的权力，成为一名最初级的团队领导者。

第二，管理一线员工。进入这一阶段后，就不能再以员工的思维工作了，除了继续做好管理自我阶段的工作，还应当掌握制订工作计划、分配小组任务、知人善任、激励员工、教练辅导、绩效评估等初级管理技能，学会管理一线员工的时间，以引导为主，适时"救火"，学会从团队的视角思考问题，高效、低耗地完成团队的目标。

第三，管理一线经理。管理一线经理，主要是看这些从一线员工中提拔上来的领导，能不能转变自身的工作方式，能不能有效地管理他人。早期，我们的队伍里就有这样的人，他自己卖设备卖得很好，但被提拔当了一线经理后，还是自顾自地卖设备，小组任务没完成，不会使唤别人，所有重担自己扛，忙到昏天暗地，希望身体力行地用自己的业绩来填补小组的窟窿。我就告诉他，你现在是领导了，得带着你的属下一同奋斗，应该用集体的力量实现小组的目标。后来发现他在人际协调方面有缺陷，但业务能力确实又不错，所以我们就让他从一线经理的位置上退下来，努力当好业绩标兵。

第四，管理职能部门。在这一阶段，沟通与合作都被放大了。一个人要想管好公司的职能部门，除了得精通自身的专业，还要了解专业以外的工作，并且懂得评估它的价值；必须有全局观，懂得兼顾不同部门的需求与利益，知道如何将资源合理调配。从这个阶段开始，就算真正迈入管理之门了，处于这个阶段的领导有大量的工作要做，因此必须学会适度授权，充分发挥下属的力量完成团队的工作。

正因为一个人在团队中的成长可以划分成这么多的阶段，每个阶段又有对应的能力要求，因此人才的成长在总体上是要循序渐进的，它符合大多数人的成长轨迹。

但是，人群当中总会活跃着少数特别优秀的人，一味按照既有的规章制度，反而会限制他们的成长，这个时候，"破格提升"就是人才培养制度当中一个特别好的补充。前面讲"年陈文化"时，我提到了一个优秀员工。如果那位市场部经理提前考验了他，他也承受住了挑战和压力，我觉得提拔他当个基层领导没有问题。试对了是收获，试错了可以及时换岗，并不会有什么损失。

优德的公司制度中并没有明文规定，员工入职多少年才能成为优德人，但考验从入职的那一天就开始了。只有身经百战，历经风雨，扛过了当领导该受的一切考验，才能走上领导的岗位，才具有带团队的资格。

我们不搞论资排辈，一切折腾、考验，都是为了判断一个人到底行不行，辈分高、资历老、经验足未必就靠得住，关键还是靠能力说话。所有致力于向上进步，成为骨干的人，都要遵循制度的约束，一步一个脚印地向前走，这就是循序渐进，它是选人用人的一个大方向。如果我们过去的老领导用十年做成的成绩，新人用五六年就完成了，而且做得更好，该有的能力都具备，他就可以被提拔上去，这就是破格晋升。

第二章　分清将才和能臣

带队伍讲究"用意不用力"，即善于任用将才与能臣，提纲挈领地达到"四两拨千斤"的效果，这就需要带队者具备"察贤"的本领。不论是十佳品质、"八观六验""六戚四隐"，用人都不能片面唯贤，而应当综合考量。

用什么样的人

《以奋斗者为本》是我非常喜欢的一本书，它系统而详尽地阐释了团队管理中最重要的两个问题——价值的创造、评价与分配，以及干部政策。但凡是团队的领导者，都应该沉下心来认真阅读。

一家企业，最终的核心总归是人，最终的问题总归是人的问题。所以，我总是强调要特别注重人才的选拔和培养。优胜于业，德昭未来不仅是优德的宗旨，也是用人、育人的理念。2017年4月初，我在微信公众号"优德牛留栓"上写了一篇文章《我最喜欢什么样的人》，阐释了我对人才的看法，引起了强烈反响。

这篇文章其实非常简单，它罗列了我认为优德人最应该具备的十种品质。

第一，爱岗敬业。

敬业，就是敬重自己的工作，在各种工作岗位条件环境下，把敬业当成一种习惯。敬业，是一种职场精神，也是一种职业素养，更是一种品格。

我认为，工作的目的不仅在于获得薪酬，还在于能凸显和实现自己的价值和梦想。每个人都应该敬重自己的职业和工作。因为敬业，才有事业；因为敬业，才能成功。

第二，自动自发。

自动自发自律自励的人永远受欢迎、受器重。从"要我做"到"我要做"到"我做好"的转变和升级，就是成功的开始。自动自发，立即行动，你就会赢。

第三，勇于担当。

从每一件小事做起，把简单的工作做精，把复杂的工作做好，就是责任心。有责任才有质量，有担当才能进步。敢于担当、勇于担责的人，是值得尊敬的人。凡事推三阻四、消极懈怠的员工不会被信任和器重。

第四，注重效率。

忙忙碌碌不等于成效显著，要忙而不乱；卓有成效而从容不迫的员工，体现了"执行能力＋认真努力"的状态。高效高质高能的工作业绩来自计划力、专业力、执行力。拖延症是工作中的大忌。

第五，结果导向。

过程重要，结果更重要。结果导向就是为了结果来思考问题和执行计划，克服困难，达成目标。员工接受任务要以完成预订结果为标准，想方设法把事情做成做好，并让追求的结果超出老板的预期。

第六，勤于沟通。

与上级沟通要有"胆"，多提解决方案，要出多选题而少出填空题；与平级沟通要有"肺"，相互理解，主动配合，不轻易否定他人深思熟虑的方案；与下级沟通要有"心"，倾听下属的建议，给予恰当准确的指导。勤于沟通可事半功倍，沟通不畅则事倍功半。上下沟通达共识，左右协调求进步。

第七，善于合作。

一堆沙子和水泥、石子、水混合之后比花岗岩还坚硬。我认为，资源抱团合作才能强大和共赢。滴水融入大海，个人融入团队，团结就是力量，合作才能强大。

第八，态度积极。

你在为谁工作？为薪酬、为老板、为企业。我认为，你同时也在为自己工作。通过工作平台展现才能、实现价值、收获成功，何乐不为呢！积极主动的态度比工作能力更重要。明天成功的自己一定会赞赏今天不懈努力的自己。每个人都有属于自己的责任和使命，只要认真细致就一定有收获，只要全力以赴就一定会成功。

第九，为人忠诚。

忠诚，就是以公司或老板的利益为重，经常站在老板的高度和角度思考问题，心系企业，恪尽职守，奉献自己最大的能力和智慧。忠诚度是员工对企业所表现出来的行为指向和心理归属的程度。忠诚既是一种美德，更是一种能力，与公司共成长的忠诚员工是企业的财富。

第十，懂得感恩。

感恩是一种心态，也是一种品德；是一种修养，也是一种精神；是一种良知，更是一种境界。感恩是情商之母。懂得感恩的员工都会成为企业优秀的核心员工。核心员工就是能够创造有形和无形的绩效，在某方面对公司发展有推动力和影响力的"不可替代"的员工。我相信，这样的员工一定会成为公司的股东！

如果一个人具备了这十种品质，他就一定具有成功的基因，不管在优德还是在别处，他都能做出自己的一番事业。正是这些简单而可贵的品质，支持着过去的优德人以不屈不挠、不断进取的奋斗精神，实现了由小厂家到大企业的转变；让今天的优德以积极向上、勇敢创新的面貌开拓进取，完善了产业链，走上了多元化发展的道路，并且成为多个领域的领军力量；未来，这些品质将一如既往地给我们赋能，让我们与时俱进，为健康中国提供优德智慧，贡献优德力量。

优秀人才的24个指标

带队伍就是带人心，这是大家都懂的道理。再往深处讲一层，就是要达到"四两拨千斤"的效果。一个团队，小则三五人，多则数百人，团队之中有团队便形成了一定规模的企业。不懂得带队伍中的"借力"，不懂得"用意不用力"的道理，凡事亲力亲为，这样的领导者就算累死也带不好队伍。带队不应该面面俱到，而应当提纲挈领、抓大放小，先从几个关键人物抓起，然后再像对左膀右臂那样爱护并使用他们。这种组合关系宛若团队中的"经络"，梳理通畅之后即可牵一发而动全身，真正做到四两拨千斤。

回溯历史，古人关于"察贤"的讨论不胜枚举。史称"杂家"的吕不韦，同属河南人的他对"察贤"有着较为系统的归纳。吕不韦是战国末年有名的政治家、思想家，也是中国历史上最成功的商人之一，官至秦国丞相。作为杰出的政治家，他深谙"尚贤为政之本"的道理；作为一国之相，他也深知人才对治国的重要性。加上他身处一个群雄争霸的时代，残酷的竞争让拥有人才的意义更加凸显，于是，吕不韦便以政治家的眼光，总结历史经验教训，把得贤人与得天下直接联系起来，从国家兴亡的高度提出了尚贤的重要性。

《吕氏春秋》就是吕不韦主持、手下门客所编撰的一部名著，此书以儒家学说为主干，以道家理论为基础，以名、法、墨、农、兵、阴阳家思想学说为素材，熔诸子百家学说于一炉，闪烁着博大精深的智慧之光。

《吕氏春秋》中有很多尚贤的内容。比如，"身定，国安，天下治，必贤人"，"得十良马，不若得一伯乐；得十良剑，不若得一欧冶；得地千里，不若得一圣人"，等等。从讲述的内容来看，他的很多理念与现代企业管理中的观点如出一辙。又如，"贤人"必是品德高尚的能人，也就是德才兼备之人；他将心志、做事、功劳三者作为举人之本，把德才兼备具体化了，认为"凡举人之本，太上以志，其次以事，其次以功。三者弗能，国必残亡"。我所推崇的"八观六验"与"六戚四隐"同样出自《吕氏春秋》。

所谓"八观六验"，就是"凡论人，通则观其所礼，贵则观其所进，富则观其所养，听则观其所行，止则观其所好，习则观其所言，穷则观其所不受，贱则观其所不为。喜之以验其守，乐之以验其僻，怒之以验其节，惧之以验其特，哀之以验其人，苦之以验其志。八观六验，此贤主之所以论人也"。

也就是说，一个人能不能成为团队中的关键人物，要从八个方面去观察。

第一，在他事业通达时，要注意看他结交的是些什么人。

第二，在他地位尊贵时，要注意看他举荐些什么人。

第三，在他生活富足时，要注意看他供养、收养些什么人。

第四，在他听取意见时，要注意他将采取什么行动。

第五，在他闲暇无事时，要注意看他有什么嗜好。

第六，与他探讨问题时，要注意他说些什么话、怎样说话。

第七，当他资金吃紧时，要看他会不会唯利是图。

第八，当他落魄潦倒时，要看他绝对不做什么事情。

同时，还要从六个方面去检验。

第一，在他得意扬扬的时候，可以检验他能否做到"随心所欲不逾矩"。

第二，在他兴致盎然的时候，可以检验他真正的癖好是什么。

第三，当他勃然大怒的时候，可以检验他能否真正做到遇事有礼有节。

第四，当他内心恐惧的时候，可以检验他是否足够自制、临危不惧。

第五，当他倍感哀伤的时候，可以检验他的内心是否真正存有仁爱。

第六，当他身陷囹圄的时候，可以检验他对志向是否始终不渝。

所谓"六戚四隐"，就是"论人者，又必以六戚四隐。何谓六戚？父母兄弟妻子。何谓四隐？交友故旧邑里门郭。内则用六戚四隐，外则用八观六验，人之情伪贪鄙美恶无所失矣……此先圣王之所以知人也"。

也就是说，评定一个人能不能成为团队的关键人物，除了要"八观六验"，还要听取他六类亲戚、四种接近他的人对他的评价。六类亲戚是：父、母、兄、弟、妻、子；四类接近他的人是：朋友、老相识或同事、乡亲和邻居。这些人就是他在不同时间、空间内对他最为熟悉的群体，所发表的看法和见解也必然是最为客观、全面而公正的。

常言道，知人善任。"八观六验"与"六戚四隐"就是从内外两个视角来考察人才之德，它与"德才兼备"一同构成了一个简单而系统的人才考察体系。吕不韦在当时的历史条件下，能够提出按照这一标准体系识别考察人才，的确是难能可贵的。这个体系放到两千多年后的今天来看依旧不过时。优德的领导者不仅要以这样的视角来发现人才，更要以这样的标准严于自律。如果一个团队聚集的都是德才兼备的人，我不相信这样的团队会垮掉；如果一个团队中大部分人都德才兼备，他们形成的氛围也会感化剩余的那一小部分人。

我不担心员工不上进，我担心的是领导者躺在功劳簿上沾沾自喜。我们有些团队的领导者，过去确实做出了一些成就，让自己的生活得到了极大改善。他们以前在公司言必称工作、市场、业绩，现在却总把自己最近买了几套房、几辆车挂在嘴边，总在强调自己为优德做了多少贡献。团队的领导者不带头奋斗，而是停下来享福，这是一件很危险的事情。

优德的事业正在蒸蒸日上，前进的道路犹如逆水行舟，不进则退。优德不会亏待贤人，但也不养闲人。丰厚的回报、光明的前景、绚烂的舞台也始终向能者敞开。机会永远是留给有备而来的勤劳者的，愿所有优德人都能不忘初心，砥砺前行。

找人才要敢"三顾茅庐"

2017年年底，一部名为《猎场》的电视连续剧刷爆了朋友圈。这部电视连续剧"剧如其名"，讲的就是猎头行业的故事。猎头与猎头公司的火爆逐年递增，它反映的其实是今天诸多企业"唯精英人才是举"的价值观，而这种能力出众、令人叹服的精英人才就是神仙手，是诸多企业争相抢夺的香饽饽。

几千年前，人们为了谋一番事业，就已经开始五湖四海地找神仙手了。诸葛亮就是刘备这个团队找来的神仙手。东汉建安四年（199年），刘备率部攻打曹操，兵败之后，不得不投奔荆州刘表。流亡期间，刘备由徐庶处得知隐居在深山之中的诸葛孔明，并且认定孔明先生是不可或缺的人才，于是便决定亲自前去请他出山相助，而后便有了"三顾茅庐"的故事。后来，刘备也在诸葛孔明的帮助下建立了蜀国，促成了东汉末年分三国的历史格局。

贤者即人才，是经济发展的动力，能极大地影响经济的发展方向、速度、潜力、效益。我们今天讲科技竞争、文化竞争、企业的竞争、团队的竞争，本质上都是人才的竞争。谁拥有人才，谁就拥有成功，拥有未来。我始终认为，我们的社会是人才济济的，关键在于能否找到合适的人才，所谓"千里马常有而伯乐不常有"就是这个道理。

神仙手要怎么找？诸葛孔明先生曾经总结的七条识人之道值得借鉴：问之以是非而观其志；穷之以词辩而观其变；咨之以计谋而观其识；告之以祸难而观其勇；醉之以酒而观其性；临之以利而观其廉；期之以事而观其信。如今，优德每年都要从全国各地吸纳不同类型的人才。我也常常叮嘱人力资源部的领导，必须站在时代和战略的高度，充分认识到人才的重要作用，坚持不唯学历、不唯职称、不唯身份、不唯资历的标准，不拘一格地广纳英才。对于真正的英才，没来的要求、要请，来了的要爱、要敬。

最近几年，优德的发展势头是稳步向好的，每往前迈进一步，都需要一批合适的人才来站岗。优德的快速成长确实引起了不少求职者的关注，其中就不乏海归人士。在这里，我想谈一谈自己对"海归"的看法。

在我读书的年代，海归是罕见的，他们往往是才华、财富、眼界的代表。因为稀缺，他们走入企业，很容易就升入了高位。海归的吃香很快便引爆了国内的留学热潮，只要家庭经济条件允许，不少人都会把子女送出国"镀一层金"回来。没过多久，海归的数量便开始大量增加，质量也渐渐变得良莠不齐。

2017年，在我印象当中有几位年纪轻轻的海归前来应聘。他们的简历都非常漂亮，有一个还是名校毕业，但我认为他们的经验都还太浅，不足以担当管理岗位。而且，刚回来的海归容易好高骛远，架子比较大，大都不能吃苦，所以我跟人力资源部的领导说，可以让他们到基层锻炼一下，确实合适再提上来也不迟。结果这几个人最后都没来。

我从来不以貌取人，对海归的身份更没有偏见，所有人在人格上都是平等的，但有限的位置只能留给真正有能力的人。优德集团也有一部分海归人士，他们在岗位上摸爬滚打了十几年，都是经过重重考验留下来的精英。我敢说，他们就是许多猎头眼中的神仙手，是一些企业千方百计想要挖走的对象。庆幸的是，绝大多数这样的神仙手没有为其他雇主抛出的橄榄枝心动，而是选择留下来，继续做大做强我们的优德梦。

一个人要不要留在一家企业，其实可以用谈恋爱来打比方。该表现好的时候要表现好，那么平时该给的我就会给足，不要等别人提分手的时候你才来表现好。在这种前提下如果还有人提辞职，我一定不会挽留。这说明我们之间的价值观已经产生了分歧。神仙手都是有识之士，不太会为鸡毛蒜皮的利益而计较，大多数人都是为了实现价值而奋斗。只要领导者管好了自己，这些精英就可以无为而治。关于用人之道，在下面一节中我还想更深入地谈一谈。

重用能臣与将才

春秋时期，有个人叫百里奚。他出游列国寻求仕途，宋国、齐国的国君没有看上他，他在虞国当了官，结果虞国却亡国了。然而，他在秦国主政的时候，却促成了秦国的崛起。这就是司马迁在《史记·淮阴侯列传》中所说的："百里奚居虞而虞亡，在秦而秦霸，非愚于虞而智于秦也，用与不用，听与不听也。"

纵观中华上下五千年的社会发展史，国治邦定者必定知人善任。比如，周武王重用姜太公，遂灭了商朝，兴了周朝；刘邦因为重用了韩信，让建立大汉的事业如有天助；汉武帝时边关多忧，却因重用了卫青、霍去病而巩固了汉室王朝……这些至今仍在传讲的佳话，反映出来的就是能臣、将才当被重用的道理。

1948年夏天，在河南东部的开封一带打响了一场以少胜多的"豫东战役"。据史料记载，在这次战役中，解放军通过运动战的方式，共歼灭国民党军队9万余人，削弱了中原地区国民党军队的有生力量，为解放军进一步开展中原、华东战局创造了有利条件。这场战役的主要指挥者，就是位列中华人民共和国十大大将之首的粟裕将军，正是他分析当时的实际形势，变更了原有的战略部署，才率领部队打了这样一场漂亮仗。在同年年底的淮海战役中，粟裕指挥华东野战军17个纵队作战，在兵力、装备都不占优势的情况下，又歼灭国民党军队共计44万余人，为解放军渡江作战以及解放战争的最终胜利奠定了重要基础，创造了战争史上的一大奇迹。面对这样的战果，毛泽东盛赞粟裕在淮海战役中立了首功。20世纪80年代，美国西点军校特派考察团考察了淮海战役旧址，并对解放军能在不占优势的情况下大获全胜感到"不可思议"。

在抗日战争时期，粟裕率军在针对日伪军的车桥战役中取胜，彻底扭转了战局。毛泽东当即评价道："这个从士兵成长起来的人，将来可以指挥四五十万军队。"因此，在解放战争时期，毛泽东对粟裕充分信任，大胆任用，继而创造了苏中七战七捷，豫东战役、淮海战役大获全胜等佳绩。毛泽东重用粟裕，堪称中国近现代史上带兵打仗重用能臣与将才的典范。

过去的将军带兵打仗，和今天的领导者带团队的道理一样，选人用人是带头人的重要责任，成败兴衰都蕴含在其中。重用能臣与将才，首先要考虑的因素依旧是德。这样才能有效防止有点才能的投机者浑水摸鱼，避免让下面的老实人吃哑巴亏。

2017年12月19日至21日，第五届中国健康产业企业家高峰论坛在郑州隆重召开，诸多从事大健康产业的同行汇聚一堂，畅谈未来。其间，中博集团董事长马军士的一句话说得很好："一个团队的领导就该有领导的样子。身为领导者，应当要有做大团队、带领大家共同富裕的觉悟，而不是只想着自己能不能富裕。不能让下属进步、赚钱的领导是不称职的领导。"

我们一般把才能出众而干练的人称为能臣，把有率军打仗能力的人称为将才，两者都强调过硬的能力。毛泽东重用粟裕，完全看的是战绩，我们的领导者要重用人，也应该是业绩先行，凭真本事说话。只有这样，才能让想干事的人有机会，让干成事的人有舞台，这是在一个团队中，创造良性用人生态的基础与关键。

优德医疗的总裁周强先生曾经打了一个比方，把能臣与将才比作汽车当中的宝马与奥迪：只有在高速公路上，它们的性能才能真正发挥出来；如果在乡村小道上，就会发现所有的车可能都跟拖拉机没什么区别。因此，重用能臣与将才，发现他们只是第一步，在更长的时间里，领导者应当把心思花在把他们放在何处、为他们搭建怎样的平台上面。没有合适的平台，就发挥不出能臣与将才的能力，也不可能把他们留下来。

不能以慧眼识得能臣与将才、不会知人善任、不懂量才而用的人，不配担任团队的领导者。这样的人在位，既是对人才本身的辜负，也是对整个团队的辜负。

第三章　谋人取才，用人取德

天行健，君子以自强不息；地势坤，君子以厚德载物。一个人不管在团队中处于什么位置，都应该将德才兼备作为律己的要求。领导以德服人，成员充满能量，整个团队就能充满正气。

三观不正不能用

《孝经》开篇就提到了一句话："夫孝，德之本也。"由此可见"孝"在诸多品行当中的地位。

《后汉书》中有云："求忠臣必于孝子之门。"为什么这么说？尽孝的过程，其实就是一个感恩的过程，它离不开耐心地倾听，会让人锻炼出一种服从力与执行力，最后能够排除一切困难满足父母的心愿。有道是"百善孝为先"，守"孝道"的人，往往在工作中也能恪守本分，能够遵守工作的章程，会服从领导的正确权威。一个人能够做好这些方面，就一定不是个做事会随便胡来的人，而且往往会怀着虔敬之心把工作做好。说得更通俗一点，这种人就是"三观"很正的人，我们也可以由此推及他为人处世、在位办事的原则与态度，相信他会尽心尽力地做好一切。一个对生养自己的父母都不孝顺的人，又如何能推己及人地做到为他人着想，又如何能够忠心耿耿地为团队奋斗、付出呢？

由孝道延伸出来的服从力，其实就是一种可贵的职业操守。没有服从，团队根本无从谈起。服从力是什么？它是一种能屈能伸、可退可进的能力。能服从真理和正确权威的人，才能虔诚地把事情做到位，赢得上级的赏识与伙伴的尊敬。在服从的过程中，人会遇到很多障碍，要做出不少妥协，在这个过程中要用到方方面面的能力，唯有克服任性与惰性，扫除性格中的障碍才能逐步完成。不少人在服从的过程中一步步走上了高位，甚至最终指挥了千军万马。当然，也有更多的人看不到这一点，总是想方设法地支配他人，却往往过不了自己这一关，最终因为疲于与他人争斗而错失了发展自己的大好时机。

以孝为本的德行，其含义是丰富的。不管何种品质，都因爱而生发，最终因使命而升华为责任。美国著名出版家和作家阿尔伯特·哈伯德所著的《致加西亚的信》这本书，相信很多人都读过。书中的主人公是年轻的美国陆军中尉罗文，他费尽周折，最终完成了长官交给自己的任务——给加西亚将军送一封有着重要意义的信。罗文的一举一动，就是服从精神的生动展现。该书出版后在企业界引起了很大反响，很多企业管理者要求自己的员工人手一册，仔细阅读，努力成为"能够送信的罗文"。

像罗文这种懂得服从的人就是团队真正需要的人，领导也会优先重用、提拔这样的人。这就是团队用人当中的"孺子可教也"。"教"字如何讲？它就是由"孝"和"文"摆在一起而形成的，这说明"孝"是教育的起点。团队的培养也是一种教育。不孝者，不教也，因为他们没有被栽培的价值。

《致加西亚的信》这本书我读了三遍，每一遍都有新的体会，我也曾把这本书分享给优德的一些管理者，希望大家都能谈谈自己的看法。大家比较一致地认为：让团队的成员都成为像罗文一样的人，这是我们的管理诉求，但是，我们也要创造相应的条件，让大家愿意成为像罗文一样的人。

我认为创造这种条件的核心就在于团队领航人本身。

第一，从领导者自身来讲，本身要对自己的事业满怀信心。领导者自己都不自信，看不到未来，团队必然不会自信，成员必定不会服从。

第二，领导者自身一定要身先士卒，与时俱进，精益求精，模范带头。如果领导者自己都是半桶水，那自然不能怪员工频频来挑战领导的权威了。如果一个领导者本着"天底下老子最大"的信念来带队伍，这支队伍一定只能打败仗。

第三，团队之中无小事。好的领导者，一定能妥善地安顿好每一个成员，解决好主要的问题。一个"不问生活，只问业绩；从不关怀，只懂苛责"的领导，员工凭什么给你卖命？凭什么对你感恩？

第四，优秀员工一定是爱滋养出来的，是包容出来的，是带出来的，一定是团队教育的产物。

为什么优德要讲"优胜于业，德昭未来"？是因为我希望优德自始至终的核心都是人。老祖宗曾告诫我们，做人要"勤为本，德为先，和为贵，学在前"。德昭未来就是"德先行"的体现。我经常告诉我们的员工，要爱工作，更要爱父母、家庭。如果员工要给老人祝寿，我们一定尽可能地支持。这其实是在给企业全体员工输出一种正确的价值观。我相信行孝的人，本性永远不会太差。因为孝敬父母的过程，也是锻炼能力、积聚能量、放大胸怀、涵养性格的过程，他们自然更有可能成为可敬、可靠之人，从而在各自的团队中扮演更重要的角色。

"风清气正"是团队之德

投身大健康产业，是一个顺应时代需求、国家导向、百姓期盼的选择。如今，我国居民的收入在逐年增长，人们对生活质量的要求也在日益提高，健康成了人们最关注的问题之一。优德的很多产品，也都是从大健康和康复的角度切入研发的，就是为了能让人们更好、更方便地预防疾病。治病的过程是痛苦的，但预防的过程却可以非常轻松。

《黄帝内经》当中有"治未病"的讲法，它也是今天中医学的核心理念之一，即通过日常饮食、作息起居、情绪调理、运动疗法，辅以中草药调理等措施来改善体质，使身体内的阴阳气血达到平衡，继而增强人体的抗病能力，达到少生病、不生病的目的。可以说，"治未病"的作用就是让人蓄养能量，达到一身正气。《黄帝内经》的《素问遗篇》当中更是有"正气存内，邪不可干"的说法。只要人的脏腑功能正常，正气旺盛，气血充盈且通畅，外邪就难以入侵，内邪也难以产生，人自然就不容易生病。反之，如果一个人正气虚弱，邪气就很容易侵入身体，从而导致气血混乱，疾病缠身。

企业的团队和人的身体一样，都是有血有肉的组织。人要"治未病"，团队也要"治未病"。人要一身正气，整个团队也要一身正气才行。2017年8月，百度创始人李彦宏在一年一度的百度Summer Party（夏日盛会）上进行了一次对内演讲，里面有一段话我觉得讲得非常好，值得分享给大家。

"风清气正才能有战斗力，这是我最真实的想法。战略看得再对，如果没有好的执行，你仍是会输掉的。什么是风清气正？用户至上的理念，就是风清气正；胜则举杯相庆，败则拼死相救，就是风清气正；不唯上，是风清气正；说话不绕弯子，是风清气正；公司没有政治，是风清气正；每个人都要捡起地上的垃圾，是风清气正；总是把最好的结果传给下一个环节，是风清气正。其实我说了这么多，大家也都很明白了，'简单可依赖'就是风清气正。"

"风清气正"就是充满正气，就是团队有德的表现。上述这段话很好地讲述了我们在带队伍时应当怎样带人心，在招士纳贤时应当有着怎样的考量。这么多年来，优德在招人的时候一直都把"德"放在最重要的位置，把"学历"只作为比重很小的一个参考指标，我认为这一点值得肯定，同时也值得在集团中传承下去。技能不足可以在后天的工作中培养，品德有缺陷就说明这个人有问题。这样的人一旦进入团队当中，就是一股邪气，是病毒，将会极大地破坏团队的战斗力。我们曾经吸纳过一些朴实的卖瓜、卖菜的农民，用几年的时间把他们培养成了骨干员工；我们也曾把一些心术不正的高学历人员挡在了门外，这种人今后也会在优德吃闭门羹。话说回来，我们这么做就是为了保证"风清气正"，就是为了保护自身的战斗力。

好的团队一定不是天然形成的。在今天这个信息社会当中，人们接受外界信息的渠道越来越多，人的想法也越来越丰富，个性也越来越鲜明。现在再不是提一个简单的口号，底下的人就一呼百应地跟着你干的时代了。团队要一身正气，领导者必定要身先士卒。如果领导者的眼里只有自己那几万块钱的收入，底下的员工就会跟你五块钱十块钱地斤斤计较；如果领导者的眼里只有自己的荣誉，底下的员工就会弃集体的利益于不顾；如果领导者自己做派官僚，底下的员工就会跟你阿谀奉承而不做实事；如果领导者自己不把公司当家，底下的员工就只会把公司当成一个每天打卡、走过场的地方，继而丧失工作的激情。

优德集团最近几年的发展势头很好，这是我们一批杰出领导者奋斗的结果，是众多优秀团队打下来的江山。前人把树栽好了，后人才能在这里纳凉。优德不会忘记英雄，但英雄自身也要时刻警醒、觉悟。现在的竞争非常激烈，一旦停止前进的脚步，就会在历史的长河中随时光一起倒退。拿下某一个市场、业绩再上一个台阶，这些都是很具体、很细小的目标，优德人的终极目标是要实现"优德梦"。不管丰收的果实多么香甜，不管向前的道路多么艰辛，砥砺前行，勿忘初心才是优德人应有的态度。

有德才能有威，有威才能服人

一讲到团队的组成，人们很容易想到金字塔的形状：最下面是庞大的普通员工层，中部是中间领导层，顶端是决策领导层。金字塔形状很好地展现了各个层级在企业大团队中的规模与位置，因而为大家所熟知。我在这里想换一个角度，尝试着借用《易经》当中"乾坤"的概念来阐述一下团队的组成问题。

"乾坤"体现了中国古代哲人认知世界的一种方式，是为描摹宇宙运行机制而创立的概念，是为《易经》哲学体系创立而定制、建构的范畴，其中"乾"指天，"坤"指地。金字塔顶端的决策领导层，大致相当于乾卦的位置；金字塔底端的普通员工层，大致相当于坤卦的位置。

《周易·系辞上》中有云，"乾以易知，坤以简能……易简，而天下之理得矣"，意思就是说：乾卦通过变化来显示智慧，坤卦通过简单来显示能力。把握变化和简单，就把握了天地万物之道。仔细想想，这与团队运作的道理也是相通的。守住了乾坤的阵势，整个团队就稳固了。

谁坐在决策层当中？是一家企业的董事长、总经理、副总经理，他们都是企业大团队当中的决策性人物，主要负责确定团队的目标、纲领、实施方案，要站在宏观的视角思考问题，会审时度势，因时而变，随势而动。而所有的方针政策，最终都要通过普通员工，依靠执行的方式落地。因此，整个处理方式越简约，团队的运作效能就越高。

当团队的规模很小时，这种层级之间的划分并不明显，也没有必要。认准一个目标，灵活机动地日益壮大埋头苦干，总能有所收获。然而团队是要发展的，日益壮大的团队就会天然需要一个中间层来承上启下。一方面要把决策层制定的方针、政策贯彻到各个职能部门的工作中去，另一方面又要对日渐庞大的基层部分进行组织、管理和协调。可以说，相对于身处乾卦的决策领导层，管理层就在坤卦的位置上；相对于身处坤卦的普通员工层，管理层又处于乾卦的位置。正是在决策层领导、管理层协调、基层执行这种各自独立又彼此联系的状态下，一个团队组织才能健康有序地运作、发展。

天行健，君子以自强不息；地势坤，君子以厚德载物。站在以"乾坤"讲团队的角度，我认为这句话讲的就是团队当中的一种"道"——不管你在团队中处于哪个位置，扮演什么角色，都要自强不息，厚德载物。能处在决策层的领导者一定有过人之处，大家若能精诚团结，力出一孔，相互取长补短，这就是一个团队的福分。领导者都是从基层走上去的，基层的员工唯有自强不息，厚德载物，才能通过未来的晋升走向高处，整个团队才能完成新陈代谢，实现生命循环。因此，我们也可以认为，"自强不息，厚德载物"是守住团队乾坤阵势的关键。说得更简单些，就是人人都要"德才兼备"。

很多团队，走着走着就散了，我认为主要的原因不是出在员工身上，而在于领导者。"傻子瓜子"曾是非常有名的一个品牌，其创始人年广久更是因为曾被邓小平同志在高层中两度提及，而有"中国第一商贩"之称。1997年，傻子瓜子集团正式宣告成立，年广久任集团的董事局主席，两个儿子分别担任傻子瓜子集团的董事长、监事长，家族亲信构成了整个集团的最高决策层。然而，这个高层团队并不和睦，每个人都在打自己心中的小算盘，年广久更是因为对自己"空有荣誉、没有实权"的处境不满，故意发难砸了集团的牌子，让公司关了门。最后，这家集团仅仅成立一个多月的时间就宣告解散,父子还就商标侵权的问题打了几年的官司。最后,捧着"金蛋"出生的"傻子瓜子"并没有成为炒货业的领航品牌,整个企业也在高层的内耗中错过了宝贵的机遇,损失惨重。

"上行下效"这个词生动地阐述了领导的影响力。领头的做好了,自然而然地就会形成一种文化,并且让下面的人在这种浸泡式的环境下成长,让新进来的成员立刻被这种氛围感染,继而变得自动自发。所有的领导者都需谨记,不要自以为是、各自为政,也不要依靠言语发号施令,真正能让人信服的,唯有德才与威望。各尽其职、各守其位、各尽其能、通力合作,这些美好的理念都不是要求出来的,而是耳濡目染出来的,希望大家都能做到。

第四章　给团队一个学习的氛围

竞争力的与时俱进，其实质就是人才的与时俱进；而人才的与时俱进，我认为关键在于及时更新专业知识储备。任何事情的改变无外乎是由内因、外因两个方面导致的，所以我们一方面倡导形成自学的意识，另一方面为所有人提供最好的条件，创造团队学习的氛围。

自我赋能，自学自新

"赋能"这个词最近几年比较火热，很多人都在提。我在引言部分已经介绍了这个词的来历。其实，这个词从字面上就能理解——赋予能量。能量越强，战斗力就越强，因此赋能的直接目的，就是让每个员工最大限度地发挥自身价值。自我赋能，就是不断给自己加码，不断自我学习，提高综合水平，从而提高团队的战斗与创新能力。

古往今来，不管是微创新还是伟大的创新，其实都是自我赋能的产物。我们有一款产品，叫"情景互动式康复训练系统"，主要客户是医院或者康复理疗中心，帮助患者恢复身体机能。我们并不是康复训练系统的发明者，只是在康复训练系统的基础上做了一次微创新，但这个效果非常显著。

早期的产品并不智能，患者要接受多少治疗，全靠医生在机器上一次次手动输入，医生如果记错了患者信息、按错了数字键，训练效果就可能受到影响。康复训练本身又是一个非常漫长的过程，每天被机器重复地摆弄身体，患者其实非常痛苦、烦躁。当时我们就在想，有没有可能把这个过程变得有趣一些？于是，我们研发中心的领导就带着一帮工程师到外面去考察、学习，然后回来认认真真搞研发，没有专家就去找专家，存在技术空白的地方就自己想办法，能引进的引进，引进不来的就自学。最后，我们把这件事情做成了。

这套"情景互动式康复训练系统"融入了Microsoft Kinect技术，能够自动识别患者，实现数据的自动匹配，极大减少了治疗中可能出现的差错；所有的训练内容都以游戏的方式展现出来，要想拿高分，就要完成额定的训练量；训练系统自带3D传感器，能够让患者的康复动作做得更加到位，提升康复效果；训练完成后，这些信息又会传回给数据库，自动生成下一次的训练计划。如今，这套设备已经在多家医院进行临床应用，帮助许多患者完成了康复训练。

在互联网时代的背景下，各行各业都有新事物在不断涌现，知识更新的节奏在不断加快，跨学科的联系也变得越来越紧密。以传统制造业为例，过去讲究的是规模化、标准化生产，涉及的知识内容相对单一，这些东西可以被归纳成条条框框，固化成经验写进书本，其他人照着这些内容就能把东西生产出来。但是，在未来30年讲究的将是智慧化、个性化、定制化，届时，制造理论就只能作为基础，可能还要吸纳人工智能、人体工学、美学设计等方面的知识，结合用户需求进行定制。谁能给客户带来更佳的体验，谁才能把握住行业优势，最终拿下市场。所以，靠着在学校学的那些知识吃老本是行不通的，唯有与时俱进地自我赋能，不断更新自身的知识储备，因地、因时制宜地把握市场，才能在发展的洪流中脱颖而出，成为能堪大任的人才。

在这种情况下，我们的公司会变成什么样？"罗辑思维"的罗振宇打了一个非常形象的比喻："传统公司组织，每一个员工都是网球运动员——和上级球来球往，公司和员工是博弈关系。未来公司组织，每一个员工都是高尔夫运动员——球、球杆、18个洞就在那里，各显神通；公司和员工是'场地'和'玩家'的关系，动作自己选，成绩自己算。"

基于这种变化，领导在带队伍时的思路也要发生相应转变。领导首先要带头自我学习，鼓励那些肯花时间自我学习的员工，为激励大家主动学习营造氛围。曾鸣是阿里巴巴集团学术委员会主席、湖畔大学教育长，被誉为"阿里参谋长"，他有句话说得很好："未来组织最重要的职能是赋能，而不再是管理或激励。"换言之，管理和激励只是"节流"的手段，只能用来减少队伍能量的耗散，更重要的是"开源"，在学习中不断赋能。

一个人要想顺利地自我赋能，以自学的方式实现自我更新，关键在于掌握足够的知识。生活在当今社会中的每一个人，不管从事什么行业，都是一位知识工作者，无论是工作、学习，还是日常交流，都要依靠传递知识来达到共鸣，可谓处处皆学问。工作看的是你专业知识过不过硬，能不能综合运用，达到融会贯通；学习看的是你能否以归纳总结的方式迅速获取知识，形成快速学习的能力；日常交流看的是你的交际水平与应变能力，是否懂得说话之道，为人修养究竟如何。这三个方面综合起来，才是我们常常提到的"职业素养"。

领导在培养员工时不能把目光都放在业绩榜上，要多关注员工的综合素质。招聘应届毕业生时，有的领导就反映，有些学生只会考试做题，动手实践能力太差，缺乏推销自己的能力，也不会基本的社交礼仪，这样的教育是不成功的，我们在培养员工时要避免犯同样的错误。

会学习，更要会思考

"知识就是力量"，这句名言想必大家都耳熟能详，是由文艺复兴时期英国的著名哲学家弗朗西斯·培根提出的，距今已有400多年的历史。很多校园里都悬挂着这句名言，意在鼓励学生努力学习知识，成为一个有价值的人。

这句话本身没有问题，但结合今天的时代背景来看，我觉得它就有一定的局限性了。过去的教育远不像现在这样普及，文盲在社会中占有不小的比重，有知识的人是少数，他们分析起问题来能旁征博引、侃侃而谈，自然更容易站到高位。今天的社会是一个信息爆炸的社会，上网随便检索，海量的信息立即就能出现在面前，让人目不暇接。这时，知识储备就变成了一个基础性的要素，在更多情况下，人们需要的是在海量的知识面前思考、甄别——哪些才是当下最需要的东西，哪些知识将在未来派上用场。

孔子在《论语》中说过"学而不思则罔"，光学习，不思考，人就会陷入迷惘。当前，摆在人们面前的知识不少了，甚至可以说太多了，如果一味吸收而不加思考，人就会晕头转向，同样会一事无成。因此有知识的人，不见得就是有智慧的人。"智慧"这个词也很有意思，有人做过这样的解读："智"，上面是"知"，下面是"日"，意思就是每天要多知道一点东西。"慧"，最上面是两个"丰"，中间是"雪"，下面是"心"。两个"丰"解释为"多"，"雪"意会为"冷静"，意思就是"多多冷静，多多用心"，相当于我们经常说的"静心思考"。将外界的信息，内化为自己的价值、判断，能这样做的人才叫有智慧的人。

带团队的人首先得是有智慧的人，并且要努力把队伍中的伙伴培养成有智慧的人。由于整个社会是在加速前进的，一个人不努力学习就会落后，会被淘汰。但是学习要讲方法，单纯地刻苦努力是不够的，要多思考，多问几个为什么，提升效能，少走弯路。

最近新冒出来一个职位叫"前瞻工程师"。从职位名称来看，它要找的就是有前瞻性的工程师。传统意义上的工程师是一个技术岗位，在产品的研发中处于相对被动的局面。以优德为例，他们平时大都在研发中心，把科研成果与市场反馈来的需求完美结合，形成一款不错的产品，然后投放市场。其间可能会遇到很多技术上的难题，遇到一个，努力攻克一个；遇到攻克不了的，就只能暂时放下，先搞技术升级。

"前瞻工程师"的出现就是为了改变这一局面。搞研发的应该具备一点产品思维，要跟产品经理有平等对话的能力，要多多思考市场的发展趋势，把技术准备做在前面，让技术与产品能更好地结合在一起，这是提升总体研发效能的一个好方法。任正非之前提过一个说法，叫"把'工程师'和'商人'拧麻花"，我觉得表达的就是这个意思。

事实上，不只是工程师需要"前瞻"，每个岗位上的人都需要"前瞻"，都得懂得"既要埋头赶路，也要抬头看天"的道理，在做好自己本职工作的同时，还得多往前思考半步，比如，我做这份工作有什么意义？我如何才能做得更好？我的下一个目标是什么？我如何才能达到下一个目标？等等。每个人的水平提高了，团队的综合实力就提高了。

没有前瞻眼光的基层员工，永远不能快速领悟工作的意义，不能及时领会领导培养的苦心，只能沦为"万年科员"；没有前瞻眼光的基层领导，永远不能带出一支自信常胜的队伍；没有前瞻性的中层领导，很难处理好部门之间的利益纠葛，从而造成公司内部失衡；没有前瞻眼光的高管，就很容易在关键时刻做出错误的决断，耽误整个公司的前程。

多年以来，我们通过文化熏陶、制度引导、领导示范的模式，培育出了众多业绩好、斗志高、纪律强的队伍，涵盖了营销、研发、后勤等多个领域。红艳艳的奖状、金灿灿的奖杯，这些都不是光靠运气能拿下来的，都是立足当下，放眼未来的结果。

时代的车轮滚滚向前，发展的趋势对任何人都一视同仁。唯有思想上前瞻，行动上前进，才能立身于浪头之上，在岁月中留下精彩的身影。

满怀热情也是一种能力

《左传·庄公十年》当中有一篇文章叫《曹刿论战》，里面有这样一句话："夫战，勇气也。一鼓作气，再而衰，三而竭。"古代军队打仗之前要先擂鼓，用以提振士气，这里的"一鼓"作"第一次击鼓"讲，此时整个队伍的士气是最高昂的，越到后面，擂鼓提振士气的效果就越弱。当年，曹刿就深谙此道，故意等齐军擂完三通鼓，士气大降之后，再命令鲁军一鼓作气地上场杀敌，实现了以弱胜强。成语"一鼓作气"也多用来提醒人们，要趁劲头大的时候鼓起干劲，一口气把工作做完。

曹刿的战术有比较大的机巧成分，是进攻时的打法，这不是我今天想讲的要点。我希望大家能从齐军的失败当中吸取教训，熟知其中的道理，做好防御的准备，成为一支攻守兼备的队伍。我们的工作往往不是一口气就能做完的，所以用"一鼓作气"的方法完成小目标、搞最后阶段的冲刺是可以的，要实现较大的阶段性目标，就得打持久战。持久战打得好不好，健康的心态特别重要。

我们称赞一个人乐观，一定不是因为平时他满面笑容，而是他在逆境下还能保持积极向上的心态。同样的，一个人能不能满怀热情地工作，不要只看平时，还要看他在困难中的表现。工作态度端正不能简单地理解为不缺勤、不捣乱，而是一个人能正确地应对挫折，积极地应对压力，即"逆商"比较高。很多人把"逆商"算作一种工作态度，我不这么看，我认为它是一种可贵的工作能力。

曾仕强先生在《曾仕强说人性的弱点》一书中提到，人出于本能需求，会不自觉地追求快乐。大部分的人在面对工作上的困难时，很容易选择逃避，这就是图眼前轻松、快乐的表现，是人性使然的正常现象。曾先生还说过："每个人都有弱点，但弱点不等于缺点，如何让弱点变成优点，是我们要努力的方向。"一个人能积极乐观地应对挫折，就是在向自身的人性弱点挑战，如果他做到了，就应该被视为一种能力。我们常常说要在团队中培养员工，锻炼员工，教工作技能与方法只是一方面，让他们学会满怀热情地去工作其实也是一堂必修课，是让员工全面发展的一个重要补充。

"滚滚长江东逝水，浪花淘尽英雄。是非成败转头空，青山依旧在，几度夕阳红。白发渔樵江渚上，惯看秋月春风。一壶浊酒喜相逢，古今多少事，都付笑谈中。"读透了这首《临江仙》，就领悟了本节的主题——如何培养员工满怀热情地工作这一能力。

我想从三个角度来阐发，权当抛砖引玉。

第一，工作能力过硬是工作态度良好的基础。我认为满怀热情地工作，反映出来的是一种工作上的自信。自信的人有一个特点，做事游刃有余，也就是工作经验非常丰富，技能熟练，解决问题毫不费事。马云带团队讲求"八个授予"，总结得非常到位，具体如下。

（1）授人以鱼：给员工足够用来生存、养家糊口的钱。

（2）授人以渔：教会员工做事的方法、思路，使之以正确的方式迅速成长。

（3）授人以欲：给员工树立成长的目标，激发上进心。

（4）授人以娱：让员工快乐工作，并且通过工作获得幸福生活。

（5）授人以愚：倡导员工脚踏实地工作的理念，认可艰苦努力的"笨办法"，不鼓励走捷径，限制投机取巧、弄虚作假等行为。

（6）授人以遇：为员工创造学习、成长的机遇。

（7）授人以誉：多在精神层面激励员工，鼓励他们为成为一个更有价值的自己而努力。

（8）授人以宇：开拓员工的视野，拓展员工的格局，使之尽早实现开悟。

"八个授予"可以说是一个综合的培训系统，不是一朝一夕就能完成的，它是团队培养的目标，更是成员成长的过程。现在是一个知识迅速更替的时代，带队的领导人必须与时俱进，及时更新自身的知识储备，才能在培养成员的工作上游刃有余，使成员在团队中有实实在在的成长感、获得感。

第二，学会分解目标和任务是有效提高工作能力的最佳方法。日本马拉松运动员山田本一，最初名不见经传，却在1984年日本东京国际马拉松邀请赛上出人意料地夺得了冠军。就在大家认为这不过是个巧合时，在1986年意大利米兰国际马拉松邀请赛上，他又再次夺了冠。记者这次采访他时，他说自己是依靠智慧拿下的冠军。后来，他写了一本自传，并且在书中透露，自己夺冠用的就是分解目标的思维。

原来，每次赛前，他都会预先乘车走一遍赛道，并把沿途比较醒目的标志记下来。到终点后，他再根据这些标志将赛程分段。这样一来，40多千米的赛程就被分成了若干个小目标，每进入一个新的小目标，一鼓作气攻下即可。不知不觉中，他跑完了马拉松并且夺得了冠军。如果没有这种分解，站在起跑线上就想着40多千米外的终点，人很容易变得疲劳，并且被任务吓倒。

我由此领悟到：分解目标的过程，其实是视角由整体到局部的过程，往上要把得准格局，往里要看得到事物间的联系，往下要抓得住细节。思考这个问题的时候，我刚刚大学毕业，它就像一盏明灯，指引着我后来的工作、创业之路。创立优德就是一个大目标，如果不加分解，这个目标根本无从下手。当时我们的思路很明确，缺什么就补什么，要什么就干什么，招人、外出学习、搞研发、打开销路、跟政府洽谈、建优德科技园、资本运作……一步一个脚印，一个一个小目标逐步落实，然后就有了我们的今天。

很多员工不一定会"分解目标"，没关系，领导者把明确的目标提供给员工，让他们"有的放矢"也行。团队打了胜仗，大家一起分奖，这也是好的。人总是会进步的，我们要相信未来。不过，不怕员工没志向，就怕领导没方向。领导没有方向，整个队伍就会陷入一片乱打的状态，最后大家辛辛苦苦忙半天，什么都没有拿到。

第三，尝试着把工作做得有创意，这一点仍旧是基于人性的角度提出的。我认为"喜新厌旧"并不仅仅是一个贬义词，它也是人性的反映。如果大家每天都是按部就班地做一样的事情，今天就能预见十年后工作的状态，工作的热情很快就会散去。我们可以要求员工在思想上认同"板凳要坐十年冷"的奋斗观，但不能允许在同一个位置上坐十年而不进步。在改进工作这件事情上，人人都该"喜新厌旧"，这就是创新的动力，否则我们的团队、公司就没有办法进步。

我们希望员工秉持工匠精神把工作做细，把产品做精，但又不希望大家陷入其中，封闭了视野，所以我们实行轮岗制度，每个岗位又都有丰富的晋升渠道，让哪怕是一线的装配工人都能对未来怀有期待。心中有期待，还怕员工不好好工作吗？

不把员工培养成人肉机器，让他们凭借日渐精进的本领，过上幸福有尊严的生活，我认为这就是最成功的人才培养，是最有效的团队教育，也是以人为本理念在一线最好的落地方式。

第五章　培养人才就该"传帮带"

中华民族特别讲究文化传承，好的东西应该代代相传，发扬光大。企业文化的传承其实很好落地，就是领导者以身作则，传授、帮助、带领。君子成人之美，不成人之恶，优秀的领导者也是一样。

传授的过程就是传承的过程

做企业，带队伍，我很相信文化的力量。文化是团队的灵魂，是企业的血脉，一支总能打胜仗的队伍，一定洋溢着生生不息的企业文化。什么是生生不息？就是野火烧不尽，春风吹又生。任何一支队伍，一定是铁打的营盘、流水的兵，都要面临人才更替、流失的问题。一帮固定的人要达成共识并不难，将这种共识提炼成文化也不难，难的是让轮换进来的新人认可并且接受。

早年创立优德的时候，我就定了一系列规矩：要通过不断培训、树立榜样、开会、搞活动等形式，让优德员工加入进来就具备"正能量"，并且对他所在的团队充满自信，让没有格局的人加入优德就变得有格局，让没有梦想的人加入优德就变得有梦想。

这些繁杂的工作谁来做？我认为没有比带队领导更合适的人了。能带队的自然是能力出众的人，他就应当知无不言，勇往直前。要像手艺工人教徒弟那样，把培训工作融入日常的点滴细节之中，持续不断地带领大家进步；要身先士卒，起表率作用，哪里艰苦去哪里。谁做得好，就把谁当作榜样，鼓励大家向这个人学习，让整个队伍形成一种良性的竞争氛围。在此期间，总有好的苗头需要鼓励，总有坏的趋势需要遏制，总有新的思路需要点拨。这种有实际意义的会，带队的领导要多开，可有可无的例会要少开，减少对团队成员时间的消耗。工作累了，可以搞点活动提提气，放松一下大家紧张的神经，提高团队的凝聚力，更好地为下一场战斗做准备。团队的成员看到老领导这么做，他们成为领导之后也会这么做。这就是"传帮带"的文化，它是企业文化最有效的传承方式。

基于上述内容，我认为带队的领导应当从三个方面身体力行，让"传帮带"文化在带队的实践中落地。

第一，将"文化传承"作为带队的使命。带队伍要有高度、讲格局。很多领导带队的时候非常关注业绩，这样的领导非常务实，可以先给他打50分。如果他还懂得用文化的力量来驱动团队，把务虚的工作也做好，就可以再给他加50分，拿到100分。在市场竞争中有好打的仗，也有难打的仗。容易打，利润又高的地方，大家都会蜂拥而上，把业绩做好很容易；但站到整个集团的视角，有时候出于战略需要，我们不得不打一些很困难且利润又低的仗，业绩很容易受影响，这时大家就会有畏难情绪。此时，"为业绩而战"的策略就很容易失效，要打好这种仗，整个队伍就要有"为荣誉而战"的觉悟。为什么要让员工一进来就有正能量，要想方设法让他们觉得这个团队特别好？就是要让他们在心中真正爱上自己的团队，让他们发自内心地认为"团队赢了我骄傲，团队输了我难受"。形成了这种意识，打起仗来才会不挑剔，才能真正做到"百战不殆"，成为一支真正的铁军。

第二，将"口传心授"作为带队的方法。"口传"很好理解，就是把想表达的内容讲给成员听。"传承"是两个字，"口传"只完成了"传"的工作，没有"承"的步骤，"传承"就没有完成，所以我把"心授"理解为内心领悟。像制度化、条理化、程式化的东西，就要口传给团队的成员，让他们遵守；带队的领导还要明白一点，有些东西没有办法口传，这时就得不断用自己的行动、态度给成员做表率。做着做着，有些人就开悟了，他们就能成为新领导的候选人，上任之后就能去粗取精，继续把好的东西发扬下去。带队者自己要晋升，也得听上层口传，同时内心不断思考"为什么要这样做""不这样做行不行"

等问题。一千个优秀的团队就有一千种带队方法。为什么说管理是一门艺术？因为它和绘画、音乐、写作一样，都要融入大量"说不尽、道不明"的创意。

第三，将"匠人精神"作为带队的灵魂。领导的层次决定了团队的层次，领导的修养决定了团队的修养，领导的格局决定了团队的格局。所以，带队者本身应当秉承"匠人精神"，与时俱进，不断让自己变得更优秀，用自己的进步带动团队的成长。

多年的实践证明，这种做法很有效，不管什么层次的人进来，都认可我们的做法。于是，这种做法被高度提炼之后，写进了优德的《誓言》当中："我们是追求卓越的优德人，同舟共济，奋发进取，敢为人先，创造奇迹。"

都说孩子是祖国未来的花朵，新员工其实就是优德未来的花朵。帮助新员工迅速走向成功，这是每一个老员工应尽的义务，也是每一个领导者义不容辞的责任。所以，最有效的方法、最宝贵的经验要第一时间教给他们，最好的风气、最友善的关怀要时时刻刻传递给他们。问渠哪得清如许，为有源头活水来。新员工优秀，我们的未来就优秀；新员工强大，我们的未来就强大。唯有如此，我们才能在新陈代谢般的循环中四季常青，永葆生机。

为什么要创办孔道商学院

2018年8月6日上午，孔道商学院举行揭牌仪式，正式成立。

孔道商学院是由中国民族卫生协会康复分会倾力打造的一所企业大学，以大健康产业为背景，以实战训练为主导，博引最为典型的管理案例，铸就最为专业的品质课程，全方位多角度提升员工素养，树立正确的公德观念，强化业务技能，致力成为中国健康产业培养高素质、高能量，专业化、职业化，实战型、复合型高端人才的平台。

并且，我们洽谈和推进与美国哈佛大学商学院合作，把优德中高层干部培训放在该校。优德加强内部人才培养和国内外名校定向培养引进，是优德持续发展之道。这是高瞻远瞩的格局和优德长远发展的布局。

企业大学并不是一个新概念，通用电气公司的克劳顿管理学院是现代企业大学的鼻祖，它的成立距今已经有60多年的历史。现在，中国不少优秀的大型集团公司也纷纷建立了自己的企业大学，如华为大学、腾讯大学、平安大学、海尔大学、阿里学院、碧桂园营销学院，等等。现行的高等教育体系侧重于基础知识和学术理论，实践方面相对薄弱，加上现在的知识更替非常迅速，一个刚刚从学校毕业的学生走上工作岗位，必然要面临知识的再更新、再拓展、再拔高，如此这里面就存在一个断层。企业大学的出现很好地解决了这个问题，能够有针对性地培养出各个企业自身最需要的人才。数十年的实践也证明，企业大学是一种完美的人力资源培训体系，是构建学习型组织最有效的一种手段，更是公司规模与实力的有力证明。成功运作一所企业大学意义重大，一方面有助于让企业更好地实现社会价值，培养人才，成人达己；另一方面可以提升员工的境界，完善自我。

今天的健康产业大有可为，因为它是一个朝阳产业，是一个有着蓬勃生机和无限发展空间的产业，是一个关系着国计民生的产业，是一个一直以来被国家和领导人高度重视的产业。2014年，习近平总书记就提出了"没有全民健康，就没有全民小康"；2016年8月，在全国卫生与健康大会上，习近平总书记又再次强调了这一点；2016年10月，中共中央国务院发布了《"健康中国2030"规划纲要》，进一步明确了相关工作的目标；在十九大工作报告中，习近平总书记更是指出要"实施健康中国战略"，把健康中国提到了国家战略的高度。国家对全民健康与大健康产业的重视，既是摆在我们面前的机遇，也是不容回避的挑战。

要把握行业大势，我们就要因势而行、因时而动，其间必然有很多方面的工作要及时跟进，如资金、技术、人才……妥善解决这些问题，企业才能实现可持续发展。我认为其中最为关键的一点，在于实现人才的可持续发展。随着整个大健康产业规模的逐步扩张，相关领域的人才缺口一定会越来越大。没有技术可以收购，没有钱可以融资，唯独没有人才比较麻烦。培养人才是一个漫长的过程，不提前做好准备，不预先留足时间，到时就只能紧急招人顶上。对企业来说，这样做会带来很多麻烦，急招往往容易忽视人才质量，空降兵的忠诚度往往也不高，招不到人又容易错失发展良机，这些都很容易给未来的发展埋下隐患。觉知、体验、转化、改变、成长，这其实是一个人有效学习成长的几个关键阶段，我们把它内化成孔道商学院的培养思路与流程。从觉知到成长需要时间的沉淀，因此，我们现在必须未雨绸缪，和时间下棋，与时间赛跑。

苏宁集团的"1200工程"搞了十几年，为苏宁的发展，以及在全国的布局量身打造了一批非常优秀的人才。所谓"1200工程"，就是每年招1200名新生，按照未来接班人的标准去培养、打磨他们。这种考核必然是非常严厉的，排在首位的就是它的严苛程度，要承受高压，要背负辛苦，还能忍得了委屈，这些都是挑大梁的人该具备的素质，且一个都不能少。不少学员都在中途选择了退出，但留下来的往往都能成为中坚力量。

什么样的人最可靠？就是在最困难、最辛苦的时候，依旧相信你的人。相对于一般人而言，他们更可能做到"不为财富""不为权势"而动，更容易构建在价值观方面的默契程度。随着发展势头的加快，网络布局的扩张，优德未来一定会有人才缺口。但我始终相信"宁缺毋滥"的道理，关键位置上的人绝不能草率任用。"留得青山在，不怕没柴烧"，现在留在优德的大量人才就是青山，孔道商学院就是我们的青山，只要做好传承的工作，及时向新人传道授业解惑，未来我们就能得到济济人才。

领航人要有"匠人精神"

在《体销为王》一书中，我从做产品的角度谈了匠人精神——执着、认真、精益求精、追求完美，没有最好只有更好。从团队管理的角度来看，领导者同样要具备"匠人之魂"：第一，在自身的专业素养上精益求精；第二，对团队的管理和自身的约束严谨不苟；第三，在实现目标、战略上要保持专注、坚持的态度；第四，始终保持专业敬业的精神。

我把匠人精神看得很重，这也与我从事的工作分不开。医疗健康器械、保健品、药品，这些产品都与人们的身体健康紧密相关，不容许出半点差池。它和一般的商品不一样，首先是绝对安全，其次是品质上乘，因此唯有让技术保持适度领先，将产品做到优中之优，才能获得用户认可，从而在市场上站稳。

截至2017年年底，我们已经拥有发明专利、实用新型专利、外观设计专利、软件著作权、省科技成果近百项，另有多项发明专利、实用新型专利正在申请。同时，我们还获得了多项国际管理体系认证，以及十几项国家级、省市级技术认证。为了保障研发优势，我们还重视与康复医疗技术发达国家的专家进行交流合作，定期组织团队出国考察，与欧美、日韩等医疗器械技术发达国家和地区著名的专家学者进行交流，不断提高研发水平。这一切都是把匠人精神落到实处的结果。

带队领导有"匠人之魂"，它其实是一个提纲挈领般的要求，背后蕴含着两个方面的内容——自我修炼与成人之心。

自我修炼很好理解。武侠小说里面的武林高手能练就一身绝世武功，不能仅靠高人点拨，关键还在于自己。一个人要成为集大成的人上人，就要耐得住日复一日的寂寞，将情怀、态度、信念付之于工作。

现在的科学技术发展很快，每年都会冒出一些新的概念。都说领航人要有前瞻性、视野要广要深、格局要大，这些东西从哪里来？一个很重要的渠道就是不断更新自己的知识储备。现在人工智能、虚拟现实、大数据、物联网非常火热，与我们的产品有没有结合点，能不能产生创新点，能不能孵化出新的利润点，这些都是领导要考虑的问题。领导想清楚了，我们管理层坐在一起讨论，合适就放手交给大家去做，创造了价值大家一起分享。这样，公司就会有前景，领导就会有成就感，员工就会有获得感。一个不能严格要求自己进步的人，一定带不好队伍。领导者如果不优秀，整个团队就会平庸；领导者如果不自信，整个团队就会萎靡。

在这里，我想重点讲讲匠人之魂背后的成人之心。

《论语·颜渊》有云："君子成人之美，不成人之恶。"意思就是"君子要促成他人的好事"。宋代理学家朱熹为这个"成"字做了注解："成者，诱掖奖劝也。"什么是"诱掖奖劝"呢？就是"引导扶持，奖励劝勉"。

团队领导与团队成员不是对立的概念，它们实际上是相辅相成、相互影响的关系。打个很简单的比方。一大队人爬山去拿在山顶藏着的一笔巨大的宝藏，只有大家都上去了，这些宝藏才能被运回来。上山的路是崎岖的，有些人体力好、能力强，总能爬在前面，这种人就是从一线冒出的领导。他要做的，是帮助后面那些没力气的、方法不对的、丧失斗志的人，让他们也能爬上来。在这种帮扶中，大家的凝聚力就上来了，而且能力也得到了显著提升，拿到宝藏的可能性也就更大了。

回到现实当中，领航人如何在团队中发挥他的成人之心，帮助属下成长呢？总体来说，就是"授人以鱼不如授人以渔"。这个"渔"不仅仅指工作的技巧，还包括在团队中生存的能力。

第一，培养使命感。使命感是最佳的内在动力，即"为荣誉而战"的品质，这一点在前面已经有所涉及。它能让人自动自发、全力以赴、信心满满地把事情做好，因此我把它排在第一位。

第二，养成高标准做事的意识与习惯，这一点与匠人之魂是相通的。领导的高标准用来解决方向的问题，员工的高标准用来解决执行的问题。两者相辅相成，才能让团队的总体战斗力维持在一个较高的水平。

第三，学会合作共事。三个臭皮匠，赛过一个诸葛亮。没有合作之心的人，即使他的个人能力再强，在哪里他都无法逃脱"混不开"的魔咒。

第四，懂得感恩。人只有学会了发自内心地感激那些帮过自己的人，才会真正地成长起来。上级、同事、下级、客户……他们都是可能提供帮助的人，因此他们都值得被感谢。

第五，实现从"学会什么"到"会学什么"的转变。前者付出努力和时间即可实现，后者必须独立思考才能完成。发现问题、提出问题、解决问题，这是最快、最有效的成长方式，我希望我们所有的成员都能按照这一模式成长起来，成为一个有真正价值的人。

由此可见，一个优秀的领航人其实是一个有匠人之魂的教练，需要不断对下属进行指导、纠正，磨砺他们的思想，提升他们的技能，帮助他们迅速成长。

怎样说，员工才会听

2015年，我看到一则新闻，某家公司的一个销售团队，由于没有完成季度任务而被体罚，被要求在湖旁集体绕湖爬行，不少人的衣服裤子都磨破了，鲜血直流，而这家公司的领导则站在旁边监督，嘴里还时不时地斥责这些员工无能，骂一些非常难听的话。还有一个视频新闻，某公司的主管命令没有完成业绩的员工站成一排，然后挨个儿打员工耳光。

看到这类事件我是非常心痛的。很难想象，以人为本的管理理念推行了这么多年，居然还有公司用如此野蛮、落后的方式来管理团队。客观地说，一线经理背负的压力确实非常大，一到考核期限，集体业绩不达标也实在令人头疼。正因为如此，我才更加提倡传帮带文化，让领导带着员工一起成长。

我认为，落实传帮带，与员工共同成长的一个重要基础是沟通。领导说的话，员工愿意听、喜欢听，文化才能被传承下去。根据我的观察，一个团队中90%的下属都不会主动与领导沟通。这一点可以理解，特别是基层的员工，他们的工作觉悟不高、格局狭小，相对于所谓的公司战略、业绩，他们更在乎看得到的收入、察觉得到的工作氛围，以及能不能按时下班回家。如果主动与领导沟通，工作量很可能要增加，有这一点顾虑，大多数人就会打消主动与领导沟通的意愿，这是非常普遍的现象。领导要做的就是让这些人转变观念，将他们培养成热爱工作、积极上进的人，从而实现个人与集体的共同进步。

怎样说，员工才会听呢？我认为在与员工沟通时要注重四个方面。

第一，多说宽松的话。宽松的语言能提升合作的概率，提高配合的效果，避免产生对抗情绪。沟通是一种双向的行为，一方太过强势，就很容易让沟通出现障碍。有些领导本身的气场很强，并且以说话"过于直白"为傲，批评起人来不留一点儿情面。可能有的管理者比较推崇，但我不是很喜欢这种方式。我们在这里讲沟通，重点是为了带领下属共同进步。人都是喜欢听好话的，对硬话容易心生抵触。把双方的关系搞僵了，我们的文化就没有办法往下深入。优秀员工一定是培育出来的，要想在大树下乘凉，就要舍得投入时间去培育，多鼓励少批评，多建议少命令，这种温和的方式往往更容易让员工变得主动、好学，也更容易让他们取得优异的业绩。

第二，多谈好的方面。一个正在进步的员工需要时不时地给点鼓励，让他将进步保持下去。在进步的过程中难免会遇到困难和阻力，这时就应该及时肯定做得好的方面，多肯定优势，别让人丢了自信；然后再提出一些不足，希望他今后做好。这个道理大家都懂，但在实际执行中，有些领导就比较简单粗暴了，基本遵循"标准的三步走"：先问进度，进度不佳则发脾气；再看已经完成的成果，看到不好的地方就指责员工不用心；最后下达命令，要求员工不择手段达到某个标准。如此往复，员工很容易变得消极怠工，丧失工作的主动性。

第三，关注问题本身，更关注问题的解决。业绩不达标是经常会出现的问题，必要的情况下确实应当追责，达到以儆效尤的目的。然而，不少领导在这个问题上有些矫枉过正，所以才会出现让员工绕着湖爬行，或者打员工耳光之类的事情。业绩没有达标，员工也很难受，因为它会在工资上体现出来，再施加这种惩罚，只能加深员工难受的程度，但导致问题出现的根源依旧没有解决。所谓"当局者迷，旁观者清"，大部分员工处理的都是非常基础、琐碎的事情，时间一长很容易陷进去，结果每天都在忙，却丢掉了方向。最后考核结果不理想，他们却往往不知道问题到底出在哪里，只知道自己在很努力地工作，所以内心感到非常委屈，久而久之便陷入一种恶性循环。这时领导就要及时站出来，从旁观者的角度帮助员工分析问题、解决问题，避免类似的结果下次再次出现。

第四，用心给出有价值的建议。在一般情况下，领导与员工沟通都是奔着解决问题的目标去的，因此给出有价值的建议就特别重要，这就要求领导把话说到点子上。如何把话说到点子上，给出切实有效的建议呢？这就要求我们的领导平时把心思真正花在团队上，花在员工身上。不少领导看到员工业绩不佳，不分青红皂白就是一句"你要努力啊"；看到员工垂头丧气，不闻不问就是一句"你要乐观点"；发现员工囊中羞涩，直接就是一句"你得多赚点"……这些话都没错，但也没有任何实际意义，因此叫"正确的废话"，员工现在有什么问题，这个问题以后还会存在。带队伍的人要少说这种正确的废话，要谨言慎行，立足于现实，实打实地解决具体问题。员工为什么会出现这样那样的问题？是不得要领，还是遇到了什么麻烦，这个要弄清楚，有针对性地解决。

第六章　用合适的人，做正确的事

人无完人，同时人无废人。就像七巧板一样，每块都不一样，但每块都有用武之地，只要搭配合理，相互取长补短，就能拼成完美的图形。不要总是盯着一个人的短板看，即便自己克服不了，也可以用其他人的优势来弥补。准则只有一个：用合适的人，做正确的事。

个人不完美，团队可以完美

金无足赤，人无完人。世界上没有纯而又纯的金子，也不存在完美无瑕的个人。万物皆有裂痕，那是光照进来的地方；人都有不足，那是未来成长的地方。所以，我总是强调，在招人进来的时候，不要一味地盯着人的短板看，要先看到这个人的长处。

比如，在篮球场上，每个人的身高体重不同，灵敏度不同，球技也不相同，走到一起自然会有长短之分。有的人控球能力非常突出，但不善于抢篮板；有的人三分球投得特别准，但速度与耐久性都不太行；有的人综合得分能力不错，但防守能力一般……如果单枪匹马作战，不仅难以发挥优势，还容易被对手抓住弱点猛攻，继而无力招架。可一旦组成了团队，这种情况就发生了根本性的变化，一个人的短处，会由另一个人的长处来填补，在这种互相取长补短的过程中，整个团队就能集中优势来出战，从而赢得比赛。其间的用人策略、战术制定，考验的就是队长的带队能力。

不仅仅是篮球，像足球、排球，甚至是拔河、双打的乒乓球或者羽毛球，都是很好的团队体育运动。看似简单的组队、调整、战术指导，其实都是取长补短的过程。空喊一万遍"我们要团结"，不如认认真真组织员工参加几场比赛，这种团队精神的构建是潜移默化且不易更改的。多搞些这样的团队比赛，多创新一些比赛的形式，增进大家互帮互助的意识，融洽内部的氛围。加上员工本身也喜欢参加这样的赛事，对工作状态也是不错的调整，何乐而不为呢？

多年来，我一直强调一个观点：没有完美的个人，但是有完美的团队。不管是什么领域的团队，都要有体育运动中的这种团队精神——讲格局、敢奉献、肯协作、好相处。三个臭皮匠，赛过诸葛亮。我从来不担心一个团队当中没有能力特别出众的人；相比之下，我更担心几个能力出众的人在同一个团队当中相互合不来。一有功劳，各自争抢着向上司汇报，抬高自己贬低他人；一出问题，谁都不愿站出来承担，只知道互相推诿、指责。

出现这种情况，我首先要问责的，不是这些斤斤计较的员工，而是这个带队的领导。手中既然有安排员工岗位、工作的权力，可以重新招人，可以调岗，有才无德的更是可以直接开除，为什么偏要让事态发展到难以管控的地步？优德提倡"优胜于业"，但也不唯业绩至上，我看一个团队是否真正优秀，还要看它是否和谐融洽。真正优秀的团队都是刚柔相济的，整个团队过"刚"或者过"柔"，都说明带队领导失察了。

团队的另一个重要作用在于让人进步。一个人的短板是不可能完全消除的，但却可以逐步地弥补起来。让员工在团队中进步，这也是领导者要认真思考的问题。进入优德的员工都要先学习、培训，要接受我们的企业文化，要掌握规章制度，要学习专业知识，要懂得合作共享。我们做过相关的测算，一名有悟性、资质好的新员工，大约经过一个月的系统学习，就可以胜任普通工作；大约要花费三个月的时间，他才可能成为一名店长。在这个过程中，他的专业素养、工作态度、综合能力都应该发生看得见的变化。如果一个人进来之后，一两年都没有进步，我就要怀疑这个团队的领导有没有把培养工作做到位。

我始终认为，每个人都有独特的潜能，领导者不要轻易地定位一个人"行"或者"不行"。人无废人，关键在于开悟和引导。除了在工作上提供帮助，领导者在茶余饭后也要多关怀员工。具体到每个人时，更要用其所长，避其所短，根据性格、特长，把合适的人放在合适的位置。

领导者要用好偏才

关于"偏才"的讨论，自古有之，人们习惯上将只有一方面才能比较突出的人称为"偏才"。近些年，借着教育改革的大势，有关"偏才"的探讨又重新火热了起来，整个社会对"偏才"的态度也从多年前基本"一边倒"的反对，渐渐转变为能够包容，一些知名大学甚至在招生时，还会"破格录取"表现特别突出的偏才。

我对于偏才没什么偏见，并且认为品行端正的偏才可以成为团队的中坚力量。偏才并不是什么"洪水猛兽"，也不是一个绝对化的概念。凡是非常有才华的人，大都有或大或小的缺点和怪癖。某方面的才华越出众，身上的那些缺点和怪癖就会在比较中显得越突出。这是人们很容易忽视的问题。

任正非就曾经提出过一个"歪瓜裂枣"论，讨论的就是如何让奇才、怪才等偏才在团队当中一展所长的问题："我们公司要能容忍一些'歪瓜裂枣'，容忍一些不太合群的人，允许他们的思想能在公司发酵。以前一说歪瓜裂枣，他们把'裂'写成劣等的'劣'。枣是裂的最甜，瓜是歪的最甜，他们虽然不被大家看好，但我们从战略眼光上看好这些人。"

曾国藩曾经也提出过类似的看法，认为一个人的能力再怎么全面，也会有不足的地方。对于人才，只要能够有利于事情的完成，那么性情、出身等外在因素，完全可以不加以考虑。

鲍超就是曾国藩带出来的一员猛将，也是偏才成才的典范。这个人武功高强，十分英勇，对朝廷也忠心耿耿，却不善与人打交道，经常把战场上的狠劲带到生活当中，并不受人待见，当时还是哨长的鲍超买了一丈多长的红布，在上面写了个大大的"鲍"字。每逢打仗，他就把这块红布高高地挂在自己的战船上。按当时的规定，只有领兵的统帅才有资格挂出战旗，鲍超的做法显然违规了。部将们把他的做法告知了曾国藩，希望治治他的锐气。

曾国藩得知此事之后便找鲍超问明缘由。鲍超理直气壮地说："我这样做就是想要别人知道，我鲍超在这条船上。打了胜仗，是我鲍超；打了败仗，也是我鲍超。"听完这番话后，曾国藩不但没有责罚他，反而对他的态度大加赞赏，于是便鼓励他多打胜仗，多立战功。

事后，有人问曾国藩为什么如此放任鲍超，对他的错误行为视而不见，曾国藩回答道："尺有所短，寸有所长，用人也应用其长。鲍超身上确实有很多不足，可我们也要看到他的勇猛和忠诚。如果因为一点儿性情上的不足就严厉惩罚，一定会打消他的士气，那我们就得不偿失了。"

事实证明，曾国藩的做法是对的。受到鼓舞的鲍超在战场上拼死作战，屡屡立下战功，最终成了清朝晚期湘军的著名将领。

人在这方面不足，在别的方面就可能发挥出优势，正所谓盲人听力好，哑巴手势打得好。因为一方面的不足而否决其他方面的长处，这才是用人的大忌。真正的人才大都是偏才，曾国藩的年代是这样，今天依旧是这样，关键在于领导者怎么用。我认为关键在于三个方面。

第一，见微知著地发现。人才本就不容易被发现，偏才更是容易被人们忽视，所以有些细节上的东西应当被重视起来。比如，人群里一定有人才，不然不会平白地引来众人围观；能津津有味做事的人往往都是人才，因为他正沉浸在享受自己凭本事解决问题的乐趣当中。

第二，海纳百川地包容。才能出众的人，性格特征往往也比较鲜明，如可能过于正直、过于沉默、过于显摆、过于狂妄，等等。对于这一类成员，首先要在情感上认可，让他们不对团队产生排斥心理，然后要在工作中包容，给他们一个适应缓冲的时期，同时在工作中不断引导，使他们最终能够施展才华，为团队所用。

第三，不拘一格地使用。越是有争议的人，越要大胆地使用，千万不要没完没了地评定、讨论，量才委派、量才任职、量才授官，给他们一个能发挥本领的舞台，成绩最能说明问题。能者上，庸者下，这样才能让有才之人有机会、谋事之人有舞台、成事之人有地位。其间，也要不夸大地褒奖，在精神上肯定，在物质上照顾，在成长进步中给予关怀，只有这样，才能真正做到人尽其用。

一切的竞争最后都是人才的竞争，人才是最重要的因素之一。无所不能的全才似乎总能得到人们的青睐，但这种人才其实是凤毛麟角，从现实的角度出发，一个团队在更多的时候，吸纳的都是存在诸多缺陷的人。事实上并没有真正的全才，把种种个性鲜明的偏才、专才、怪才用好，这才是团队领导者识人、用人、带队伍的重要课题。

别把飞机引擎装在拖拉机上

我们到底需要什么样的人才？在创业初期，这个问题也一度困扰着我。

任何一家公司，初创的那几年都是非常辛苦的，就像蝴蝶要破茧而出一样，要获得新生，就要非常拼命地努力。其间，对外还要应对不可知的市场变化与风险，对内则要统一思想，消灭分歧。用什么样的人，便是我们讨论最多的话题之一。

当时就有人提议，从社会上招一些学历与资历都很高的海归、精英，找一些优秀的MBA来协助管理。我没有同意。我们要做的是健康产业，技术必须领先，产品必须过硬，当时正值团队的草创期，是蓄能的阶段，有限的资金应当优先支持研发，纵使请来了这些管理精英，也没有他们施展拳脚的平台。最后，正是在这样的一边讨论、一边摸索中，我们靠着自己的力量慢慢地把事情做起来了。

的确，在团队壮大的过程中，需要一些管理人才介入，但不一定非得从外面空降。我们那么多能吃苦、肯学习的员工，既懂业务，又认同我们的文化，难道不能从中提拔出一批人来当领导吗？因为熟悉，所以看问题会更准，别人说一，他能想到三，这种人就是应当被重点关照的对象。特别是搞企划的团队，我不喜欢招收一些没有做过基层的企划，他们没有摸过市场，也没有管理大公司的实战经验，对这个行业都不怎么了解，他做哪门子的企划？很容易走纸上谈兵的道路。所以，我更喜欢从基层的员工中去发掘，从干这个工作的人中间去培养。

使用人才也是一种投资的过程，要舍得在人才培养上花时间、花钱，总体而言，符合付出越多，回报越高的规律。但是有一点要遵守，一定要找最合适的人，不要一味地寻找所谓"最好的人"。否则就应验了马云曾经说过的一句话："好比把飞机的引擎装在了拖拉机上，最终还是飞不起来。"

别把飞机引擎装在拖拉机上，而要做到人岗匹配，让员工流动到最合适的位置上去，然后快速成长；一旦人岗不匹配，就要立即调整，不要心存侥幸和不切实际的期待，以免形成无谓的消耗，浪费公司和个人的时间。

有一个员工的故事我记得比较清楚。他是通过内部职工推荐进来的，姓刘，是尉氏县的一个农民，当时已经快40岁了。对于所有新入职的员工，我们都要进行系统培训，考核通过之后才能进入车间实操。他先后参加了三次培训，每次考核都多多少少有点问题，达不到录用的标准。我们人力资源部的领导在深入了解情况时发现，他家里比较穷，小时候没怎么读过书，操作仪器之类的事情他觉得有些做不来。我们差点儿就决定不要他了，没想到后面出现了一个小插曲。根据培训的老师反馈，这个人虽然考核总是不过，但态度非常端正，而且每次培训完都会顺手把收尾打扫的工作做了，如清扫散落在地上的废料、捡起掉在角落的零件、顺手把垃圾带走，等等。

得知这个情况之后，我便跟人力资源部的领导打了个招呼："品行端正的人是可以用的，能力不行大不了不去技术岗，不去车间，当保安员、保洁员还是绰绰有余的。你看看怎么用比较合适。他们也是展现企业形象和团队风貌的一分子，用好了也能传承我们的文化。"没过多久，他就以保洁员的身份上班了。

事情到这里还没有结束。保洁的岗位和他当时的能力是相匹配的，我们也没有要求他一定要做得怎么样。对于我们的这份安排，他也比较满意，工作起来反而劲头十足。做了几年之后，他也成了一个小领导，带着几个保洁员，为日常的清洁卫生工作奉献自己的力量。并且，我们优德建立了扶贫工厂，专门吸纳贫困农民在公益岗位工作，目的就是为了精准扶贫。

是飞机，我们就给他装飞机的引擎；是拖拉机，我们就给他装拖拉机的引擎。人无废人，器无废器。用人不求最好，但求最合适。否则，对双方来说都是一种浪费与负担。

PART **02**

如何管理

我们的士气，很多时候是靠打仗打出来的，靠赢这些战斗鼓舞出来的。有仗打才能有士气，你每天四平八稳、按部就班地去做，这个士气永远不会好的。IDL（Interactive Data Language，交互式数据语言）的最强大脑项目，那段时间就经常是三四点还在那儿讨论，有时候能激动到哭。因为最强大脑它就是一场战斗，打赢了你就很兴奋，整个团队士气能够保持挺长时间。能打胜仗，这个leader才能提拔。不是说你待了多长时间了，不是说你外头有了更好的offer，你就可以在这儿获得更好的待遇——你赢了，你才会受到认可。

——李彦宏·百度2017年新年讲话

第一章 打造混凝土一样的聚合团队

孤阴则不生，独阳则不长，故天地配以阴阳。优秀的团队应该像混凝土一样，充分发挥优势，充分协同合作，让团队的合力最大化。

打造团队生态，共存共生共长

不同的民族、不同的生活习惯、不同的生存环境等，却能汇聚成一幅和谐的画面。我是河南人，我的朋友有北京人、上海人、海南人，我们说着不同地方的方言，吃着迥异的美食佳肴，有着各自的地域优势，不过，我们都知道彼此共同生活在中国这片土地上。一种文明承载着差异巨大的地方文化，宛如一幅《清明上河图》被展开，人人各司其职，各得其乐，异而协同。

这种差异性共存的概念其实总是闪现在中国文化的脉络中。比如，明朝的程允升在《幼学琼林·夫妇》中说道："孤阴则不生，独阳则不长，故天地配以阴阳。"阴阳相合，相互对立又相互转化，共存共生共长。

我一直觉得小米公司是一个深谙此道的优秀团队。

小米的企业结构有一个生态系统的理念，那就是以自己为核心，与其他专业领域的相关企业合作。

打开米家的网页，我们很容易看到"生态链企业"的字样，点开后，我们会看到与小米合作的诸多企业。截止到2017年9月，整个小米的生态链体系中已经有89家公司，小米也将它们当作兄弟公司对待。这些公司的专业产品和战略方向各不相同，却在小米的向心力下和谐地走在了一起。雷军、马云的愿望都很相似，他们都有建立自己"生态帝国"的野心。这便是优秀创业者的伟大志向之所在。

小米的产品设计也有自己的共生关系，它需要整个产业链、相关部门、相关人群的相互配合，这不是单独做强做大哪一个环节就可以解决的问题。它的产品生态圈分为四大板块，即软件＋创意周边（硬件）＋内容＋生活。这种产品战略的设计是层层递进、渐行渐进实现的。

从软件来说，即小米的MIUI系统＋小米应用商店＋小米游戏中心。小米的MIUI系统每周更新，这在所有的智能手机系统之中是独一无二的。小米和苹果的应用商店一样，也是由第三方应用开发商开发的。小米游戏中心的情况也很喜人。

从创意周边来说，最主要的是小米的主题商店。小米主题商店之所以这么火，一方面是因为小米的用户年轻化，喜欢个性化的主题，另一方面是主题的团队设计者可以获得70％的收入分成，所以开发的积极性十分高涨。

从内容来说，2013年，小米将多看阅读收归旗下，自此多看阅读器从小米的普通阅读应用，一下子成了小米的核心业务板块。多看被收购之后，多看团队还负责小米盒子的具体设计研发及运营。而之后不久，小米又发售了小米电视。手机也好，应用也罢，对消费者来说最重要的是内容。

从生活来说，小米十分注重未来性，换句话说就是小米的物联网。未来小米手机可以是钥匙、门禁卡、公交卡、信用卡、会员卡、名片，甚至可以是相机、PSP、电视遥控器、家用电器控制终端、自动驾驶设备等。那个时候你可能真的离开手机就不能生活了，但前提是手机让一切变得便捷、安全、可靠。这不仅是雷军或洪峰眼中的小米生态圈，更是所有小米人为之奋斗的梦想。

能够建立自己团队的生态系统，并在这个系统上和谐地连接和竞争，这是一项艰难而伟大的事业。

《庄子·齐物论》中有一句——"故知止其所不知，至矣"。"道"有一个最高的标准，即"止其所不知"，到了最高处便是不知。南北朝时，高僧鸠摩罗什的弟子僧肇在一篇文章《般若无知论》中说，智慧到最高处，没有智慧可谈，才是真正的智慧。

人有所精，物有所专，本不是坏事，然而有时一个人的某一专长到达一个最高境界，反而会挡住其他知识的摄取。我对优德集团的期望，未来的经济发展模式决定了优德作为一个单一航向的企业是不可行的，我想让优德成为民族品牌、并具有世界品牌的魅力，我想让它成为一艘行业航母，不让格局和视野受限，而是在现代经济浪潮中寻找更加广阔的道路，成就更加辉煌的未来。

团队合作才能成大事

2015年，我们在北京开了一个进军电影业的发布会，我和"香港电影金像奖"影帝任达华先生、新时代花旦颖儿有过会面，当时启动的电影项目是《七月降临》和《我的明星老婆》。2017年，优德影业打造的《逆时空之恋》在腾讯视频独家上映，同时，还打造了《神迹之上古传奇》《伏魔战士Ⅱ》等作品。

拍电影是一件有意思的事情，它会让人在很娱乐性的内容里去思考一些东西。比如，奥斯卡有最佳影片这个奖项，这个奖可以说是颁发给整个电影拍摄团队的，包括导演的统筹才能、主配角的精湛演技、摄影师的拍摄功底、剪辑师的剪辑能力，还有化妆师、特效师、场务等人的贡献。

一部成功的电影离不开它的整个制作团队。企业队伍也是如此。一个人是一条虫，一个团队是一条龙，一个分工明确、目标明确的团队战斗力十分强大。

我们都是团队中的一个个体，高层也好、中层也好、基层也罢，各有自己的分工，无所谓贵贱高低，只不过是责任不同罢了。对我来说，优德公司的每一个人都是处在相应位置的零件，每一个零件都得发挥自己的功效，才能带动整个团队机器勇往直前。所以，我们应该把"合作"作为自己的责任来执行。

团队合作是一个企业最宝贵的力量，团队精神在一个公司及一个人的事业发展中都具有不容忽视的作用。

微软公司在开发Windows 2000系统时，动员了超过3000名研发工程师和测试人员，写出了5000多万行代码。如果没有高度统一的团队精神，没有全部参与者的默契与分工合作，这项工程是根本不可能完成的。

我知道，市场是冷酷无情的，每个企业组织都会面临众多竞争对手的"袭击"，这个时候，团队之间紧密合作，共同抵御"外敌"常常能发挥惊人的作用。我也坚信，一个团结的队伍，必定充满勃勃生机与活力。

是否善于相互协作，往往决定着事情的成败。任何组织都是一个团结合作的集体，在这个集体中，每个成员之间必须能够做到密切配合，这样才更有利于企业的发展和员工个人的进步。

团队的配合，首先要进行自我定位，其次要具有大局观。

自我定位就是要明白自己在团队中的位置，先把自己分内的事情做好。

之前有个年轻人，进公司半年不到，有一天忽然直接越过他的主管找到我，提了很多公司发展战略上的问题和畅想。不过，他的很多想法过于理论化、理想化，而且十分稚嫩。后来，我把他的部门主管叫过来聊了一下，得知小伙子刚毕业一年，到优德已经是第二家公司了，前面一家待了半年不到，不太愿意做手头上的工作，平时和同事交流得少，工作配合也有些问题。后来，这个年轻人走了。我当时就想，小伙子这个状态要是不调整，估计哪儿都待不长。

在团队中，有人当主角，有人当配角；有人打前线，有人守后方；有人当主力，有人当侧翼……进了一个部门，就要做好自己的工作，完成自己的使命和职责，而不是"身在曹营心在汉"。

大局观，这三个字很虚，但是这的确是一个人在一个行业走下去的品牌力。"在大局面前，人人学会让路"，也就是在大局利益和整体战略面前，要学会暂时将个人甚至小团体的利益和困难放在一边，想尽一切办法为大局服务。

可以说，很多团队的执行力低下，在相当程度上就是由于强调"小团体"，太过注重个人得失而导致的。一个强调个人利益的组织，怎么能够战胜人人都甘于奉献的优秀组织呢？

企业为我们提供了很多有利的资源与平台，我们也应该配合企业，理解企业的营销战略、发展愿景和企业文化。我们只有把个人牢牢地"绑"在公司这条大船上，才能与之共进退。

效率来自协同而非分工

比尔·盖茨说："微软的发展和成功来源于共同努力。很幸运的是，我们拥有一大批值得信任的员工。"我深以为然。

孔子说："丘也闻有国有家者，不患寡而患不均，不患贫而患不安。盖均无贫，和无寡，安无倾。"意思是，无论是有国的诸侯或者有家（封地）的大夫，不必担心财富不多，只需担心财富不均；不必担心人民太少，只需担心不安定。因为财富平均，就无所谓贫穷；国内上下和谐，就不会使人民流散减少；境内安定，国家就不会倾覆。

这是孔子针对鲁国大夫季氏将伐颛臾一事提出的建议。这段话蕴含的道理是：为官之人要想方设法确保人民内部和谐，确保国家安定和统一。

其实，这个道理放之商海而皆准。在现代商业社会里，要保持团队内部和谐，才能上下拧成一股绳，具有强大的战斗力；才能在市场竞争中攻城拔寨，获得发展空间。

实现团队内部和谐，是企业获得快速发展的根基。所谓内部和谐，就是指企业运用一整套合理的原则和科学有效的方法，调整、协调和改善企业内部不同层次干部之间、员工之间，以及干部与员工之间的关系，谋求相互间的信任与支持，从而创造最佳的工作环境。

微软这个团队就是如此。从最初一起设计软件并创建公司的保罗·艾伦、管理天才史蒂文·巴尔默，到首创"菜单"模式的查尔斯·西蒙伊，再到让微软完全占领欧洲市场的鲍勃·奥利尔……盖茨将这些精英人物凝聚在一起，共同开辟了微软的非凡基业。

他们也意识到：成败皆为团队共有；大家互教互学；互相奉献和支

持；遇到困难互相鼓励，及时沟通；依靠团体智慧；承认并感谢队友的工作和帮助；甘当配角。

微软有一种很有特色的沟通方式，那就是"白板文化"。"白板文化"是指在微软的办公室、会议室甚至休息室都有专门可供书写的白板，以便随时记录某些思想火花或建议。这样，有什么问题都可以及时沟通，及时解决，而那些思想火花则为微软的创新提供了丰富的资源。

员工与比尔·盖茨一起创造了了不起的微软，虽然现在人们一提到微软第一个想到的必是比尔·盖茨，但是比尔·盖茨深深知道，如果没有背后的团队与自己一起奋斗，一起分享，一起合作，那么，微软或许早就消失在激烈的市场竞争中了。

以前看电视剧《士兵突击》，有一个场景让我印象深刻，就是袁朗把成才踢出"老A"时说："你太见外！任何个人和团体很难在你的心里占到一席之地，你很活跃，也很有能力，但你很封闭，你总是在自己的世界里想自己的，做自己的。成才，我们这伙人不只是为了对抗，你的战友甚至你的敌人需要你去理解、融洽和经历。"

资源抱团合作才能强大和共赢，而不是靠着一众能人单打独斗，这是我多年来的真实体验。合作才能强大，才能更有效率，而这种效率则源于众人的协同。怎么理解呢？

第一，再优秀的人也有自己的不足之处，所以，我们要学会求助。

很多新人员工不想打扰别人，不想拿自己负责的工作去麻烦别人，觉得自己随意求助既会给别人造成不便，又会显得自己能力不足，这种想法是错误的。在同一个团体中，协作是必不可少的，每个员工都不是万能的，都有需要别人协作与帮助的时候。

第二，当团队成员开始协同互助而不是各自为政的时候，他们所想的一定是解决问题，达成目标，以团队利益为尊。

"帮工三日"是日本的一句俗语，即使只帮三天忙，也要像经营事业一样用心去做。我见过一些纯粹抱着"打工"心态的人，他们老是想着"我是给老板干活，老板给多少，我干多少"。这些人做一天和尚敲一天钟，关心自己的利益远甚于注重团队责任。另一些人则知道"一荣俱荣，一损俱损"的道理，因此工作时倾尽全力，以团队利益为重。对于后者，我颇为欣赏。

第三，一个坑一个萝卜，而不是一个萝卜一个坑。

团队合作需要人，但是，管理方式却不能因人设事，否则就会出现弊端：应该办的事找不到合适的人；一部分多余的人在干着多余的事；无用之材出不去，有用之材进不来；机构臃肿，人浮于事，内耗太大，效率低下，等等。有如此种种弊端最终只能导致企业不能实现既定的管理目标，给公司造成不必要的损失。鉴于此，领导者应该改变这种一个萝卜一个坑的思想，运用因事用人的方法来对各类人才实行有效管理。因事用人的方法，是同因人设事完全相反的一条用人法则。它是指在用人时，依据管理活动的需要，有什么事要办，就用什么人；而不是手头有什么人，就去办什么事。无数的实践已经向我们证明，因事用人的方法能够极俭省地利用人才资源，尽量避免不必要的人才浪费。

第四，优质的团队协作软件是有必要的。

有时候，一些简短的项目需要进行内部沟通时，我会直接在微信群发，项目意见会在群里很快反馈回来。相对于以前座机时代的逐一沟通，现在的确方便快捷很多。有些企业软件也有不错的效果，可以和同事及时分享资料，做好项目进度、数据总览，及时跟踪团队进展。磨刀不误砍柴工，一个实用性很强的工具会让整个团队的沟通、接洽、合作更加高效。

团队的运作，是自上而下的，也是自下而上的，是整体的，也是局部的，它需要每一个人的参与和努力。

第二章　先遵守规矩，再体现个性

制度是团队的规矩，人人都应当遵守，执行要尽力，赏罚要从严，如此才能捍卫制度的威严。不过，制度无私并不代表着管理无情。管理团队的本质还是管人，人是有创造力的，是有温度的，所以好的制度要能让人"随心所欲不逾矩"，这种灵活就是制度的思想。

刚性制度，柔性管理

制度的建立是为了保证团队日常管理的规范。有制度就要有执行，就要看到执行的效果，为了这个目的，保证制度的刚性是根本。刚性往往意味着无情，无情既指制度的严厉冰冷，也指执行时的公正无私，意思就是说，在制度面前人人平等，唯制度最大、最高。

无情应该是团队领导者的一门必修课，做好好先生是无法让众人信服的。但无情并非制度运用的终极目标，一个团队之所以要立制度，明赏罚，是为了赋予制度以思想，将刚性制度演变成柔性文化，将要求员工遵守演变为员工自觉遵守，而这就要讲到"灵活"二字。

俗话说，国法无情人有义，要使制度发挥出最大的效用，就需要做到灵活运用。制度无情并不意味着死板与僵化，如果制度的刚性与管理的柔性不能有效结合，制度很难发挥最大的效用。对于制度的刚性与管理的柔性，领导者要注意两点。

第一，制度应该让其执行者有一定的自主权，使其能够按照制度的目标来处理某些例外情况，这也是管理的"例外原则"的精义所在。

第二，要让制度的执行者对企业文化和管理理念有深刻的认识，坚守企业的理念，灵活地处理各种情况。

世界500强企业惠普的人性化管理是很出名的，即使处在美国企业最艰难的大萧条时代，这家企业的创始人之一戴维·帕卡德依旧坚持领导者应当与员工保持密切联系，因此被员工们亲昵地称为"MBRA"（闲不住的老板）。在惠普，不论哪一级领导都没有自己的独立办公室，只有少量的会议室供集体使用。上下班见面时，都是直呼其名而不称职务。

公司的两位创始人威廉·休利特和戴维·帕卡德把惠普的全体员工都当作博士来看待，认为每个员工的尊严和价值都是惠普极其重要的组成部分，确信"不论男女，大家都想有一份富有创造力的好工作，有一个好的工作环境，大家都会把工作做好"。

因为公司尊重每一个员工，所以惠普内部的人际关系十分融洽。惠普宽松的工作氛围是建立在严明的纪律之上的。惠普公司内部有一整套严格的纪律约束员工的行为，例如"科研记录本"制度，即技术人员所有的发明创造，包括思路、草图等原始素材必须写在专门的科研记录本上。

在科研记录本上每一页都有号码，就像发票一样是连号的，员工不可以撕掉其中的任何一页，否则就有麻烦。惠普每年都会进行一次内部审计，对科研人员的发明创造、产品开发过程、文献管理、技术管理等方面进行严格审查，一旦发现有人没把技术发明、产品设计（包括想法和草图）写在科研记录本上，就会视情节轻重严肃处理。

另外，如果员工违反了惠普的基本纪律，也会受到严厉处罚。惠普有一个制度，为防止员工之间互相打探薪酬，凡是透露工资的员工必须马上辞退，这一点毫不含糊，无论他在惠普的位置有多重要。但是当惠普"痛下杀手"时，它也会遵照自己的企业文化，尽可能安排好被辞退员工的工作，让他不因离开惠普而导致生活质量下降，这也是美国其他公司难以做到的。

曾经，惠普有一个业务水平很高的技术人员，在报销出租车费的时候做了手脚，车票上原来的金额是40元钱，但他给改成了140元钱。后来，公司财务人员看出了破绽，经过与出租汽车公司核对，证明该位员工的确是虚报了发票。尽管他很优秀，对公司业务发展有重要作用，惠普还是开除了他，但考虑到这位员工的家庭实际情况，戴维·帕卡德以私人的名义将他介绍到一家为军方生产雷达的工厂做技术顾问，既维护了制度的严肃性，也体现了人文关怀。

印度诗人泰戈尔说："上帝的右手是温柔的，但他的左手是严厉的。"一个团队的刚性制度与以人为本的企业文化并不矛盾，反而是企业生命的保障。柔性管理能有效弥补制度的不足，变消极为积极，化被动为主动。柔性管理重在"布恩"，刚性制度重在"立威"，刚柔相济，恩威并举，才能使员工心悦诚服。

以人为本，尊重人性

2017年国庆节过后的第一个工作日，优德主管全员培训工作的负责人召集集团中层以上管理干部开了一次例行会议，这次会议的主题是"制度与人性管理"，我也参加了这次会议，并举例讲了某两个公司的制度制定情况。

A公司为员工创造了宽松的工作环境，并且为每个员工配备了高性能的办公设备。对于办公用品的管理更是非常"慷慨"，在每个办公室的角落里有一个柜子，里面放满了员工日常所需的办公用品，员工可以根据自己的需要自由拿取而无须登记。

B公司也是从事同样业务的企业，却采取了相反的态度。虽然这家公司的宣传册中将"以人为本"的人才策略浓墨重彩地渲染了一番，但老板对行政部门每月"高昂的"办公用品采购开支大为恼火。行政部门为了缩减办公用品开支绞尽了脑汁：任何员工领取办公用品都要填写领用单据，并要经过主管签字，然后才能到行政部门领取。每个部门每月产生的办公用品开支要核算到部门运营成本中。

从事同样业务的两家公司，面对相同的市场环境，对管理、制度采取的不同态度，在经营业绩上表现了巨大的差距，值得领导者深思。

管理制度是以条文约定的形式对员工进行激励的过程。管理制度应该体现对员工的激励与引导，对自我的行为进行约束。大部分企业制定管理制度只体现了对员工的约束，忽略了对员工的激励与引导。这些企业领导者都信奉"人性本恶"的假设，认为人工作的目的是获取报酬，在工作过程中需要靠监督、约束、要求才能完成自己的工作。这种假设片面地强调了制度的监督与约束作用，却忽略了人性需求的复杂性与多样性，抑制了人性中积极的因素。因此，领导者在制定制度时，不要只考虑如何约束员工的行为，也要设身处地想一想员工的接受程度、是否符合人性的需求。这也正是优德长久以来坚持和践行的"制度管理应符合人性需求"的宗旨，这是以人为本的团队应有的作为。

在很多公司的《企业文化手册》中，"以人为本"赫然入目，究竟什么是"以人为本"？我认为，以人为本的制度管理要体现五个要素。

第一，尊重人性。

对利益的追求是人的本能，对群体的追求是人的本性，对成就的追求是人的本源，这是客观存在的自然规律。领导者能从根本上认识不同的人性特点，有助于对这些人性需求进行利用，对员工的行为进行引导。比如，经常组织团体活动有助于增强员工的归属感；对具有特殊贡献的员工进行奖励，能够提升士气等。

第二，尊重个性。

每个人都有自己的个性特点，人的个性本无好坏之分，主要看领导者是否把合适的人放到合适的岗位上。如果让开拓性人才去从事重复性工作，这是领导者的错误，另外，实践证明，越是有超常能力的员工，其个性特点越突出。领导者具有海纳百川的包容性，是尊重员工个性、建立开放的企业价值理念的具体表现。

第三，注重个人发展。

以人为本的团队强调员工与组织的同步发展。团队的发展建立在员工进步的基础上，员工的进步得益于团队的良性发展，两者的利益与方向应该是高度统一的。以人为本的团队注重员工的培训与职业开发，将员工与团队的近期、长期问题系统考虑，将个人的发展与组织目标的发展有机结合，创造出和谐的、动态的个人发展机制。这种机制以完善的培训体制、岗位轮换、接班人计划等具体制度来体现。

第四，认可员工的价值。

团队经营的过程就是学习与总结的过程。无论员工取得成功的经验还是失败的教训，都应该及时进行反思与总结。需要反思与总结的是"我们成功在哪里""哪些原因导致了失败，如何弥补或规避失败"，使经验和教训成为未来工作的灯塔和指南针。而很多领导者采取的奖励成功者、处罚失败者的处理策略，对于未来的发展缺乏直接的帮助。无论是经验还是教训都是团队经营中的财富，所以你要认可员工的价值。

第五，满足员工个性化需求。

不同年龄、不同背景、不同层级的员工需求截然不同，同一个人在特定阶段多种需求共存，但各种需求存在强度的差异。倡导以人为本的管理最重要的工作就是发现员工不同阶段的需求，并将这种需求利用到管理策略、制度之中；对员工的需求进行有效的引导，满足员工个性化的需求就是引导员工为实现组织目标努力的过程。团队战略目标实现了，员工个人的需求也能够得到满足。

制度是刚性的，要想使员工易于接受，就需要领导者在注重制度管理的同时，强调人性管理的运用。

英国拉夫堡大学的研究人员做过一项有趣的实验，他们通过在闹市中丢弃钱包来分析拾包者的返还行为，结果发现返还率同捡到的金额成反比，即钱的数额越小，返还率越高。这在一定程度上可以说明，人类的信仰与经济利益之间有一种微妙的替代关系，当经济利益达到一定的限度时，相当一部分人的信仰就会瓦解。因此，我们在管理中所依赖的第一工具必然是制度，但这并不意味着我们就要轻视甚至彻底抛弃人性化、人本化的管理方式。

制度不是万能的，它需要人性管理来做重要的补充和辅助。领导者应该从人性的角度对违规员工进行"情感关注"，只有做到以人为本，注重人文关怀，才能获得员工的追随，才能真正达到团队内部的和谐。

纪律无情人有情

因为工作的关系，我经常出差，所以结识了诸多优秀的酒店经营者，并与他们结下了深厚的友谊。几年前我曾去杭州参加一个行业峰会，入住了一家全球连锁酒店，这家酒店的中方经理是我多年的朋友，听说我来杭州出差，立刻打来电话，说已经给我准备好了房间。

入住的当晚，忙完手头的工作之后，我应邀参加了朋友为我准备的私人晚宴。宴席上，我与朋友畅谈工作生活，十分开心。由于彼此都在经营实体经济，工作管理上的事情也就聊得比较多。我分享了优德在人本管理上的一些心得，听完了我的介绍，朋友仿佛想起什么似的"哦"了一声，然后便讲了这么一件事。

一天中午，外方经理来找他，向他诉说了自己的苦恼。原来外方经理刚才检查客房时，他不仅用眼睛检查了地面、窗帘、浴室，还伸手四处摸摸，发现一切都打扫得干干净净，没有任何灰尘，床也铺得很整齐。正当他满意地点头之际，却发现了一个严重的问题：茶几上的茶杯朝向错了。

这里说朝向错了，不是说茶杯放得不够整齐，而是茶杯上五个事关酒店品牌的字不见了。按规定，杯子上的"某某大酒店"五个字应当对着门口，让客人一进门就看得见，以便传达酒店的品牌形象。另外，打火机也没有放在烟灰缸后面，而是放在烟灰缸旁边。这使外方经理大为恼火，他当众斥责了负责该房间的工作人员，说她工作粗心大意、不负责任、不懂规矩。

负责该房间的工作人员是个只有20岁的年轻姑娘，刚入职不久，受不了被人当众斥责，便与外方经理顶撞起来。她说："这仅仅是一点儿小事，并不影响酒店的服务质量，客人也不会计较，你分明是鸡蛋里挑骨头，小题大做，欺人太甚。"

外方经理被这位姑娘"顶撞"后很难过，于是找到我的这位朋友交换看法。朋友诚恳地对他说："在我们中国的社会制度里，上级是人，下级也是人，大家的关系是平等的，唯有对员工满怀爱心，循循善诱，员工才能接受你的批评教育。她们不习惯生硬的训导，总以为只有资本主义国家才会这样对待工人。"

外方经理恍然大悟："原来我们在管理方法和思想观念上，存在着差距。我不了解中国国情，只是就事论事，见她粗心大意、根本没有品牌意识，情急之下没有注意工作的方式和方法。"

他反思了一夜，第二天，出现在姑娘正在清洁的客房。姑娘有点愕然，他们不约而同地望向茶几上的茶杯，这回，茶杯摆对了。那一瞬间，他们相视而笑，仿佛昨天的"恩怨"已一笔勾销。那个外方经理向她道了歉，还说："我在众人面前大声斥责你，伤了你的自尊心，这是我的不对。但是，杯子的摆法非讲究不可。"

讲完这件事，朋友对我说，在他看来，这位姑娘遇到的问题，并不只是存在于外企或是合资企业中，无论什么类型的公司，都可能出现这样的冲突，这看上去似乎是小事，但小事中却潜藏着大问题，一个关于管理和情理的问题。我认同他的看法。

孙子说："上下同欲者胜。"意思是说，只有全国上下，全军上下，意愿一致、同心协力，才能获胜。如何做才能达到上下同欲的境界？就制度而言，这就需要领导者在注重制度管理的同时，强调感性管理的运用，即在制度中融入柔软的情感。

中国有句古语：通情才能达理。在工作中，管理也要兼顾情理，管理不严则可能导致坏事发生，情理不通则会引发不满，从而影响管理的实施。所以，一个团队既需要无情管理，也需要有情之人，这样才能提升团队的凝聚力。

第三章　鼓励狼性，淘汰小资

我对团队的要求就是，要有一股狼劲儿，无论是对工作还是对自己。这股劲儿不是天然就有的，需要有人正确引导，适时推动，这是团队领导的一项必修课。带着工作的理念去生活，这一点我不管；但带着生活的理念来工作，这一点绝对不行。

带着"狼性"去奋斗

2016年10月1日18:00，由优德控股集团与优德医药网联合冠名的世界格斗殿堂级赛事《勇士的荣耀》第五站，在河南省体育中心鸣金开锣，震撼开战。这场世界性、殿堂级、现代化的搏击赛事，当时吸引了数万名观众到场观战，毫不夸张地说，这场赛事创造了世界格斗殿堂级赛事观战人数之最。

2017年，我出资建立了中华武术基金，发起了"一龙王者挑战赛"，当时的赛事可以说是影响巨大。2018年，我又倡导发起了WLT-67KG世界功夫王者争霸赛，提供百万元起冠军奖金。2018年9月14日，优德与河南卫视强强联合，独家运营《武林笼中对》，并将投入300万元打造一座特制黄金奖杯，还要筹建中华武术博物馆……

我对综合格斗（MMA，即Mixed Martial Arts）的欣赏源自那种"拼搏、抗争、乐观、争胜"的劲头，这种感觉就像是草原上一头勇猛进攻的狼，狼性十足。

狼性是一种团队精神——在优胜劣汰的市场规则下，用创新和拼搏，推动自己和团队在不良甚至劣势的环境下成长。

对个人来说，从华为狼性，到海尔集团董事局主席张瑞敏的"与狼共舞"，学习狼性精神能在大众中引起共鸣的原因在于人对自己永不满足。

竞争是残酷的，无论是个人还是团队，都必须面对你死我活的竞争。我们要做"狼"，就要学会顽强生存、自强独立、掌握机遇、坚韧顽强、忠于家族，以及时刻求生，甚至有时候还需要为了集体利益而进行个人牺牲。

对生存和发展来说，狼性是让人在前行的过程中，带着忧患意识、领头狼意识、战术意识，等等，在合作中发挥自己的最大价值。

同时，我更希望能够发扬中国人公平正义、顽强拼搏、自强不息、厚德载物的武德精神。

在我看来，武德与商道相通共融。这既体现了一种社会责任的担当，更契合了我们优德人始终坚守和践行的"拼搏奋斗，创造一切可能"的企业精神。

我觉得任何人做任何事都应该有这样一种精气神，这样活着才有一股向上的士气。所以，我把这种理念也带到了我的工作中，我经常跟公司中高层说，我需要的成员应该是那种奋斗进取、敢于向高难度工作挑战的人。

我对团队的要求就是，要有一股冲劲儿、干劲儿和狠劲儿，这股劲儿是隐性的、潜藏的，需要有人引导，有人推一把。一个领头羊要做的就是推别人一把，让别人更有劲儿。

美国学者肯尼思·克洛克与琼·戈德史密斯曾在合著的《管理的终结》中说过，管理的终结不应该是强迫式的管理，不应利用权力和地位去控制他人，而应该是"自我管理"。就像格斗一样，有教练来指导，但更多是自我技能的提升，这样才能在一场场真实的拳赛中强化自己——更强的意志力、力量的掌控度、肌肉的爆发力，等等，能把自己变得更强，是一种强劲的自制和自我培养。

荀子说："君子敬其在己者，而不慕其在天者，是以日进也；小人错其在己者，而慕其在天者，是以日退也。"君子和小人的区别就在于是否对自己严格要求，是否对自己的不努力抱着侥幸之心，才有了两者进取和落后的不同结果。

大名鼎鼎的西门子公司有个口号叫作"自己培养自己"。它是西门子发展自己文化或价值体系的最成功的办法，反映出了公司在员工管理上的深刻见解。和世界上所有的顶级公司一样，西门子公司把人员的全面职业培训和继续教育列入了公司战略发展规划，并认真地加以实施，只要专心工作，人人都有晋升的机会。

但他们所做的并不止于此，他们把相当的注意力放在了激发员工的学习愿望、引导员工不断地进行自我激励、营造环境让员工承担责任、在创造性的工作中体会成就感这些方面，以便员工能和公司共同成长。

对西门子来说，先支持优秀的人才再支持"准成功"的创意更有价值。面对世界性的竞争，要求拥有优秀的、成功的经营人才。这种理念的前提就是，经过挑选的员工必须有良好的学历，必须干练、灵活和全身心地投入工作中，必须积极发掘自己的潜力。而且，公司也正是因为有了这些优秀的员工才获得了业绩和其他利益的增长。

管理者必须让团队成员意识到这一点，没有人能为每一个成员的利益和成长负百分百的责任，就像拳击手的失败不能完全归罪于教练的指导不到位、活动场地环境不好、工具不顺手，等等。一个员工就是一个拳击手，他要自己出拳，为自己的能力负责。

而对于管理者来说，他对团队要负的责任就是做好统筹工作。正所谓"道之以政，齐之以刑，民免而无耻；道之以德，齐之以礼，有耻且格"。所以，如果想成就"无为而治"的管理境界，就要建立起一套自己的体系。

第一，体系要系统化、制度化、规范化、科学实用。科学的运作体系是企业高效运行的基础，用科学有效的制度来规范员工的行为，来约束和激励大家对企业的管理非常重要。

第二，管理者要有领导力，才能统筹一个高绩效的团队。领导力不是包揽，而是会调配人力和资源。高绩效的领导者要会发挥自己的影响力，要会激励下属，辅导下属，又要会有效地授权。他既要有高瞻远瞩的战略眼光，制定中长短期战略目标，又要有强大的执行力，把组织制定的目标落实到位，这样才会有预期结果。

第三，建构好的企业文化，用好的文化理念来统领员工的行为。企业既是军队、学校，又是家庭，提高自己的职业素养和综合素质，方能体会到大家庭的温暖。企业更具凝聚力、团队精神，才能留住员工的心，使企业与员工能共同发展，共同进步，基业长青。

机会一定是争取来的

在《庄子·山木》中，有一种名叫"意怠"的鸟。这种鸟总是挤在鸟群中苟生，在飞行时不敢在前边，也不敢在后边，就连饮食也不争先，它只吃别的鸟剩下的食物，自己的食物被抢了，也不会再去抢回来。它非常柔弱，所以它既不受鸟群以外的东西伤害，也不引起鸟群的排斥。它终日优哉游哉，远离祸患。

这种"不争"精神，可以作为一时的修身养性，但是，在运转快速的商业社会中却是大忌。

团队不懂得竞争，就会被淘汰；领导不懂得进取，就会拖累成员。一个安于现状和安逸的团队，注定在市场的厮杀中消亡。

互联网时代有个特点就是——"快"。《小米枪战》用了一个星期在各大平台上线后迅速火爆，这需要十分高效的运营模式。为了应对这样的模式，不拼命，就会死。所以，罗振宇才说："之前听说互联网的工作节奏是'996'，早9点、晚9点，上6天班，但听说腾讯吃鸡团队是'247'，一天24小时，上7天班，当然他们是三班倒。"

这种拼劲和干劲，是这个淘汰率甚高的时代所需要的精神。全力以赴，化被动为主动，以强大自信完成任务，突破原有极限，创造奇迹。所以，一个团队，必须要有自己的坚持和原则，我如此想，也如此追求。

首先，团队需要明白什么是"全力以赴"。

任何一个人的散漫都有可能断掉整个团队的能源，所以，每一个人都必须有觉悟地向前冲。

（1）大家在问题面前要寻找方法，找到能够用到的所有力量，为了一个目标矢志不渝地前进。过去的工作经验、身边的人脉关系、同类项目的处理方式、同行的发展近况、市场回馈的数据，甚至是某一条新闻，都有可能成为我们解决问题的助力。

（2）让所有人保持最佳的精神状态。要学会掌控团队的情绪和氛围，让一切变得积极起来，让所有人始终对未来充满希望。同时，用新鲜感来激发员工良好的工作状态。新鲜感会激发我们的好奇心，从而牵引我们去工作。

（3）热忱的工作态度对于需要高技术的专业工作同样重要。一个队伍要有干劲，这种干劲不是口号，而是发自内心的冲动和情怀。

其次，让员工时刻保持危机意识。

腾讯拿到了爆红游戏"吃鸡"的代理，却被网易后来居上，不知腾讯会拿出什么策略用以应对。在这种行业的迅速变化和相互竞争中，则需要一个绷紧弦的团队。

华为总裁任正非在当年华为风头强劲的时候，谈的却是"华为的冬天"，他说："10年来我天天思考的都是失败，对成功视而不见，没有什么荣誉感、自豪感，只有危机感，也许是这样华为才存活了10年。我们大家要一起来想怎样才能活下去，也许才能存活得久一些。失败这一天一定会到来，大家要准备迎接，这是我从不动摇的看法，这是历史规律。"《华为的冬天》给我最重要的启示就是，最危险的情况是意识不到危险。在经营团队的过程中，危机总会不知不觉地到来，我们要预先做好准备。

英国的人力培训专家B.吉尔伯特曾提出一个管理学的著名法则——吉尔伯特法则，即"工作危机最确凿的信号，是没有人跟你说该怎样做"。这句话引申到团队运营，就是最平静的时刻往往是最危险的时刻。市场环境瞬息万变，危机无处不在、无时不在，危机从不同侧面袭击而来，每一个企业都时刻面临着生存和发展的危机。可能是市场环境的突然恶化，可能是领导者的一个错误决策，可能是部门之间的互相牵制，可能是企业内部的一次内讧，一个团队就会面临生死存亡的考验。

淘汰随时随地在发生。我们要做的就是既要努力向上，全力以赴地完成自己工作上的任务，也要避免下跌，陷入不必要的危机陷阱。趋利避害，每一名团队成员都时刻保持高度的警觉，这样，公司这艘船才能穿过暗礁密布的大海，顺利驶向成功的彼岸。

只做第一，不做第二

有一句话是"文无第一，武无第二"，我把团队建设视为"武"，也就是说只有好或坏，"第一"和其他名次的区别。就像杰克·韦尔奇所说的——"当你是市场中的第四或第五的时候，老大打一个喷嚏，你就会染上肺炎。当你是老大的时候，你就能够掌握自己的命运"。

杰克·韦尔奇也提出了通用电气公司著名的"数一数二"理论，他对所有的通用电气公司业务总经理提出了要求：要么成为行业中的第一名或第二名，要么被整顿、关闭和出售。他表示，通用电气公司只栽培那些赚钱和具备绝对竞争力的事业，因为提供平凡产品和服务的公司，在商场上将没有生存的空间。

哪怕现在不是第一，也势必要有争取第一的野心。这是一个成功企业人应该有的心态。想着往更高更好的地方攀登，这是人性，也是狼性。

"只做第一"，这是愿景，亦是野心。这是一个结果，也是一个过程。有了这个目标，才能让人提着一口气，鼓动着自己往上飞；才能在别人走的时候，督促自己拼命跑。

只做第一，意味着既要赶超自己，也要赶超别人。

就团队内部结构来说，任何事业部门存在的条件是——在市场上"数一数二"，否则就应该被砍掉、整顿、关闭或出售。团队的最佳运行模式应该是不断层、不间断、不累赘、不拖沓的良性循环，部门与部门之间，个人与个人之间，都应该处于高效的无缝对接中。大家各司其职，各得其位，整个部门才能运行得好。

但是，不是每一个团队都能达到这种理想状态，对于拖后腿的部门或者个人，就应该及时清理。因为，想要成为第一，想要做到最好，所有人都需要处于最佳状态，每个人都能追溯自己的责任，项目都有清晰的数据和进度，不应该出现模糊点甚至盲区。

除了剔除劣势，我们还要发扬优势。

第一，要选择自己的优势领域。人都各有所长，只有找到自己的优势所在，才能建立起别人难以企及的核心竞争力。第二，要求专精而不求博杂，在团队优势上，精益求精，不断钻研，把优势练成绝对优势。成就第一，是一个过程，它既需要团队实力，也需要一些把握时机的眼光。

李嘉诚先生在一次讲座中聊到的内容，我觉得很有指导意义，总结得也很到位。他说：

"我个人和公司都是在竞争中成长起来的，我事业刚起步时，除了个人赤手空拳，我没有比其他竞争对手更优越的条件，一点也没有，这包括资金、人脉、市场，等等。很多人常常有一个误解，以为我们公司快速扩展是和垄断市场有关，其实我个人和公司跟一般小公司一样，都是在不断的竞争中成长的。

"当我整理公司发展资料时，最明显的是我们参与不同行业的时候，市场内已有很强和颇具实力的竞争对手担当主导角色，究竟老二如何变第一？或者更正确地说，老三老四老五如何变第一第二。很多关于我的报道都说我懂得抓紧时机，所以我今天想谈谈时机背后是什么？能否抓住时机和企业发展的步伐有重大关联……抓住时机的重要因素是什么呢？

"一是知己知彼。做任何决定之前，我们要先知道自己的条件，然后才知道自己有什么选择。在企业的层次，要知道自己的优点和缺点，更要看对手的长处，掌握准确、充足的资料做出正确的决定。

"二是磨砺眼光。时代在不断进步，我们不但要紧贴转变，最好还要走前几步。要有国际视野，掌握和判断最快、最准的资讯。不愿改变的人只能等待运气，懂得掌握时机的人便能创造机会；幸运只会降临有世界观、胆大心细、敢于接受挑战但能谨慎行事的人身上。

"三是设定坐标……四是要有毅力……五是建立个人和企业良好的信誉。"

方向一旦明确，就要根据不同的情况，有针对性地处理。想要出头，眼睛就要盯住第一，机会永远会青睐那些有勇气、有野心的人。

明确目标，勇往直前

作为一个企业人，我们要看到的是10年、50年、100年后的事，同时，把一件事情做到10年、50年、100年。这是我一直坚定的信念。就像优德集团的业务，会放眼更加宽广的国际视野，同时也有未来趋势，而我们也努力将每一个方向都做到专精。

唐代文学家柳宗元写过一篇《蝜蝂传》，文中提到了一种善于背负东西的小虫——蝜蝂，它行走时遇见自己喜欢的东西，就会立即将其拾起来放在背上，然后继续往前走。它的背发涩，所以堆放在上面的东西不会掉下来。但是蝜蝂喜欢的东西越来越多，背上的东西也越来越重，它不停往背上放东西，最终由于体力不支而累倒。

战略方向的价值在于它让人能够明确目标，勇往直前。但是，当战略混乱而多样的时候，它也就失去了价值。

当年BAT的概念风靡的时候，中国的互联网马车被这三匹骏马带着狂奔前行。每一个巨头如今都有了核心武器——阿里巴巴的电商、腾讯的社交，它们在各自的领域里做得风生水起，但是，百度却有些略显疲态，有些彷徨。早年，百度以"全球最大的中文搜索引擎"的面貌走向世界，一开始百度的路线非常单一而明确——做好搜索。后来又曲曲折折地走了一些路，做内容，做外卖，做O2O，李彦宏自己也是摸着石头过河。后来，他开始收线，并在人工智能领域做了大量投入。他开始把更大心力放在人工智能方面；他开始走过去不会走的综艺路线，只为了宣传自己的AI理念；他在各个大会或平台上不厌其烦地和别人谈论人工智能和未来科技。他似乎正在回归曾经做技术的初心。

一个领导者，要带着一群人闯出一条路子，为了不让自己在悬崖边跌落，更加为了身后跟着的人，带头人就需要有超前的视野和眼光。当别人还处于产品时代的时候，你就要看到技术红利；当别人也懂了技术红利的重要性，你就要比别人多走一步执行。一个领导人必须要比其他人看得更多更远，甚至超越目前的时代。

　　而一个领导人到了这种阶段，就必须要有自己的决策力。我想在这儿聊一聊自己对决策力的理解。

　　首先，管理者要有果断性。果断性表现在对信息的吸收、消化，对知识经验的综合运用，对未来的估计、推测，对处理问题的对策和结论性的意见，都可以较快完成。果断与草率、鲁莽不同，前者是理智行为，后者则是头脑一时兴奋，还未看清事物的本质，没认真考虑其行为的后果。

　　其次，管理者要有顽强性。在决策过程中无论出现什么情况，管理者应该能保持决策的坚定性和对决策实施的韧性。他们能正确地判断情况，善于驾驭复杂的环境；一时的干扰挫折，不会使他们退却动摇。事业的成功，往往在"坚持一下"的决心之中。但过度的顽强有时会表现出单径趋向，缺乏必要的机会性，回旋余地较小。

　　最后，管理者要具有深思熟虑的特征和沉着稳健的风格，要表现出"稳扎稳打，步步为营"的风格，并且有层次地一浪高一浪，一环套一环，最后才会形成正确的决策。

　　不过，无论是企业的发展诉求，还是企业人的超前意识，人才都是必不可少的关键。因为，再伟大的理想都不是一个人能完成的事，它是一个有使命、有实力的团队的奋斗结果。

　　美国惠普电子仪器公司从一个只有7名员工、538元资本的小作坊一跃而成令人瞩目的国际集团，靠的就是对人才的重视。惠普公司非常注重人才的吸收，并且在员工的智力发展方面投入了大量资金。惠普规定，公司所有的员工，每周必须至少拿20个小时学习业务知识。据统计，惠普培养人才所花的资金占公司总销售额的1/10，所花的人力占公司人力的1/10。也许有人会质疑惠普的这种做法，但惠普公司却一直把"寻求最佳人选"作为公司发展的主要经验。

　　一个理智的企业，肯定有它理智的战略，而这个战略则需要一个更加理智的团队管理者加以引导和执行。

第四章　审时度势，不忘初心

世上唯一不变的就是变化，因地制宜、因时而动也由此成了千年不变的哲理。创新并不是无中生有，也不是推倒重来，而是一种继往开来，即审时度势而不忘本。正所谓"不忘初心，砥砺前行"。

适应环境，与时、事、势俱进

互联网的快速普及是意料之中的事情，但我没想到它的发展速度会那么快，应用程度会做得那么好，所以传统行业纷纷把目光聚向网络也是情理之中的事情。利用网络的优势，可以为企业发展注入新鲜的血液，同时商业模式也发生了一些新的变化，呈现出传统产业与互联网属性相结合的新趋势。

传统产业与互联网的结合有两种方式：一是传统企业利用互联网、利用高科技和丰富的信息，通过拓宽业务领域和盈利空间，改造企业自身的商业模式，提高持续赢利的能力，从而使企业更具有竞争力；二是传统企业在互联网上落地，即嫁接。传统企业是互联网的重要组成部分，传统企业如果与互联网结合得比较好，会产生共赢的局面，也可以产生倍增的效果。

《鬼谷子》中有言："变化无穷，各有所归，或阴或阳，或柔或刚，或开或闭，或弛或张。"如此看来，一个团队要懂得与时、事、势俱进，及时调整战略。具体要怎么操作，我是这么看的。

第一，环境在变，就学会适应环境。

松下电器的松下幸之助说过一句话——"只要懂得下雨时打伞，就不会被淋湿"。道理很简单，一想就明白，但是落到自己身上就容易犯迷糊。互联网浪潮、共享经济、绿色能源……很多新时代词汇，太多人只是看一眼就忘在了脑后。在这种大环境中，我们的眼睛需要往前看。不过，有时环境的发展，与我们的事业目标、欲望、兴趣、爱好等不合拍，有时甚至阻碍、限制我们的能力发展。这个时候，如果我们有办法来改变环境，使之适合我们能力和欲望的发展需要，则是最难能可贵的。一般来说，一个人只能适应环境、顺应环境，但是，在一定情况下环境也是可以改变的。当然，改变环境需要许多条件，最重要的是你的信念与智慧，这两者相辅相成，有了改变环境的决心，就可能想出改变的好办法。既然环境可以改变，机会也就可以创造。

第二，团队对变化一定要有一个敏感度，一个新闻、一个热点、一个政策……都有可能成为我们改变和调整的契机。说得简单点，就是"机遇"两个字。

企业之间的竞争不只是核心竞争力的竞争，也包括机遇的竞争。从企业最初的角色定位，到经营范围的选择、核心优势的培养，再到各种资源配置的优化，实际上都是一个个抓住机遇的过程，都是在尽可能地提高机遇发生的概率。正所谓"先下手为强"，抓住机遇体现在市场上就是团队的抢先战略，即市场先导者战略，我们要随时随地放亮眼睛，在行业的制高点集中注意力，比竞争对手抢先一步占领市场，这是在激烈的市场竞争中得以生存的重要条件。

第三，团队中的每个人都要学会"吐故纳新"。

不论是在职业生涯的哪个阶段，学习和吸收新知识的脚步都不能稍有停歇，尤其是刚工作的年轻人，一定要把工作视为学习的殿堂。很多有规模的公司都有自己的员工培训计划，我们优德也是如此。培训的投资一般由企业支出，作为人力资源开发的成本开支，培训内容与工作紧密相关。作为一个团队的负责人，我特别愿意看到有年轻人为了自己的成长来提出培训要求，也特别愿意看到我的中高层领导们对团队的发展制订相关培训计划。每一个人都应该有这样的热情和初心，表达渴望学习、积极进取的愿望。我对这样的员工是非常欢迎的。

当然了，当有些公司不能满足员工的培训要求时，个人也不要闲下来，可以自己额外出资接受"再教育"。首选应是与工作密切相关的科目，其他还可以考虑一些热门的科目或自己感兴趣的科目，这类培训更多意义上被当作一种"补品"，在以后的职场中会增加你的"分量"。

宽容失败，放胆创新

有时候，我会听到这样的论调：用人，没必要用那些太有"想法"的人，本本分分就好；制度，用不着经常"创新"，维持现状就好，平平淡淡才是真嘛！

但是，过日子可以平平淡淡，对企业来说，任何一种形式的"因循守旧"和"抱残守缺"都是致命的。

当今科技高速发展，世界变化之快可以用"日新月异"来形容。真的完全"没想法"，不用"动脑子"，只要"乖乖服从命令"就能干好的工作越来越少。就算有"想法"，也不能眼高手低、光说不练。多好的"想法"都需要靠踏踏实实地行动来落实。

一个企业的制度确实用不着天天创新。一个经过实践检验并被证明是好东西的制度必须要有一定的保鲜期，天天变会令员工不知所措，失去方向。但是，即使是一个被实践检验过，并被证明是正确的制度，随着时间、地点、人物、环境的变化，也会时过境迁，过了保质期。这个时候就一定要毫不犹豫地大胆创新，否则就有可能死路一条。

我时常会思考一些问题，关于优德，关于我们的团队成员。我会想，老制度里是否有需要调整的内容，毕竟时代不同了，以前汇报工作要层层递进，现在一个微信群就可以解决。以前谈生意需要天南海北到处跑，现在一部手机就可以有效洽谈。现在的新生力量90后、00后和以前的人也大有不同……新的变化层出不穷，墨守成规并不是一件好事。

所以，我常对老同事说，现在这个时代，不缺"旧"，缺"新"。

怎么求"新"呢？竞争、冒险精神是一个做企业的人必备的精神，只有具备这种精神，才能开拓进取，使企业在激烈的市场竞争中得以生存和发展。商机、时机、战略、人才、团队发展方向等，一旦看准，就大胆行动，不要畏首畏尾。

当然，我的意思不是脑袋一热往前冲，而是考虑到两个方面：第一个方面是管理者本身一定要冲得"稳"，跑得"保守"，这个保守针对的是"冒进"而不是"冒险"；第二个方面是对于团队成员要懂得放开手，要允许别人犯错误，毕竟蹚一条新路子不可能完全没有问题。

所以，总结一下这两个方面就是，在变换的市场上，在创新的路上，对成功有畏惧，对失败能宽心。讲得详细一点就是，走一条新道路都有风险，这是领导者必须明白的道理，作为团队领头羊想要开拓创新，前提是不能横冲直撞，要稳扎稳打、步步为营。

我要讲的第一个原则是——创新者只有在确定风险性质、界定风险范围的情况下才可能取得成功，只有在系统分析创新机会来源、认准机会和利用机会的情况下才能取得成功。

成功的创新者都比较"保守"。我们很多人对"创新"多半有一个误解，即打破旧的才有创新。事实上所谓的真正完完全全的新毕竟只是少数，比如一些商品标榜着大创新、大革新，其实大多还是从已有的领域当中进行改进而已。

所以，一个领导者，一个决策层，绝不能轻率地发动企业的变革，这个阶层要做的是冷静地分析现实，在提出可行性方案后，采取谨慎或者渐进的方式进行"探水"。柳传志对自己的做事风格有个形象的描绘："先要看，看好了再去试，一步，两步，三步，踩实一脚，再踩实一脚，每踏出一步，都小心翼翼地抬头远望并回头四顾，感觉这一步大了，就再回头踩踩，直到终于看到踏实的黄土路，撒腿就跑……"我觉得这个法子很对路。

我要讲的第二条原则是——不要害怕团队成员犯错，领导人在自己的可控范围内，应该放手去发挥其他人的主观能动性。

一个企业的激励制度，让员工心甘情愿地为公司干活，这是低级层次。要获得更大的成效，就要激发员工的创造热情，这才是激励的至高境界，而激发成员的创造力、创新能力就是其中一项。

不过，创新难免失败，甚至失败多于成功。我们不要畏惧自己的团队走弯路或走错路，只要有能力可以让团队回到正确的方向上来，那么，一些摸爬滚打的历练或许是一种必要，往往失败的经历比成功的经历能够给予人更多的启发和思考。

把复杂的管理变简单

老子说"大道至简"，即简单是一切事物的不二法门，最深刻的道理都是最简单的，在他看来，"治大国若烹小鲜"。治国如此，思维如此，管理也是如此。

我很喜欢做"思维导图"，把一些事情按照某个体系或者逻辑梳理清晰，把一个复杂的、让人迷惑的问题捋清楚，这个过程不容易，但是很有意思，结果也会很有用。

作为一个企业人，我经常会在团队运营的过程中遇到很多问题，我不停地告诫自己：一个简单的问题，不能人为地把它复杂化；一个复杂的问题，更要将之简单化。一个企业，无论理念和管理手段多么先进，在贯彻的过程中都有可能由上至下逐渐减弱，所以越是复杂的原则、理念越难以落实到基层，而采取简单的、通俗的原则，却可以将之贯彻到最基层，也能很好地解决流程和执行问题。咱们国内一些企业，规章制度动辄几十、几百页。这样复杂的制度，有几个人愿意了解？很少有人愿意了解，又怎么可能被落实？

所以，管理需要简单。

就拿组织架构来说，我更欣赏扁平化管理。

传统管理学理论中，企业的组织架构是基于"直线职能制"的组织模式。"直线职能制"产生于工业化时代，强调专业化的劳动分工，各个等级严格分工，形成一条严格的等级指挥链。上级依靠权威领导下级，下级不能怀疑上级的决定，基层员工只能按照程序执行任务。高层经过层层授权，形成金字塔形的管理体系。在这样的组织架构中，执行力非常强大，职能建立非常明确，企业也有稳定、准确、严格和可靠的优点。但是，这也会存在一些问题，比如，层层烦琐冗长的行政指挥链和等级森严的职级，成员之间的协助和资源整合就被弱化了；不同核心业务板块的分兵作战又削弱了企业的反应速度。

在这种情况下，"矩阵管理"应运而生，它能够有效提高企业的快速反应机制。但需要说明的是，它绝不意味着企业可以完全无序地进行"越级管理"，它仅仅是对"直线职能制"做出的补充和更新。

1985年，韦尔奇采用了哈佛大学教授、经济学者熊彼得的"创造性破坏"理念，将通用电气公司原有的组织机构级别裁撤到5～6个，将公司结构从金字塔形变成了扁平化结构。韦尔奇创造出一个名词，叫作"无边界组织"，知识的传播与信息的流动，正是依赖于通用电气公司所倡导的这种摒弃官僚作风的"无边界组织"。

现代团队管理逐步从金字塔模式走向扁平化模式，那种阶层与阶层之间的关系，逐渐变成了部门与部门之间的关系，合作者与合作者之间的关系，这种模式倾向于成员在平台上的能力发挥，而不是层层管理的隶属关系。这种以产品线为纵轴、区域机构为横轴的交叉组织管理模式，就是我们上面提到的"矩阵管理"。这是多产品线、跨区域或跨国企业经营的基本模式。矩阵式结构具有灵活、高效、便于资源共享和组织内部沟通等优势，可以适应多元化产品、分散市场及分权管理等复杂条件。

这样的组织结构，在产品之间，团队与客户之间都可以建立一个比较简单通常的交流机制和沟通模式，提供差异化的产品及服务，赢得更多订单和市场。

但是，很多人不是这样想的。有一种想法是，"经理人爱复杂——复杂化可以让工作看上去更重要，可以用来证明金钱、时间和其他资源投入的合理性，可以为办事拖延找到借口，可以为逃避责任提供理由。"这句话是管理学大师迈克尔·波特指出的问题。

情绪上，组织成员因为事情的复杂，而产生了消极、厌倦的情绪，工作效率就会降低。

成本上，时间、金钱和资源因为复杂而被浪费，导致成本的飙升，就会被竞争对手超越。

机会上，因为复杂，你的企业不能专注于最核心的优势，就会在研发、产品创新、升级换代上落后于人。

营收上，一切盈利的前提都被复杂所破坏，利润从何而来？

效率低、成本高，产品没有特色、没有竞争优势，利润被侵蚀……每一种后果都跟复杂有关，而每一种后果，都足以让团队"死亡"。

简单是一种化繁为简的智慧，并不难掌握。但为什么仍有如此多的企业和管理者在复杂的旋涡中苦苦挣扎呢？追根溯源，是企业管理中的以下各种"毒素"所致。

1. 追求完美

追求完美本身没有错，但如果超越了企业自身能力范围，盲目追求，眼里容不下半点瑕疵，管理者就会抓不住重点，把简单的事情搞复杂。

2. 目标不明

如果在出发之前不知道要往哪里走，不走弯路、错路才怪。

3. 无效沟通

在这个信息大爆炸的时代，如果沟通不畅，理解存在偏差，就很难避免节外生枝。

4. 不够整洁

管理者的办公桌总是乱糟糟的一堆，文件处理没有秩序，永远不能一下子找到自己想要的，那么重复劳动是难免的。

5. 任务含糊

管理者下达命令，下属听完迷迷糊糊、一知半解，又不敢去详细问领导，只能按照自己想象的来。

6. 文山会海

一个小指令都需要几页文件，一个小的决策都需要开几次会，这样的体制必然会导致复杂。

所以，团队的成功，在于有一个明确简洁的目标和运营模式，也不是说制度和人越少越好，而是如何优化配置人力和资源，如何让最少的资源发挥最大的效果。我们的管理模式、团队策略总是需要随着时代、市场而改变的，我们要自行进化，才能跟上世界的步伐。大道至简，任何事物发展到一定程度后都会回归简单。

第五章　内部竞争，外部进化

一个团队走向失败的原因往往是多种多样的，但变得优秀的原因却大致相似。内部有一套良性竞争的机制，对外敢于在开放吸收中快速进化。正是通过这种内外兼修，团队的综合战斗力才能稳步提升。

优德的"三三制"哲学

《管理——使命、责任、实务》一书中，彼得·德鲁克有一句话对企业结构的描述很到位，他说，"只要能够帮助员工提高绩效，促使员工对企业增加贡献，任何组织结构都是最好的"。

有效的组织结构的建立是一个灵活的过程，若把团队当成水，就会既有统一的前进方向，又有灵活的运动状态。在我看来，团队结构是为了激发和释放人员的能力，而不是对称或和谐。

我们都知道，三角形是一种很稳定的形态，不容易出现偏差，更容易产生一种相互抗衡的力量。

三个队伍，彼此会有监督和竞争，但是这种竞争是良性的、和谐的，不是两两结党的对抗和打压，三者之间彼此追赶而不至产生极端冲突。

我们的"三三制"哲学也是有依据的。我们都知道，挪威的沙丁鱼卖得好，所以不少渔民都以捕捞沙丁鱼为生。由于沙丁鱼只有活的才鲜嫩可口，渔民出海捕捞到的沙丁鱼，如果抵港时还活着，卖价要比死鱼高出好多倍，但是沙丁鱼总是还没到达岸边就蔫了很多。之后就有人想了一个法子，他们在沙丁鱼槽里放进了鲇鱼，鲇鱼是沙丁鱼的天敌，鲇鱼会不断追逐沙丁鱼。在鲇鱼的追逐下，沙丁鱼拼命游动，激发了活力，从而活了下来。

这个叫作"鲇鱼效应"，道理很简单，就是利用竞争机制保持活力。

所以，利用这种方法，我们自己人做了自己人的"鲇鱼"，我们每个部门的人既是沙丁鱼又是鲇鱼，被人追着也追着别人，彼此之间都是一种时刻警惕、保持活力的状态。毕竟，同在一个单位或部门，彼此太熟悉，就容易产生惰性。这时，"鲇鱼"出现了，大家的竞争意识也就被激发出来了。

"三"这个数字有竞争性，却不走极端，它蕴含着丰富的战略思考因素，使竞争不至演化为内斗。这样的管理模式不是所谓厚黑学的相互制衡战略，而是一种优胜劣汰制度下的自我进化，既压缩了内部空间的沟通成本，又简化了队伍的管理层级，同时还有平行团队的相互磨合。这样的方式可以时刻保持队伍"为有源头活水来"的运动性和队伍的精简性，将最合适的人才、最有效的工作模式、最快速的项目运行方式释放出来。

杰克·韦尔奇在他45岁那年，成为通用电气公司历史上最年轻的董事长和首席执行官。不过，这个时候，这家拥有117年"高寿"的公司，正面临着机构臃肿、等级森严、对市场反应迟钝等问题，在全球竞争中正在走下坡路。

杰克上任伊始就改进了内部管理体制——减少管理层次和冗员，将原来8个层次减到4个层次，最后定为3个层次。

同时，他撤换了部分高层管理人员。他认为："我们每天都在全球竞争战场的刀光剑影中工作，而且在每一回合的打斗之间，甚至没有片刻时间休息。"

对杰克而言，竞争不仅是获取成功的必由之路，还是一种每天都应该持续不断的工作状态。竞争越激烈，他的生活就越充实。在对人才的选择上，在对团队高效运转的选择上，在强化公司执行力的选择上，杰克奉行的也是这种残酷竞争的人才聘用机制。早在1997年的时候，在有500名高级经理参加的执行经理会议上，他发出了恳切的号召，要求管理者们要保持在A级，要讲求团队精神，要服从公司的价值观。他非常反对花费大量时间和金钱把那些B级员工转变为A级，并把这种行为看成是枉费力气。他的用人原则就是趁早将不好的踢出这个团队，以便挑选更好的。

在今天这个竞争日趋激烈的市场经济中，要想在竞争中生存下来，就必须有一批优秀的人才，就必须要懂得团队高效运转的简化原理，就必须懂得怎样以最精简的团队爆发最大的能量。团队内部的自我更新，就是要懂得果断、有效地剔除不合格的员工，吸引和留住优秀人才，实施效率高的机制，如果不这样做，企业就要在激烈的市场竞争中处于劣势，迟早会出现被淘汰的结局。

"滥竽充数"的故事，大家都听过。齐宣王喜好听竽，他的奏乐队伍十分庞大，有三百来人。南郭处士说要为君上吹竽，就混在了这三百人的队伍里，享受着同其他人一样的待遇。后来，齐宣王身故，齐湣王即位，他喜好逐个听人吹奏竽。这时，南郭处士就逃掉了。

我们的"三三制"也是为了防患这一点。"三"是一个最精简的稳定性数字，要的就是确保最有效的人和最有效的竞争。

当团队没有了简化状态，没有了竞争状态，那么就有可能处于一种惰性状态——在团队中出现了一种"沉淀层"——就像河床中缓缓沉积的淤泥，难以像流水那样运动起来。

如果这样的情况持续下去，沉淀层越积越厚，团队就会逐渐散失活力，最终在竞争中全军覆没。因为沉淀层总是在不知不觉中生成的，它没有任何迹象，所以很容易被人们忽视。

有人对欧美企业的"存续时间"做过专门的统计，其中能够超过50年的企业凤毛麟角，很少的企业能够挺过20年，存活超过10年的企业也不是很多，大多数的企业在其成立5年内就退出舞台了。为什么企业的"命数"如此短促？研究发现，企业在刚刚成立的时候往往充满活力，但当它进入平稳期之后，一种"惰性"就会在企业各个管理阶层中蔓延。当这种惰性精神彻底击败奋斗精神的时候，企业就开始走下坡路了。所以，管理者一定要时刻警惕这种看不见的危险，时不时地晃动一下沉淀层，让企业保持活力。

主动"走出去"，坚持"引进来"

2017年5月15日，我们和马来西亚政府签署了商务旅游考察战略合作框架协议。当时，我和马来西亚旅游和文化部部长阿卜杜尔·阿齐兹先生都对彼此的发展情况和展望做了一番介绍。那段时间正在召开"一带一路"国际合作高峰论坛，我们和马来西亚政府的合作，以及优德集团对国际化、多元化的探索，对我们来说，都是一次很好的"丝路精神"的实践体验。巧合的是，这位阿卜杜尔·阿齐兹先生曾陪同马来西亚总理阿卜杜尔·拉扎克访华，当时，马来西亚总理阿卜杜尔·拉扎克和阿里巴巴的马云共同见证了阿里旅行马来西亚旅游国家馆的开启。2018年1月11日，我率团访问马来西亚，此次访问对与马来西亚相关商务合作关系的构建和拓展具有重要意义，有助于推动新时代中马医疗器械行业、商务、旅游合作关系的发展。

现在这个时代，"地球"成了"地球村"，我们的布局视野自然应该放眼到全世界。我很欣赏阿里巴巴对"走出去，引进来"的战略布局，也更欣赏他们的企业人员在这个过程中付出的艰辛和努力。

阿里巴巴有一支队伍很出名——中供铁军。中供，是中国供应商的简称，工作是帮助中国供应商对接海外订单。这项业务算是阿里巴巴早年的奠基，中国供应商是当年的B2B市场霸主。铁军，是中国供应商的销售团队，团队如其名，他们有着铁一般的纪律和精神。在这个队伍里，部门和部门之间，成员和成员之间都有业绩排名的压力，彼此之间都有对客户资源的争取开发和业绩竞赛。但是，他们之间也会有信息共享、成绩共享的传统，排名最好的部门或个人，也会用自己的心得鼓励大家。部门之间的合作也衔接到位，尽量避免拖后腿、业务断层的现象。中供铁军这支队伍确实很值得欣赏，它总带着一种斗而不破的力量，并在这种力量的驱使中前行。

第一，要维持这样一种"斗而不破"的良性竞争状态，基础就是友善释放，每个成员之间都有切磋，但是心里都有一种向心力，那就是对公司的认同。就像舞台演员会有千百种个性和成就，但是只有在舞台上，他们才能发挥这种力量。也就是说，内部再怎么抗衡，对外都是一致的。

微软公司谈"离破产永远只有18个月"，这种对企业危机感和超前意识的认同使微软在群雄逐鹿、危机四伏的IT行业一直保持领先的地位。

海尔集团说"每个人都是创新的SBU（战略事业单位）"，正是海尔的员工认同这一理念才有了海尔有效的技术改革、快速的产品更新、全员的客户服务意识，以及世界名牌"海尔"的诞生。

第二，我要的竞争状态，是一个团队针对解决问题所产生的"头脑风暴"，是团队所有人在智力上的火花碰撞，而不是给人穿小鞋、使绊子、耍手段、拖后腿。什么是"头脑风暴"？《新韦氏国际英语大辞典》中的定义是：一组人员通过开会的方式对某一特定问题出谋划策，群策群力，解决问题。我们的很多会议采取的就是这样一种模式——中高层的几个主要领导聚在一起，或会议室或餐厅，针对一些大小问题开会。

提出"头脑风暴"的奥斯本自己制定了8条原则，大家可以参考一下。

（1）参加会议的人员控制在10人左右，开会时间以1小时为宜。

（2）每次讨论的问题不宜太小、太狭或带有限制性，但讨论时必须针对问题的方向，集中注意力。

（3）主持人至少提前10天通知会议主题，发言时不可照本宣科，会上不允许个别交谈，以免干扰别人的思维活动。

（4）在会上不允许批评别人提出的设想，禁止做出评论性的判断。

（5）不允许用集体提出的意见来阻碍个人的创新思维。

（6）鼓励自由想象，提倡任意思考。哪怕是幼稚荒唐、不可能付诸实施、无任何价值的设想，都欢迎提出来。

（7）要求每个人尽量改进别人的设想，或提出更新奇的想法。

（8）与会者人人平等，没有权威，没有上下级。

团队活力来自优胜劣汰

前段时间我和一位服装领域的企业家聊天，对方对"时尚"颇有心得。她提到了"快时尚"这个概念，她觉得这个理念带着一种紧随潮流永不落伍、既有经典又有爆款、抓住市场迅速变现的特点。这类产品每年、每季度甚至是每个月都有可能出现新款式，条纹衫火了就出条纹衫，白T恤被追捧了就出白T恤，流苏裙有市场了就出流苏裙……我听着觉得很有意思。

当时我就想，在如今这个时代，整个市场面临着由产品驱动向用户驱动的转变。谁能最快满足用户的需求，谁就是强者，高效率的管理是保证企业竞争力的关键环节，而成功的商业模式就需要高效的管理模式。

我就很欣赏海尔施行的"倒三角"结构，员工在最前线，直接面对市场，所有的员工都听客户的命令。领导倒过来，在最基层，一方面为一线员工提供资源，另一方面捕捉市场的变化，抓住机遇。这种结构实现了组织的高效管理，员工直面市场，可以第一时间将客户的声音传递到企业，自主经营体的负责人则以第一竞争为目标，获取一流的用户资源，以此换取开发市场的资源，最后根据用户的需求倒逼研发、供应链、客户管理三大体系。这和以前那种上达下听的形式是不同的。时代在变，企业在变，人也在变。

经典老公司是这样，做"快时尚"款式的韩都衣舍也是这样。成功的企业总有一些共通的东西，就好像漂亮的人总有相似之处。韩都衣舍的小组制就是三人一组，基本职责就是"买手＋视觉人员＋运营人员"，这个制度和海尔的"倒三角"同理，就是把执行员工放在第一线，让他们去最前沿的市场调查和打拼。

从公司层面来说，小组制简化了从上到下的冗长沟通渠道，直接将员工进行优化配置和最大化能效，将高层才有的战略决策意识下放到执行人员身上。所以，三人一组的团队基本上可以自己负责产品的设计、定价、库存等内容。

从三人团队内部来说，当小组团队效益好时，就以"销售额×毛利率×提成率"的模式进行分红，多劳多得，优胜劣汰；当小组团队效益不好时，可以进行分裂重组，三人团队可以被打散，单人一组或者另寻合适的组合对象。

这样的模式，就可以基本做到权责分明。谁做得好，鼓励机制就落实到谁身上；谁做得不好，就自动调整优化。

我觉得这种团队模式充满了魅力，的确如此，团队的成功在于它能够不断地自我竞争、淘汰、变化、升级，用一种激烈的竞争制度，让每个人都脱离舒适区，都向着更好的结果进发。

要做到这一点，有两个原则很重要，一个是团队是否有"壮士断腕"的决心，另一个是团队成员是否有"自我淘汰"的意识。

一些公司发展到一定程度时，将会向以核心技术或者品牌为主的经营战略转变，停产竞争力不强的产品或者剔除竞争力不强的部门，这就是所谓的"断腕"。企业的断腕过程就是清除"过去"羁绊的过程。

彼得·德鲁克说："要把资源集中在成效上，就需要企业进行体重控制。"也就是进行新任务时，要放弃那些没有前景的任务；效率低下的成员如果不自我升级，就可能面临淘汰出局；烦冗的过程就需要大刀阔斧地精简，等等。只有这样，企业才能轻装上阵，在最擅长的领域精耕细作。就像一艘长年行驶在海上的船只，必须经常清理那些附在船底的藤壶，否则它们会降低船只的速度并减弱船只的机动性。

在风云变化的商海中，一些企业从人们的视线中消失了，一些新企业又出现了，这就是企业竞争中残酷的优胜劣汰法则。为什么有些人的团队能够成功，有些人的团队却死在浪潮之中呢？为什么成功企业对待自己人往往比对待对手更加严苛？因为，我们主动淘汰自己的产品、流程或服务，就是防止竞争对手淘汰我们的唯一方法。自我淘汰的本质就是创新，创新的过程就是自我淘汰的过程，企业要想不被对手打败，只有持续不断地创新。

　　所以，作为老板，我能做的是带领优德人走上一条更加宽阔的道路，建立一个更有品质的舞台，至于每个成员的个人发展，就需要在这种残酷的演绎下成长了。我觉得这种"自由"式的领导方式超越"权力"，并且，正在流行。

第六章　公平就是一碗水端平

世上从来没有绝对的公平公正，团队领导的任务之一是不断地改进，尽可能做到相对的公平公正。凡治天下者，必因人情。一碗水端平，才能上行下效。做到了亲疏如一，管理方游刃有余。

公平公正是最大的规矩

在中国画里，"墨"并不只是简单地代表着黑色，它其实有"干、湿、浓、淡、焦"五种区别，因而存在"墨有五色"之说。墨如此，人更是如此，每一个人都是一个庞大的世界，但不管一人百面还是千面，都有公认的为人尺度和价值评判标准。作为团队领导，为了对外的业务和对内的管理，他可以有多种方法乃至手段，甚至可以伪装本性，耍些心思，但论其是否是个合格的团队领导，有四条万世不破的标准。

第一，必须保证员工最为急切的需要能首先得到考虑。

第二，必须随时确认自己服务的对象是否获得了成长。

第三，凡事都身先士卒，实实在在地说到做到。

第四，有坚定的信念，并乐于通过员工的监督来约束自己。

通过这四条标准，我们可以看到，一个合格的团队领导，必以服务作为其领导气质的内涵，以榜样作为其领导方式的外延，这两个关键词可以延伸出非常多的内容，在这一章中，我要强调的是公平与公正。

美国前副总统林伯特·汉弗莱说："我们不应该一个人前进，而要吸引别人跟我们一起前进。这个试验人人都必须做。"我已不止说过一次，领导作为团队核心，他的一言一行、一举一动，都关系着团队的盛衰、员工的前途。因此，他必须要有可靠的品格特性，坚持人性，坚守道义，甚至当这种坚持与坚守需要付出很大代价的时候，也能不离不弃，这样方能成为整个团队的真正引导者与精神领袖。而凡事秉持公平公正是其中极为重要的一点，不仅反映了领导者的人品，还反映了他的管理水平。

韩非子说："若天若地，是谓累解；若地若天，孰疏孰亲？能象天地，是谓圣人。欲治其内，置而勿亲；欲治其外，官置一人；不使自恣，安得移并？"大意是：像天一样像地一样，就称为解开绳索；像地一样像天一样，就能知道谁疏谁亲；能够像天地一样，就能称为是圣人。要想治理好内部，安置官员就不要亲近；要想治理好外部，每个官职便安排一个人；不让他们放纵擅为，谁能够动用他人职权呢？韩非子想要表达的是，为人处世要像天地一样公平，领导者一定要明白公平公正的重要性，在自己的心中树立一面公平公正的旗帜，当问题出现时，不徇私，不偏袒，把责任落实到个人。

也许有人会误会，认为评判是否公平公正的标准出于领导者的立场，这是错误的，从领导个人角度做出判断，并不是真正的公正公平。比如，团队中某人的能力比较强，领导认为应该加薪；某人很认真，表现得很好，领导认为这次应该让他升职，可是同事之间却不这么认为："为什么他加了薪（升了职），我却没有？太不公平了！"利益冲突因此产生了。这是因为彼此立场不同，如果领导者能综合多方面加以考虑，注意调整好成员之间的关系，就会比较客观，公平公正才能显出它真正的意义。

其实，团队内部关系相对来说还好处理，团队外部关系，比如至亲好友，就很考验领导者的作为。很多人开口闭口都是公平公正，一遇上自己的七大姑八大姨，或是战友老乡同学，就失去了原则。这一点上，我很佩服董明珠。

1995年5月，武汉的一个经销商找到董明珠的哥哥，想要他托董明珠在原有额度的基础上再多拿100万元的货，事成之后给董明珠哥哥两三万块钱。当时格力的空调产能有限，每天生产出的产品都是有一定量的，这些产品会分配给各地经销商，如果多调配给一家，其他经销商就会吃亏，这会伤害到他们的利益，公平性就会出现偏差，如果这股风气蔓延，格力的品牌形象就会受到影响，董明珠因此拒绝了哥哥的请求。因为这件事，董明珠的哥哥不再和她来往，但董明珠从不后悔，她认为这样做是值得的："我把哥哥拒之门外，虽然得罪了他，但我没有得罪经销商。"

每一个领导者都希望自己对下属公平、公正、无私无畏，我相信一个想要有所作为的领导者，愿意为坚持公平公正的原则而付出代价。

优德有项规定，开会迟到罚款500元，要是旷会，就罚款1000元，这项规定针对包括我在内的所有优德人，无规矩不成圆，公平公正，一视同仁是最大的规矩。公平公正为每个员工创造了一个不用为了求赢争胜而去溜须拍马、逢迎奉承，甚至低三下四的环境，他们只需将心思全部放在工作上，而不用在意领导的喜好，从而使团队在良好的竞争氛围中不断突破自我。

团队不能被任何人"绑架"

毋庸讳言，中国是个重人情、讲关系的社会。在这种大环境下，要想做到完全公事公办是很难的，而且由于个人情感的倾向性，无论是谁，都会对某一类人产生偏见，对某一类人给予特殊的重视。这里的"特殊的重视"分为两种情况：一种是给予沾亲带故之人特别的岗位与待遇，一种是对工作努力、创造佳绩的人另眼相看。

第一种我们很好理解，这是典型的任人唯亲，多见于家族企业。这种做法应该为现代企业所摒弃，毕竟不利于团队的长远发展。对于第二种，很多团队领导者疑惑不解："我们对工作努力、创造佳绩的人另眼相看难道不对吗？"我的回答是：另眼相看同样有害无益。

对于干得出色的下属当然应该表扬，但是，该表扬的时候表扬，该评功的时候评功，平时还是应该与其他下属一视同仁。也就是说，他靠工作出色赢得了他应该得到的东西，其他方面还是同别人一样。别人若像他一样工作，也能赢得所应该得到的东西。这里强调的是工作，突出的是公平。

　　如果你因为团队里的某个人创造了非凡的业绩，而欣赏有加、不断倚重，甚至授予特权，那么，你就很容易被这个人"绑架"。这里的"绑架"指的是，一则你会因器重他而视他为心腹，本意是树立榜样，让其他员工学习，结果却因这种特殊化，使他和其他团队成员有了差距和隔膜，别人反而无法也不想向他学习了。人们会因为妒忌、怨气而消极怠工，而你为了提升团队业绩，不得不更加倚重他，其他团队成员因此更为厌恶此人，更加消极怠工，形成恶性循环。

　　"绑架"的另一个表现是，从心理学的角度来说，你因信任他，久而久之会形成一种依赖性，这种依赖性会使你对他言听计从，甚至对他做错的事也睁一只眼，闭一只眼，由此造成管理上的混乱、制度上的不公、团队成员无所适从。为了自身前途，团队成员只能各走各的路，更有甚者，会因你的依赖性而将你的领导权力架空，使团队发展脱离你预设的轨道。

　　这里我讲个清朝咸丰帝的故事。1983年6月底，著名导演李翰祥拍摄了《火烧圆明园》，在这部电影里，梁家辉饰演的咸丰帝因英法两国名义上欲进京换约，实则要带兵侵犯京城而焦头烂额，束手无策，这时刘晓庆饰演的懿贵妃（后来的慈禧太后）提出先议和，如议和不成，则兵戎相见。议和的地点要选在通州，那里有朝廷的三万九千人马，这三万九千人马对外可以号称十万大军。到时候打都不用打，围他个一年半载，饿也把他们饿干巴。咸丰帝对懿贵妃的果敢十分欣赏，同时认为她说得有几分道理，便接受了她的建议。

　　可是清朝却兵败了，咸丰帝仓皇避走热河，到了热河行宫，因为整日寻欢作乐，加上体弱多病，懿贵妃又是咸丰长子载淳的生母，自然被视为最可信任之人，咸丰皇帝便常命其代笔批答奏章。懿贵妃乐在其中，还相机参与政事，为咸丰帝出谋划策。到咸丰驾崩，同治登基，朝堂上就形成了"恭亲王秉政，母后垂帘"的局面，开启了慈禧太后长达47年稳操大清权柄的历史。

　　这个例子从某种程度上说明了团队及其领导被"绑架"是多么危险。领导者一定要给下属一种公平合理的印象以及实际的作为，让他们觉得人人都是平等的，机会也是均等的，他们才会奋发，才会努力。这样做，对做出成绩的人也有好处，有助于他们戒骄戒躁，不断上进。

也许你一开始是出于主观的善意去呵护和保护那些优秀的人才、可贵的员工，但当你不注意方式方法，错误地以为依仗、依赖便是信任的表现，时日一长，你会意外地发现，你的所作所为已不是缘于内心的意愿，而是外力强迫的结果。

团队不能被任何人"绑架"，对于违反规章制度的人，该惩罚的就要惩罚，不因他被领导器重而有所姑息；对于为团队做出贡献的人，该奖赏的就要奖赏，不因他被领导冷落而有所忽略，这是体现领导者公正的一个必要手段。没有人会拥有团队不断发展所需的全部技能、经验、关系或者威望，因此，成功来自团队而非个人，明白了这个道理，就不会发生自己乃至整个团队被某一个人"绑架"的现象。

亲疏如一，无所不行

韩非子指出："凡治天下者，必因人情。"正如上节开篇所说，中国是个重人情、讲关系的社会，在这种大环境下，要想做到完全公事公办是很难的。领导者的公正无私，基于他的身份虽然是理所应当的，但基于人的角度同样显得难能可贵。

公正无私是每个人对社会的要求，社会越发展，人们对公正的要求也越严格，更懂得公正、平等地对待每个人的重要性。领导者在用人时也是如此，务必保持一颗公正之心，一碗水端平，才能上行下效。公平无私是管理的一个要诀，无私才能使自己在下属中树立权威，就像司马光说的："亲疏如一，无所不行，则人莫敢有所恃而犯之也。"

作为一个领导者，你是分配给每位下属相同的工作，或是以能力为基础分配不同的任务，还是给与自己关系好的人简单的任务，给自己看不顺眼的人复杂的任务呢？此时做决定的要诀是公平无私，即不可考虑自己的利益所在，绝对不能以关系的亲疏远近来进行各项利益的分配。你的企图很容易被下属看穿，不论何时，由上往下看，往往不太能知道实情，然而，由下往上看，却大致能更清楚地了解一切。

世上从没有绝对的公平公正，团队领导的任务之一是不断地改进，尽可能做到相对的公平公正。当员工体会到领导者的用心时，团队共同的价值观也就不难确立，而健康向上的工作氛围和工作关系在抵抗杂质侵入上也会有更强大的免疫力。

因投资巨人大厦导致资金链断裂而一夜欠债2.5亿人民币，成为中国"第一负翁"，又凭借脑白金东山再起的史玉柱，给外界的感觉好像总是在浮沉、波折之间，他的团队似乎也是同样的情况，但不管外界怎样评价他和他的团队，有一点不可否认，那就是他的"嫡系"十分稳固。陈国、费拥军、刘伟和程晨被称为史玉柱的"四个火枪手"，史玉柱在二次创业初期，身边人很长一段时间没领到一分钱工资，但这四人始终不离不弃，一直追随左右。史玉柱"新嫡系"，原巨人网络公司总裁纪学锋的一句话，道出了其中原因，他说："公司各方面都很开明公平，只要有实力，就会有机会。"

公平公正地对待员工，同时营造出公平公正的团队氛围，自然能让下属忠心耿耿，拼命为自己工作，其重要性不言而喻。很多领导者在面对普通员工或是一般性事件时，能做到公平无私，但是面对与自己关系亲近之人，往往就不能秉公处理了，而这也是很多员工抱怨自己得不到领导的公正对待，继而一走了之，导致人才流失的原因之一。

能否做到亲疏如一，考验着领导者的管理水平。平心而论，但凡是人，都有他的局限性和人性上的弱点，谁都不能保证自己在处理任何一件事情上都能公平公正，无私无错，这过于理想化，也不现实。因此，当你认为自己无法做到亲疏如一，而那些亲近之人又实实在在影响到你的团队管理的时候，最好的办法就是将他们请出团队，在这方面，新东方教育集团创始人俞敏洪的做法更有现实的参考意义。

俞敏洪创业早期用了很多家族成员，比如自己的母亲、姐夫等。这段时间，新东方当然没有所谓的现代化组织架构，工作也不用计算时间，因为都是亲人，在这种模式下，新东方在较短时间内实现了快速发展。然而随着新东方的发展壮大，公司不断引进外来人才，家族成员的文化水平和管理经验都不足，却还要胡乱插手，其他员工很容易没有尊严感，导致离职率居高不下。

从1995年以后，俞敏洪深刻意识到家族成员会变成新东方的发展障碍，于是到国外把大学同学、中学同学招回来，借助他们的力量，取代家族成员，但这依然摆脱不了裙带关系，本质上与家族企业没有本质区别，外界因此戏称新东方人力资源的特点是"三老"：老同学、老乡、老妈。为了彻底改变这一现状，俞敏洪用了4年时间，将新东方的"三老"痕迹彻底抹去，真正建立起现代企业制度和公司治理结构。

用兄弟情义来追求共同利益是无法长久的，请亲近之人来参与团队运营，更是无法令众人信服。作为团队最高决策人，团队怎么走，每个人的权力、义务怎么分配，如果不能非常明确而公正地摊在桌面上一一说明，团队注定会陷入混乱。

我常说，企业家非常人所能为，因为他每天都要面对很多非常具体、非常棘手的问题，但谁让他坐在领导的位子上呢？谁让他必须担负起为员工及其家属创造美好未来的责任呢？在其位就要谋其职，虽然我刚才说，谁都有他的局限性和人性上的弱点，但我依旧要强调，在面对具体、棘手的问题时，要以一个相同的标准去衡量考核，要一视同仁，不分亲疏，不能因外界或个人的影响，表现得时冷时热，这是领导者的底线。

第七章　伟大都是干出来的

执行力也是一种竞争力，甚至是一个企业的基础力，它解决的就是一个"做"字。再优秀的战略，没有执行力也等于零。培养团队的执行力，就要让员工尝到主动执行的甜头，继而默化成一种习惯。习惯了上行而下效，执行力就会在团队中扎根。

将执行力与成就感相联系

华为一员工曾经在《华为人》上发表了这样一篇文章——《从另一个角度谈市场创新——论职业麻木》。

他在文中提道：有一次他坐火车，列车上播放的是一首很温馨的歌曲《常回家看看》，听着让人觉得很暖心。可是，随着时间流逝，火车上仍然一遍又一遍地播放这首歌，他开始烦躁不已，甚至几次向列车员提出换一个曲目，可是没一个列车员搭理他。这时旁边一位旅客说，他经常坐这趟火车，半年了，来来回回，火车上播的一直是这首歌，从来不换，听习惯了就好。

文中还提到了一位被派驻俄罗斯的外交官的故事。众所周知，俄罗斯有一部经典作品——《天鹅湖》，只要有领导出访俄罗斯，去剧院陪同欣赏《天鹅湖》就是他的分内工作。他一次又一次地欣赏这个节目，熟悉得不得了，连每个演员的微小失误他都一清二楚。到卸任时，他一共看了300场。他说，看头100遍的时候，觉得是一种很美的艺术享受；再看100遍时，就看不到舞姿了，只看到演员们机械而呆滞地在舞台上移动；等到看最后100遍时，他笑称只看见"物质的空间位移"。

从这两件小事，我们领悟到了任正非一直在提醒员工保持警惕的

"职业麻木"，那位列车员，还有那位外交官，他们的工作让自己日渐麻木。他写道："我们每天都和客户打交道，多少年了，我们的前任和我们都在用同样的方法与客户打交道，可以想象客户对我们的感觉会是什么。这如同让一个人一年365天，天天吃鲍鱼，你还指望他会感激你吗？恐怕比让一个人天天听同一首歌曲还糟！难道我们还能抱怨客户忠诚度不高，而老是听其他厂商的宣传吗？还能抱怨客户对我们公司不了解吗？我们的主管和员工除了过去的三板斧还剩下什么？……我们不但要有非常强烈的改变目前现状的工作激情，更要有勇敢的自我批判精神。往往在批评别人不重视知识营销、不进行市场创新的同时，我们自身也已不自觉地成为市场创新的最大障碍。醒醒吧，不要做那个已经麻木了的列车员了！"

无论对企业，还是员工自身，职业麻木都是一种极大的隐患，值得引起足够的关注与重视。

当一个员工的执行力和职业麻木对接的时候，他的工作劲头是冷漠而停滞的，既没有快乐可言，也没有效率可言。如果一个团队进入了这样的瓶颈期，所有人就只能坐冷板凳了。所以，管理者必须帮助员工获得工作成就感。员工只有不断获得工作成就感带来的激励，才能感受到这份工作对自己不同的价值。

管理者应该将注意力集中在解放员工的生产力上，使他们把受局限的能力水平发挥到一个极限，也就是说让员工的执行力与成就感对接起来。

第一，从企业角度来说，调动员工积极性，让他看到自己的行动对企业的意义，这种贡献一定要清晰明确，一定要体现在日常工作的环境中。比如，"小改进、大奖励"是华为的一项重要制度。华为鼓励员工踏踏实实从本职工作着眼，提一些工作中实实在在的改进建议。华为总部很多部门的墙上都贴着"下班之前过五关"的卡通画，提醒员工下班之前别忘了关掉电灯和电脑等，员工也的确响应着企业的要求，就这一点小提议、小改进，公司每月就可节约电费几十万元。还有，华为的研发团队里有一小队人专门研究如何降低交换机用户板的成本，板子上任何一个器件的替换、任何一种可能的新设计都去尝试。因为每块板子只要降低一元钱，就会增加几千万元的利润。对这些务实的"小改进"，华为总是会给以"大奖励"。

第二，从个人角度来说，让员工所做的事情和他个人的能力成长、经济利益、人脉构建挂钩，让团队的优秀和成长都能够被量化出来，量化出最实际的、最生活的利益。这是员工对自己成就感的最直观的判断，这样他能明确感受到自己一天天的变化。他一年前完成不了的项目，现在可以驾轻就熟地解决；他六个月前还懵懵懂懂于人事关系，现在已经开始建立自己的用户网络；他三个月前还是3000元的底薪，现在每个月都可以继续再涨。我们搞管理的，和团队说话，可以谈理想，可以畅想未来，但是，不能一直只谈理想和未来，而没有切切实实的现在。

即使是扁平化管理已经大行其道的现在，也并不是说团队里就没有了角色之分，虽然可以倒逼执行者摄入管理意识，但是执行者的压力还是需要一些更正能量的战术来缓解。

与员工利益进行捆绑

2018年3月11日，十三届全国人大一次会议表决通过《中华人民共和国宪法修正案》。"推动构建人类命运共同体"写入宪法序言部分。这是一个伟大的理念，这也势必成为一个伟大的时刻。"人类命运共同体"其实就是告诉大家，这个地球上的国家有多元的文化和历史，也有复杂的矛盾和问题，但是，在"地球村"早已存在的今天，所有国家、所有人的利益早就已经连接在了一起，都有牵一发而动全身的效应。

大到人类命运，小到企业利益，其实都是一样的道理。一个企业之中，一个团队之中，允许每个成员具有个性和存在问题，也允许彼此之间可能存在冲突，但是，这个团队从整体发展来说必须是向上且充满能量的，团队与团队成员本来就存在息息相关的利益牵连。

美国得克萨斯州"石油大王"保罗·盖蒂通过其一生的经营生涯，对用人总结出四种类型的评价和对策。他把自己手下的员工大致分为四个类型。

　　第一类是不愿受雇于人，愿意冒风险创业，自己当老板，因此他们在当雇员时，表现得很出色，为日后自我发展积蓄了力量。

　　第二类是虽然他们充满了创意和干劲，但不愿自己创业当老板。他们较喜欢为别人工作，愿意从自己出色的表现中，分享到所创造的利润。一流的推销员与企业的高级干部均属这类人员。

　　第三类是不喜欢冒风险，对老板忠心耿耿，认真可靠，满足于现状。他们在安稳的收入之下，表现良好，但缺乏前两类人的冒险、进取与独立工作的精神。

　　第四类是对公司的盈亏漠不关心，他们的态度是当一天和尚撞一天钟，凡事能凑合得过去就行了，反正他们关心的只有一件事，那就是按时领到薪水。

　　保罗·盖蒂认为第一类员工的才干是突出的，能用其所长，避其所短，可以为企业发挥重大作用。第二类员工可以成为中流砥柱，他以各种办法激励他们努力为本企业效劳，让他们建立牢固的企业归属感。他对第三类员工也十分珍惜爱护，把他们安排在各级部门当副手，逐步提高他们的生活待遇，想方设法稳住这支基本队伍。他对于第四类员工，则要求各级管理人员对他们严加管理，促使他们端正态度，为企业发展多出力。

　　在我看来，这种对员工的分类其实很好理解，就是让大家明白一个道理：公司利益是实现个人利益的基础，它与个人利益并不矛盾，是紧密相连、相辅相成的。

　　公司能否实现持续发展，直接关系到员工利益能否持续实现，只有公司的利益得到了保障，个人利益才有可能也得到相应的保障。公司赢利了，员工的工资、福利待遇也将随之提高。从这个角度来讲，维护公司利益就是维护员工的自身利益。

　　只有把员工的切实利益与企业发展的整体利益相挂钩，才能避免出现员工对企业整体利益漠不关心的心理状态。建立与此相应的奖惩机制，企业发展得好，人人都有益处，企业发展得不好，人人都受损失，这样形成员工与企业共存共荣的局面，才能从根本上解决个人利益与整体利益脱钩的状态。

除了硬性的制度规定，软性的人文关怀也需要表现出来。

日本"经营之圣"稻盛和夫的经验是：领导者对待下属要有关爱之心，只有真诚关心和爱护下属，真心为下属解决工作和生活上的困难，用心培养、教育和塑造下属，使他们获得发展的能力、素质，为他们的成长发展创造良好的外部环境，提供施展才华的舞台，才能获得下属的充分信任和忠诚。

对待员工要有博爱的胸怀和包容的心态。我们的先人也有同样的思想，在《孙子兵法》中有"视卒如爱子"，用到今天企业的管理上，就是对待员工要像对待自己的孩子一样，以爱心、真心、热心和宽心感动他人，为员工谋利益，给人安全感、归属感以获取良好的人际关系。

京瓷因为关注和帮助员工成长，让员工与企业和团队一起成长，使京瓷发展成为世界范围内的强大企业。一般来说，员工更愿意为那些能给他们以指导的公司效力。

因此，管理者应定期与下属讨论绩效改进和个人能力提升计划，真诚地指出下属存在的问题以及努力的方向，使下属不断进步。还有让员工在工作中获得知识的累积，比单纯获得金钱更有吸引力。因为员工总是想让收入变得更多，而只有知识才能带来更多的财富，当员工感到自己在工作中提高了水平，有实现价值的信心和能力时，他们对企业的感激才会是发自内心的。只有这样，才能激励员工为企业发展努力，并赢得员工忠诚度。

鲜花摆在适当的地方才能发出迷人的芳香。团队的成员之间需要"我们彼此相连"这样的纽带，需要建立起这样一个"命运共同体"的意识，才能同进退、共发展。

及时跟进，适时督促

一些企业管理者有一个通病，那就是对于各种制度与政策，他们是只管制定，不管执行。他们以为这些制度与政策都自己"长了腿"，只要被制定出来，就能自个儿保证自个儿的"执行"。

就我看来，归根结底，这就是一种"官僚主义"——我只负责"说事"，"做事"是别人的事。

管理者要都这么想，也就只能指望制度与政策能自己"长出腿"来，自行落实了。作为管理者，不能宣布完了就算了事。员工是否都做到对团队政策的真正理解，有没有疑问，在日常工作中到底执行得怎么样，有哪些问题，如何解决，等等，都需要管理者去关注、监督，甚至提供必要的指导与协助。

同样，每一次会议讨论的问题，出台的决策与制度是否得到了很好的落实，谁去负责落实，什么时间落实，落实不了怎么办等，都需要有个强有力的推动者，而且是从头到尾的推动。否则，开多少会也是白搭，大家凑到一起浪费时间而已。与其把那么多时间浪费在"制定政策"与"开会"上，不如省点时间扎扎实实地落实几件事来得实在。

任何一种制度与政策都不可能"只要被制定出来就会自己保证自己的执行"。所以，我们不能只把政策"制定"出来就"万事大吉"。只有推进"执行"才是"硬道理"。

一流的执行必有一流的把关，否则即使执行不缺位，也有可能因为疏忽或考虑不周全而导致执行不完美。所谓一流把关，就是对交到自己手上的工作，检查再检查，细致再细致，考虑再考虑，以确保万无一失。

一流的执行就要及时了解事情的变化，以便迅速做出调整，保证每个细节都万无一失。一个执行者，他的责任心往往比能力更加重要。有责任心但缺乏专业能力，也可以想办法去发现和解决问题；有专业能力但缺乏足够的责任心，也有可能难以发现和解决问题；有专业能力再加上强烈的责任心，那就可以获得最好的结果。

我们常常高喊着，要执行到位！要执行到位！但是，执行到位这件事，不是单纯地上下嘴皮一碰就能解决的，也不是单纯依赖着执行人员的自觉性可以解决的，执行做得好不好，必须要有强有力的跟进、检查与监督。

没有人会在意无人强调和检查的东西，因为你不检查就代表不重视，就代表它可有可无。既然如此，谁还会把时间和精力花费在这种"可有可无"的事情上呢？如果你想保证多项工作都得到切实的执行，唯一的办法就是跟进和督促。

一个管理人要做到这一点，就要跟踪目标，及时发现和解决问题，才能确保目标的实现。我们应该要有一套具体而详尽的日常实施计划，把它与日程捆绑在一起。比如，有的企业抓住每日之末、每周之末、每月之末、每季之末、每年之末五个时间段，将目标转化到具体实施的时间表的细节上，同时加强对每个时间段的督促检查，按制定的工作标准进行考核，发现问题及时采取措施加以解决。

在这个过程中，我们首先要明确实施监督的目的——考核业绩还是提高效率。然后，要对被监督人员进行工作分析——确定考核的内容；接着，要确定组织内部的监督结构——明确报告对象以及监督权；还要制定并贯彻奖惩条例——设定标准；最后，我们需要适当做出调整——完善监督体系，减少执行误差。

只有把这些检查工作做到位，后续执行才可行。

第八章　终极管理，无为而治

将能而君不御者胜，展现的是无为而治的道理，是一种更高程度的自动自发。通过简化层级、制度管理、文化凝聚等一系列内部管理生态的优化与变革，使整个团队达到"力出一孔，利出一孔"的效果，无为而治距离高效的管理就近在咫尺了。

让听见炮声的人做决策

军事学术界有一种说法：将帅的战争是传统战争，靠的是"运筹帷幄之中，决胜千里之外"。而21世纪的信息化战场，士官走上战事一线，战场也就摇身变为"班长的战场"。信息化时代，企业要想赢得市场，就要打赢"班长的战争"。"班长"成了决战决胜的利器。

从团队管理的角度来说，"班长的战争"与"将帅的战争"是有区别的。

当过兵的任正非就说过，金字塔管理是适应过去机械化战争的，那时的火力配置射程较近、信息联络落后，所以必须千军万马上战场，贴身厮杀。塔顶的将军一挥手，塔底的坦克手将数千辆坦克开入战场，数万兵士冲锋去贴身厮杀，才能形成足够的火力。而现代战争，远程火力配置的强大，是通过卫星、宽带、大数据，与导弹群组、飞机群、航母集群等来实现的。战争是发生在电磁波中，呼唤这些炮火的不一定再是塔顶的将军，而是贴近前线的"铁三角"。

正因为存在着上述差异，华为才果断地采用了"铁三角"的作战模式，通过公司的平台，及时、准确、有效地完成一系列调节，实现力量的合理调配。而其关键就是"班长战争"的开展。"我们公司现在的

'铁三角'，就是今天我们的销售、交付、服务、财务，不都是这样远程支援的吗？前线'铁三角'，从概算、投标、交付、财务……不是孤立一人在作战，而是后方数百人在网络平台上给予支持。这就是胡厚崑（华为副董事长）所说的'班长的战争'。"

"班长的战争"本质上就是让听见炮火的人做决策，让真正处于第一线的人发挥作用，由他们在市场上拼杀的经验来引导团队战略、战术的发展和调整。

所以，"班长的战争"这种模式，我认为是现代企业管理"精兵简政"的一条必经之路。

这个战术强调在授权以后，精化前方"作战组织"，缩小"后方机构"规模，加强"战略机动部队"的建设。划小作战单位，不是指分工细化，而是通过配备资源，使小团队的作战实力大大增强。总而言之，简化组织管理是为了让组织更轻、更灵活，这也是企业未来组织改革的奋斗目标。

这种简化团队组织和业务模式的方法，我觉得值得提倡。就像任正非说的，一个企业里面"一个正职，三四个副职，三四个助理，二三个员工"，这是不正常的。多些执行和服务岗位，消除信息传递多余环节或其他不增值岗位，这样，部门逐渐就不会那么官僚化。

从小公司走向大公司时，因为不知道怎么管理，才要细化分工。随着技术的发展，企业使用的管理工具先进了；随着企业的成熟，很多流程打通了，这就要求企业功能组织综合化，不仅减少层级，还要缩小规模，几个组织合并成一个组织，这一个组织则有灵活的战略机动性。

不仅前方要形成一个精简而有力的钻头，后方推动也一样不能落下。组织结构可以精简，却不能出现短板。后端标准化是支持前端个性化的必要条件。

首先要建立一套以矩阵管理为基础、灵活有效的三合一管理体系——顺向管理＋有限授权＋严谨决策。这个体系为的是使日常运行大权掌握在基层干部手里，使管理、制约、平衡大权握在大部门手里，重大决策权在充分听取反映后，握在高层手里，从而使公司管理形成一个简捷的网络结构，使需要指导者以最简单、最快捷、最直达的方式获得支援，公司内每一件事、每一种内容仅有一个管理控制中心，大大压缩了组织平面，提高了效益。

其次是用制度、流程等来规范企业的运作。为了达到这一目标，我还是以华为做例子，它先后启动了公司基本法的起草、业务流程重整、管理信息系统的引进、ISO9000的贯彻……这些都是促使管理体系更为科学合理的手段和措施，也是让公司的管理体系向标准化、科学化、国际化靠拢的有力保障。

最后是用企业文化凝聚员工力量，达到"力出一孔，利出一孔"。企业文化以国家文化为基础，那么，就要懂得宣传：爱祖国、爱人民、爱公司；奉献社会优质产品、优质服务；团结奋斗、拼搏，建立利益共同体；尊重知识、尊重人才、平等沟通；民主决策、权威管理。这种精神力量就会成为企业员工上下之间的向心合力的推动力。

"权力给你们，黑锅我来背"

大约2500年前，古希腊上演了一场惨烈而悲壮的波西战争，这场战争至今还让人们为之震撼。与此同时，一种叫作"斯巴达方阵"的作战阵法也应运而生。这是一个奇妙的作战阵法，无论受到什么样的冲击都不会溃散；这也是一个令对手胆寒的阵法，几乎每次战役中，斯巴达方阵无不是用敌人的头颅与鲜血来庆祝胜利。这个强悍的方阵成为移动的堡垒、杀戮的机器，成为历代军事家探讨的奥秘。其中，斯巴达方阵的每一位勇士都明白自己的战术——保护战友的右侧身躯——每一位斯巴达勇士都会竭尽所能履行自己的责任，这是让斯巴达方阵威慑敌军的一个至关重要的因素。

团队之间涌动的力量是由上到下，也是由下到上的。团队的主管往往担任的是教练和后盾的角色，他们为团队提供指导和支持，同时，他们会告诉团队成员——我信任你的能力，所以你可以放心大胆地做事，如果出问题，有我兜底，我会是你的保护伞。

这个保护的意思，不是无原则地袒护，而是明白自己作为一个高层领导人的责任。你要明白，一个领导者将自己手中的权力下放的同时，就已经对自己统筹的人力、物力、资源有了更大的责任。这个事无非就是两个结局。或者，你选择信任员工，员工能力得以发挥；或者，你选择信任员工，员工出现差错，管理者应该承担相应责任。

马云说，权力给你们，黑锅我来背。他是这样做的，他的团队也是这样做的。出了问题，有了事故，再去溯源全部底层员工、执行人员的错误是不可能的，那么，高层领导人就需要担负起这个最终也是最严厉的后果。

办企业绝对不会出错，我想不会有企业人说出这样的话。马云就预判阿里巴巴一定会有问题，会犯错误，所以他说："我觉得网络公司一定会犯错误，而且必须犯错误，网络公司最大的错误就是停在原地不动，最大的错误就是不犯错误。关键在于总结并反思我们各种各样的错误，为明天跑得更好，错误还得犯，关键是不要犯同样的错误。"犯错误就会出问题，出问题就需要有人担责任，而这个时候，高层领导人绝对不可以撇干净自己，将压力转移给底层人员或者执行人员，责任必须倒逼到决策层。

正因如此，马云的团队在"阿里大盗"事件中才上演了一出挥泪斩马谡。

2011年2月21日，2326名涉嫌欺诈的"阿里大盗"让阿里巴巴陷入信任危机中，也令马云不得不以高管引咎辞职的方式自曝家丑。

一时间，阿里巴巴的"欺诈门"事件引发了社会的高度关注。针对这一阿里内部的重大事件，马云写了一封内部邮件，其中有一段话是这样的："过去的一个多月，我很痛苦，很纠结，很愤怒……客户第一的价值观意味着我们宁愿没有增长，也绝不能做损害客户利益的事，更不用提公然的欺骗。如果今天我们没有面对现实、勇于担当和刮骨疗伤的勇气，阿里巴巴就不再是阿里巴巴。"

很快，阿里巴巴B2B上市公司对外发布了一则公告，称董事会已经批准CEO卫哲、COO李旭辉引咎辞职。这封邮件很快在互联网的门户网站、博客、论坛、空间以及各类媒体中以爆炸式状态快速传播开来，让公众最快速、最及时了解到了阿里巴巴的态度。它的潜台词就是，决策层愿意为这次错误埋单，问题不全是基层员工的责任。这样的态度是很难得的。毕竟企业出了问题，总可能发生"弃车保帅"的事情，基层员工、底层管理人往往容易被推出来承担大部分责任。

当然，保护并不意味着袒护。上司放权给下属，说明了上司对这个员工能力的认可，这种信任应该是经过长期考核验证出来的，而不是凭借单纯的喜好来做决定。权力下放的一瞬间，也就是责任分摊的一瞬间，这个态度，上下级之间都要清楚明白。

此外，领导者也要能够追溯自己的责任，弄清决策人和执行人谁的责任更大。领导者不能将所有冲突和矛盾都揽在自己的身上，这是不客观的。奖惩制度是无情的，错就是错，对就是对。领导者敢于认清自己的错误，并为此而埋单，也是一种责任。

强势的领导下多是庸人

在我看来，公司需要一个强人，一个有足够的智慧去制定企业战略和产品布局的人。但是，团队却不能只有一个强人。因为，在强人的手下，往往都是"庸人"。这里的"庸人"包括才能被压抑，甚至消磨的人，他们只能在强人的领导下闪着并不起眼的荧荧之光。天长日久，这些人有可能也会失去一个管理者应具备的素养。他们在缺乏锻炼的时间里，有可能淹没了曾经的才华。就像长虹公司总裁倪润峰"休息"了半年，长虹就扛不住了；彭作义不幸英年早逝，有人就担心青岛啤酒"何去何从"……

在21世纪，企业领导者企图以个人控制企业一切的时代已走向了尽头。在一个越来越依赖集体智慧的时代中，与一位集权的企业领导者相比，会授权的领导者才能让企业走得更远、更辉煌。

现代企业更注重团队协作精神，拒绝崇尚个人英雄主义。

惠普公司前总裁格里格·梅坦曾说："企业的领导不能成为团队的主宰者，尽管企业的领导具有超强的能力，是团队中的英雄级人物。"

他还说："作为领导者我对该组织的构想当然重要，但是仅仅有我的构想还不够。我的观点是我最重要的领导资产，同时也给我带来了最大限度的限制。我认为，老板是轮毂，员工是轮辐，员工之间的谈话以及人际关系的质量是轮边。如果因为同事之间不能解决相关问题，所有的决策都需要通过轮毂，那么这个组织创造价值的能力就会受到老板个人明智程度以及时间的限制。这显然不能造就高效运营的团队。为了创造一种'轮边'会谈，老板就必须有意识地说明什么事情应该由轮毂来解决，什么事情应该由轮辐来解决。"他还举例说明：那些来自世界各地的员工在伦敦相聚，作为老板的他并不参与，因为他们正在寻找解决一个复杂并且有争议的问题的方法，他已经为他们创造了这一"轮边"会谈。他不希望因为自己的出现而使会谈没有结果。后来，果不其然，没有老板参与的会谈很成功。

所以，一个团队之所以能够成为一个团队，绝对不是单纯地因为出现了一个强势的领头羊，而是因为一个有效的团队力量的运作。

坚实的团队框架可以使团队成员有能力解决棘手、困难的问题，但同时又必须做到最低程度上显示成员重要性而不致扼杀其创造力或权威影响力，这个微妙的平衡很难把握。尽管不同的企业会有不同的结构形式，但它们之间总会有大致的相同点。我认为，一个成功的团队，离不开以下四种结构。

第一，方向引导者。

它由高层管理人员和经理、主管、团队领导成员及其他关键人物组成。就像夜行的船只离不开灯塔的指引一样，团队也需要这样的方向引导者，他们要能确立团队工作和服务的方式，同时又是提意见者和工作过程中错误的纠正者。

第二，智囊团。

智囊团通常是由多个部门成员组成的群体，它的成员来自企业内部的各个部门和各个阶层。它检查作为整体的企业制度系统是否存在问题，并在某些方面确立目标以提高企业的效率。这是一个行动性团队，它决定了主管者、管理者和任务担当者各自的具体责任，其结果一般要两至三年才能显现。

第三，称职的管理者。

他们是团队成功的关键。一个富有魅力和威望的管理者会把团队成员紧紧地团结在自己周围，反之就会人心涣散，更无从谈起团队精神了。

第四，团队顾问。

他们是团队的指导者兼顾问，可以帮助团队确定风险性，帮助解决团队内部冲突问题或团队与外部人员的冲突问题。由于不是团队内部成员，他们看问题会更具客观性，在帮助团队工作时会有更大的自由度。团队顾问可以帮助团队建立工作标准和限度，指导其成员使用各类工具和图表，以保证团队成员准确有效地向既定目标前进。

PART **03**

用什么激励

任何一个时代的伟大人物都是在磨难中百炼成钢的。矿石不是自然能变成钢，是要在烈火中焚烧去掉渣子，思想上的煎熬、别人的非议都会促进炉火熊熊燃烧。缺点与错误就是我们身上的渣子，去掉它，我们就能变成伟大的战士。在伟大时代的关键历史转折关头，跟上去，超过它，勇担责任重担，向着光明，向着大致正确的方向前进，作为伟大公司的一员，感到光荣、自豪。永远不要忘记自我批判，摩尔定律的核心就是自我批判，我们就是要通过自我批判、自我迭代，在思想文化上升华，步步走高，去践行人生的摩尔定律。

我们的前途是光明的，我们的道路可能艰难困苦，我们信心百倍，走在改革的大道上，意气风发，斗志昂扬，勇立在时代的潮头。

英雄万岁，青春万岁，敢于改正缺点的人，青春永存。

——任正非·华为2018年
"烧不死的鸟是凤凰，在自我批判中成长"专题仪式讲话

第一章　薪酬不能导向福利

发给员工的薪酬要够，且要有竞争力，但是有一个前提，员工给团队创造的价值也一定要够。高薪酬是一种奖励措施，要奖给优秀的员工，同时保障公平，拉开奖与不奖的差距。薪酬千万不能导向福利，没有产出的就不能拿奖，否则对员工和团队都是百害而无一利。

"平等"抹杀个人贡献

从企业角度来说，越是能够给企业创造价值的人，越是容易得到企业的重用，岗位不同，职责有别，待遇不同。"平等"地对待每一个员工，多做和少做一样，做好和做坏一样，优秀和普通一样，那么，混日子的人就越发混日子，努力上进的人则被打消积极性。区别对待不同能力的员工，根据能力给予不同待遇，才不至于让优秀者的个人贡献被抹杀。

每个员工都有自己的倾向和定位，企业在对待不同员工的时候，应该有自己的侧重点。

首先，奖励领先者，从而使领先者在团队内部成为大家学习的榜样和目标。

通用电气公司亚洲首席教育官就曾经对"领先者"做过定义——"他们的特点是：具备有远见、鼓舞人的能力。这些才是（领导者）真正需要传承的，就是榜样精神。"通用电气公司释放榜样优点的最主要方式就是奖励领先者。他们成功地采用了绩效测控的方法，在通用电气公司的年度考核当中，管理层会针对本年度业绩优秀，以及那些为其他员工做出榜样的员工进行二度考核，提出的问题多是针对个人素质提升和自我管理，其中的三大经典问题几乎囊括了对于一个人才是否优秀、自信的全部定义：你的优势是什么？你的成就是什么？你还有哪些需要改进的地方？在此之后，令高层颇为欣赏的一批人，通用电气公司会毫不吝啬地对他们进行奖励，包括增加薪酬以及分配诱人的股票、期权。

其次，针对公司内部的平庸者，一定要采用刺激手段。

因为平庸的员工从来不会有强烈的危机感。管理者应该想方设法为员工创造"危机"，让他们"动"起来。美国旅行者公司首席执行官罗伯特·薄豪蒙说："我总是相信，如果你的企业没有危机，你要想办法制造一个危机，因为你需要一个激励点来集中每一个员工的注意力。"比如，业绩如果有所降低，工资、平时福利、年终奖等就要酌情扣除和删减，从实际利益上，让员工看到自己目前的不利处境。

再次，在公司还有一部分人，他们是公司的累赘。

他们用极其低下的工作效率拖住公司发展的步伐。虽然任何比较和排名都是相对的，但是他们的确是团队中最不优秀的一部分人。这时，管理者唯一要做的就是淘汰他们。潘石屹曾说，末位淘汰制就是我们探索出来的一流的销售制度。他从1998年开始实施末位淘汰制，然后将企业从一个默默无闻的小公司，高速地、健康地成长为一个名牌公司。不过，管理者在淘汰员工时应注意的问题有：准备充分，有理有据；尽量保留其自尊心；为员工留有余地，不宜全盘否定员工；一次不宜淘汰太多员工；最大可能地保障员工的各项权益。

最后，不同的人对工作有不同的期许，他们有个性差异，也有共性。

一般说来，员工都希望别人因他有贡献价值而"欢迎"他去工作，而非因同情而施舍或赏给他一碗饭吃；希望接受简单、明确而合理的指示，告诉他应做些什么、如何去做，以及做到何种程度才算好；喜欢在他所尊敬及能信任的人底下做事，不喜欢在他认为无能或看不起的人底下做事；喜欢别人承认他的工作表现及贡献；不喜欢不管是否努力工作及是否有所贡献，而给予相同的待遇；希望身心健康地工作下去，重视带薪放假、健康检查、医疗服务、安全措施、员工顾问等福利措施等。

总之，对不同类型的员工，对每一个员工，我们都没办法也不能采取"平等以待"的措施。墨菲定律说，好的越好，坏的越坏。那么，我们就要保留好的、优秀的、推动团队发展的，要让对方觉察到身在此处的价值和愉悦感，从实际利益上来鼓励对方的成长。坏的、不适合的甚至是害群之马，就应该及时剔除。

给火车头加满油

孔子说："孟公绰为赵、魏老则优，不可以为滕、薛大夫。"意为：孟公绰做赵国、魏国上卿的家臣，是才与力有余的，但不能做滕、薛这样的小国的大夫。

孟公绰是鲁国大夫，品德高尚，德高才短，其品德为孔子所敬重。滕和薛是两个小诸侯国。相比滕、薛，赵、魏为大国，孔子认为，大国上卿的家臣，望尊而职不杂，德高望重则能胜任；而小国的大夫政烦责重，清廉寡欲则难以胜任。这不仅说明了知人善任的重要性，还揭示了人才评价是以是否胜任为主要标准。是否胜任，主要体现在价值创造上。

以价值创造能力来评价胜任度，是符合经济学规则的。工作就是生产。管理者必须让员工认定的一个客观现实是，决定薪水的不是学历，不是外貌，而是使用价值。使用价值这个概念是对管理者而言的，从员工的角度来说，"创造价值"这个词语表达的含义更为确切——员工的价值创造能力越强，在企业眼里，使用价值就越高；反之，在企业眼里就可能不值得一提。

我们读历史，都知道曹操。曹操以赏罚分明著称，尤其对有功之臣，他会重赏。因为这样能调动下属的积极性，最大限度地让对方为自己效力。"赏罚必行"就是他的一样法宝。曹操在建安七年至十二年（202—207）间，分别颁布了《军谯令》《败军令》《论吏士行能令》《封功臣令》等，同时，20多名功绩尤甚的将吏被封侯。他把这些能出头的人都放在了更能发挥他们价值的位置。曹操对人才的爱惜，对将吏的调动是很有技巧的。他让最好的人享受最好的待遇，他让能人意识到自己被重视，也用最大的诚意展现着自己对爱将的珍惜。

企业就像是一列火车，火车头则是带着各列车厢的前进动力。那么，什么人才是企业的火车头呢？就是有影响力的、有带动力的、能够成为标杆的那些人。

史玉柱曾说："当你给员工高薪时，表面上看仿佛增加了企业成本，实际不然。我这些年试过了各种方法，高薪，低薪，但最后发现，高薪是最能激发员工工作热情的，也是企业成本最低的一种方式。"

当年，史玉柱在做网游的时候就聊过："游戏团队的薪水我不管，由管理层定，工资是一事一议，开多少钱评估一下，值得就给，不受任何等级限制。中小公司不会这么舍得（付高额报酬），但丁磊我想他会舍得。陈天桥就没那么大方，当然也相当不错。不过陈天桥给钱的方式有问题，比如说给期权，人家有意见。做了冤大头，给了好处下面还不好好待他。"

当年，他那样的做法会让游戏研发人员感觉到，巨人网络给他们的报酬绝对在整个行业居于前列。那个时候，《征途》还在开发中，史玉柱出手颇为大方，给整个研发团队开出了很高的工资。

不过，薪酬激励并非盲目地给火车头型员工高薪，能否有效地运用好这一措施，使员工发挥最大的工作效能，才是最关键的。

史玉柱给骨干员工行业前沿水平的薪水，这个方法是可借鉴的，因为这可以很容易地保留重点员工和业务骨干，这种做法对于高科技公司非常有效。毕竟，通常80%的业绩是由20%的精英完成的，少数骨干决定了公司的发展。

当然了，有可能有人会问我，你的眼里只能看到骨干员工，只能看到火车头，看不到其他车厢吗？一列火车是完整的，只有火车头自然也是不行的。

只注重少数骨干却对其他员工很少过问，其他员工会觉得不公平，这也会引发矛盾。比较经典的一个处理方式还得再学学史玉柱。

当时，他的公司上市后，在庆功宴上，史玉柱宣布了两个消息：一个是给公司员工每人发一枚金币；另一个是给公司所有员工加工资，一个也不少。

这样做的潜台词就是，我不会落下一个人。

人要生存，要发展，精神是支撑，物质是保障，所以薪酬对员工来说极为重要。它不仅是员工的一种谋生手段，还能满足员工的价值感、成就感。事实证明，当一个员工处于一个较低的岗位时，他会表现积极，工作努力，一方面提高自己的岗位绩效，另一方面争取更高的岗位级别。在这个过程中，他会体会到由晋升和加薪带来的价值和被尊重的喜悦，从而更加努力工作。

个人献力团队，团队回馈个人

在《第五项修炼》一书中，彼得·圣吉为团队整体配合做了非常贴切的注解："未能搭配的团队，许多个人的力量一定会被抵消、浪费掉……当一个团体更能整体搭配时，就会汇聚出共同的方向，调和个别力量，而使力量的抵消或浪费降至最小，发展出一种共鸣，就像凝聚成束的激光，而非分散的灯泡光，它具有目的一致性及共同愿景，并且了解如何取长补短。"

一个人的力量是有限的，只有融入团体中，将每个人的力量汇聚在一起，才能创造奇迹和未来。

这里将会涉及到人性的问题。既然工作和不工作都享受一样的生活，那么，我为什么要工作？既然努力和不努力都得到一样的服务，那么，我为什么要努力？

好逸恶劳，我们没办法指责它，因为，这就是人性。这是人类基因中趋利避害的天性。人人都愿意享受生活，人人都想工作两个小时，其他时间喝茶、读书、逛街、看朋友，还不用担忧生活消耗。多美的事儿，不是吗？

但是，当每个人都不想投入到社会生产中的时候，当每个人都把自己的权益放在集体权益之上的时候，就有可能出现社会停滞的问题了。像瑞典，生一个孩子，父母可以享受480天的带薪假。这个措施的目的之一或许就是为了改变他们国家的低生育率。毕竟瑞典的独居者超过了

51%，或许很多人更愿意自己一个人享受生活的乐趣，这无可非议，但的确会带来少子化和老龄化等各种问题。很多时候，表面美好的事情，细想下去是有未来隐患的。

福利这个东西，应该是推着人走的，而不是牵着人停下来的。我跟大家分享一个很有代表性的故事。

一个周末的晚上，恐怖分子在斯宾塞公司的橱窗里放置了几枚定时炸弹，相邻的几家商店在爆炸中也受到了破坏。

爆炸声引起了很大的恐慌，更惊动了这家公司的所有员工。第二天是休息日，照惯例是商店营业的大好机会，该店的所有员工在没有人号召的情形下，不约而同地早早来到店里，清理一片狼藉的场面。在其他相邻的商店开始清扫现场时，斯宾塞公司已经开始接待顾客，正式营业了。

你可能会问我，这家公司的员工们为什么会这样做？其实，只要我们了解了该公司的管理方法，便不难找到答案。

斯宾塞公司是英国销售服装和食品的大零售商之一，也是英国最注重员工福利的公司。然而，公司并不是将福利作为慈善机构的施舍发放给职工，而是为了激励他们去积极工作。

福利的目的不是为了让人变得好逸恶劳，而是为了让人积极进取，这才是我心中对"福利"的定义。

要让员工意识到，只有自己为团队付出了，团队才会反馈你个人，员工的积极性才会被调动。

慷慨的付出会使员工看到公司的关怀和体贴，并大为感动，觉得只有把公司经营好，才有自己的那一份高额收入、丰厚利益。正是在这一经营理念的指导下，斯宾塞公司的业绩蒸蒸日上。这些措施大大增强了公司的凝聚力，不论职位高低、工作轻重、收入多少，公司上下都以在斯宾塞公司工作而感到自豪，这是一笔丰厚的精神财富。

在《论语》中，孔子提出过"惠而不费"的观点，是说君子要在不损害自己利益的前提下为别人谋求福利。同时，他回答"何为惠而不费"时说："因民之所利而利之，斯不亦惠而不费乎？"意思是，最好的激励手段是使受惠者获得的利益来源于受惠者本人为自己创造生产的过程中，这就是惠而不费。

管理者对员工的"惠而不费"，不仅仅是工资或者福利的问题，不是说给得越多，员工就会越努力。工资或者薪酬，都只是工具，都只是方式，都只是手段。我们需要让员工感受到企业对"我这个人"的关注。所以，福利，不能只是单指发奖金，实际上员工也需要尊严、自由和满足感等人文方面的关怀，他要从自己的身上感受到存在价值。

这个道理不难理解。如果你把一元钱存在一家银行，银行倒闭了，你并不在意。如果你把全部财产存在那家银行，那么这家银行就是你的生命，必须时刻关注。对于公司经营者，这是一个浅显的道理：只要员工的幸福生活来源于公司，员工们必然把公司视为归宿。

第二章　一切以责任结果为导向

企业的首要任务是生存，而没有利润，企业就不可能存活，因此利润是企业存在的根本，它就是团队要关注的结果。从本质上讲，考核就是为了激励员工更有效地为团队创造价值，所以我们的考核要做到目标明确、重点突出、公平公正，用数据说话。

强调什么，奖励什么

一个企业人，一个管理者，常会遇到这样一个问题，"会哭的孩子有奶吃"，这种现象在企业里通常有以下两种情况。

第一种情况是有些管理者只看到了"会哭的员工"，觉得他们"该吃"，就给他们加薪或升职；而那些勤劳肯干、不哭不闹的人，便认为他们"没有问题"，不会想到给他们"喝奶"。

第二种情况是领导明知待遇有偏差，能力有差距，但就是不主动提出奖励，等有人哭闹了，就给点，以压制情绪。这样的领导就像挤牙膏一样，员工提了，他才会给，员工不提，他永远不给。

于是，当这两种现象频发时，"会哭的孩子有奶吃"自然而然地成了一种潜规则，当"会哭"成了奖赏的依据，员工的能力和贡献就会变成次要产物了。

我对于这种现象相当反感。想要员工做出更加优秀的业绩，想要团队发挥更大的能量，我们就需要告诉对方"你的付出，我看见了，我会给你相应的奖励"。这是一个领导应该有的敞亮的态度。

因为，对员工来说，好的表现没被认可，就相当于在受惩罚。那么，他就会逐渐表现平庸，失去了好好表现的动力。

一个企业的管理者要从实处评好坏、论奖罚，保持公正公平，如此才能保证公司或是部门的良好运作。

美国哈佛大学教授威廉·詹姆斯通过研究发现，在缺乏激励的环境里，员工的潜力只发挥出20%～30%，而在良好的激励环境中，同样的员工可以发挥出其潜力的80%～90%。很多企业的激励机制都起不到成效，是因为激励是需要变化的，不同的发展阶段，激励方式也有所不同，所以不能墨守成规。

联想的柳传志关于员工激励有一个说法，我是很认同的。他说，经理班子成员、中层管理人员以及流水线上的雇员，我们对每个群体有不同的期望，他们也各自需要不同的激励方式。经理班子需要主人翁意识，我们给他们分配股份。中层管理人员希望升职，我们给他们确立了很高的标准，并允许他们自己决策、执行，如果表现出色，就会得到相应回报。流水线上的工人需要稳定感，如果他们工作认真勤勉，就可以得到提前制定的奖金。

在团队里，不可能人人都做着同一件事情，他们都有各自的负责领域和职责。同时，我们对不同的人、不同的项目也会有不同的结果期望。对象不同，期待和反馈也会不同。

用自己的能力，完成相应的要求，负责相应的结果，得到相应的利益反馈，这是再正常不过的事情了。我对不同层级的员工就会有不同的期望，当我想要强调对方要负担更大责任时，就要给予对方更大的优待和权利。

我喜欢有规划地做布局，所以对那种有计划推动团队发展的公司都颇为欣赏。思科公司是其中一个，它在设置薪酬时会进行全面市场调查，确定员工的底薪不是业界最高的，这样，既不会造成企业运营成本过高，也不会因低于行业标准而影响员工的积极性。调动员工更大积极性的是思科丰富多样的奖金，思科希望员工的收入能够多与业绩挂钩，于是他们以奖金来激励员工。思科的薪酬设置大约分为三部分：销售奖金（销售人员）、公司整体业绩奖金（非销售人员）、期权（全体员工）。另外，每年的部门最佳员工会有国内旅游的机会。

不要把员工的付出和努力，想象成理所应当。我们把相应的责任压在对方身上，也需要用相应的东西来缓解对方的压力，以对方促成的最终成绩来判定他的贡献。

按目标考核，向目标倾斜

有目标未必能够成功，但没有目标的人一定不能成功。博恩·崔西说："成功就是目标的达成，其他都是这句话的注解。"现实中那些成功人士不是成功了才设定目标，是设定了目标才成功。

美国哈佛大学做过一个很经典的调查：27％的人，没有目标；60％的人，目标模糊；10％的人，有清晰的短期目标；3％的人，有清晰而长远的目标。25年后，哈佛大学再次对这批学生进行了跟踪调查，结果是：那3％的人，25年间始终朝着一个目标不断努力，几乎都成为社会各界成功人士、行业领袖和社会精英；那10％的人，他们的短期目标不断实现，成为各个领域中的专业人士，大都生活在社会中上层；那60％的人，他们过着安稳的生活，也有着稳定的工作，却没有什么特别的成绩，几乎都生活在社会的中下层；剩下27％的人，生活没有目标，并且还在抱怨他人，抱怨社会，抱怨社会不给他们机会。

没有目标会让我们失去方向，人生如此，工作也是如此。

确立一个明确而具体的目标，让这个目标成为企业所有员工的共同目标，激发每个员工实现此目标的愿望，并紧紧围绕此目标展开工作，不可能就会变成可能，梦想就会变成现实。

对于目标的完成度来说，无非两个方向——"做了"与"做好"。虽然只是一字之差，却有着本质区别。"做了"只是走过场，没有保证结果；而"做好"则意味着对组织的目标负责、对工作的品质负责。打个比方，我让一个新来的小伙子去买书，第一家书店老板说："刚卖完。"之后他去了第二家书店，营业人员说已经去进货了，要隔几天才有。他再去第三家书店，这家书店根本没有卖的。中午的时候，他回来了，如果跟我说，"跑了三家书店，快累死了，都没有。过几天我再去看看"，这样的人，我是不会用的。

很明显，买书是目标，买到书是结果，小伙子有了目标，却没有业绩，也就是说，他有苦劳，却没有功劳。

所以，带队的领导要教会员工分清楚"做事"和"做成事"的区别，别只停留在"做事"（去买书）的阶段，而没有考虑"做成事"（买到书）。

对于管理者而言，目标管理的核心思想就是把目标分解下达后，成为组织每个层次、每个部门和每个成员的工作业绩的衡量标准。目标管理全过程的最后一个重要工作就是根据起初下达的目标对各方工作和业绩进行检查和考评。

考评是目标管理全过程中的最后一环。要想考核发挥出最大的激励作用，就要使目标与员工的能力相适应。考核方法要可行是指考核的方法要为人们所接受，并能长期使用，这一点对考核是否能真正取得成效是很重要的。方法的可行与否，同方法本身的难易繁简有很大关系。

在考核中，管理者只有了解在计划、组织、人员配备、指导与领导、控制等方面的工作做得如何，才能确知那些占有管理职位的人是否有效地进行着管理工作。这是企业管理中的一个十分重大的问题，关系到企业目标的实现，关系到企业的生死存亡。

用利润和业绩说话

利润是企业存在的根本，没有利润，企业就不可能存活。企业的首要任务是生存，商业的本质就是在法律法规许可的范围内获得最大利益，而企业家的终极使命就是赢利。说这样的话，并不是我崇尚唯"利"是图，而是，管理者需要考虑更多的东西，如企业的发展、团队的成活和素质等等。我觉得，给员工发不出工资是企业家的耻辱。

企业就像一个大家庭，必须有物质基础维持这个家庭的开支，才能维系企业的正常运转。如果没有利润的支撑，一切美好的设想都只能算是天方夜谭，社会责任也会成为空谈。在经济基础决定上层建筑的规律指导下，公司的管理者也应该明白，只有创造利润，才能有公司存在和发展的可能，没有利润，一切都免谈。

在这样的大趋势下，一个员工能否被公司重用，被上司青睐，被同事认可，能否在职场上立下脚跟、发展事业，甚至成为行业精英，最大的筹码就是能否为公司利润的创造加一马力。

从员工的角度来诠释公司利润的话，又无外乎这四个字——创造业绩。

只有业绩才是员工最有力的个人简介，只有业绩才是员工自身实力的最佳说明。员工为企业带来利润，业绩是检验一切的标准。日本企业界曾流传这样一句话：如果你有智慧，请你贡献智慧；如果你没有智慧，请你贡献汗水；如果你两样都不贡献，请你离开公司。

我认识的一个做房地产的朋友总把一句话挂在嘴边——"所有老板，只认一样东西，就是业绩。老板给我高薪，凭什么呢？最根本的就要看我所做的事情，能在市场上产生多大的业绩。"

不管你在公司的地位如何，不管你长相如何，不管你的学历如何，你想在公司里成长、发展、实现自己的目标，你都需要有业绩来保障你实现自己的梦想。只要你能创造业绩，不管在什么公司，你都能得到老板的器重，得到晋升的机会，因为你创造的业绩是公司发展的决定性条件。

每年"年尾发红"的时候，那些业绩好的员工一定是表彰大会的主角。他们得到鲜花、美酒，当然丰厚的奖金也是少不了的。很多世界级企业，每到年终就会进行以业绩为主的员工排位。这当然怪不得老板，面对严峻的生存形势，老板只能如此。目前许多企业都在实行员工末位淘汰制，以此激励员工。

如果仔细观察，很多人可能会发现，做老板的不大会迁就人，但他会因为业绩做出妥协，因为老板不会跟自己公司的钱包斗气。

开展工作也好，服务于老板也好，必须把努力的目标放在如何帮助企业赚到钱和节省钱上，任何一个员工都有责任做到这一点。

所以，每一个员工都要培养成本意识，养成为公司节约每一分钱的习惯，因为利润不光源于开源了多少，还源于节流了多少。

　　无论公司是大是小、是富是穷，使用公物都要节省，员工出差办事，也绝对不能铺张浪费。节约一分钱，等于为公司赚了一分钱。就像富兰克林说的："注意小笔开支，小漏洞也能使大船沉没。"

　　这是一个凭实力说话的年代，这是一个以业绩论英雄的时代，时代的特征要求企业管理者在管理中要向员工传递利润和业绩提升意识，全方位地激发员工潜力。

第三章　赏得心动，罚得心痛

激励的关键在于有效，有效的关键又可以分为两点，一点是及时处理，一点是找对人。表扬要当面，批评要私下，考核是为了弘扬优势，摒除陋习，提高团队战斗力。只能把人赶跑而不能催人奋进的考核是失败的考核。

有效激励

每年年终，优德和很多企业一样，都要开年会，依照业绩考核的结果，公开、公正、公平地兑现赏罚承诺。对于做得好的员工，我们要提薪、晋升，授予无上的荣誉，为其提供更具价值的培训机会，还可能给予出国旅游等嘉奖。对于做得不好的员工，我们可能会给出降级、降薪、调岗等处分，特别糟糕的则会被末位淘汰。管理中的以人为本不是把员工供起来养着，而是让他们成长起来，真正实现自我价值的提升。成长的过程是充满笑声和泪水的，作为引领者，奖要奖得心动，罚要罚得心痛，这是我做团队激励的中心思想。

优德所有员工的薪资都是按照个人对企业做出的实际贡献进行评定的。做得好我们就涨薪，如果创造的价值与工资不成正比就降下来一些。我们现在正在做一项工作，就是对优德现有的薪酬制度进行调整，未来将实现同岗不同薪，一切按贡献、付出来评定。一个团队中如果有成员表现特别优异，他的收入完全可以超过他的领导。这样做的目的在于纠正不少员工偏航的攀比心。不要没意义地跟这个比跟那个比，要比就跟自己比。这次拿八千，下次就要拿一万。我们引导员工也是这个思路，通过自己的不懈努力，三年买个车，五年买套房，奋斗十年生活大变样。方向正确，态度端正，并且有获得感，激励才能奏效。

市面上的经管书现在非常多，这是件好事，里面包含了诸多案例与心得，能让大家加深对管理工作的了解。我也注意到一个问题，一谈激励、绩效，与这些事情本身相关的内容往往很容易被人忽视。不是设定一些看起来诱人的奖励，搞一些考核标准，然后严加执行就能达到激励效果的；从其他公司复制粘贴来的激励制度也未必能真正见效。特别是一些新上任的领导对这些问题往往领悟不深，有时挖空心思却没有达到效果，做了许多费力不讨好的事情，结果两边难做人。

一份有效的激励制度不是平白无故就能在团队建立起来的，它背后一定有若干因素支撑着。我初步将其总结为六个方面。

第一，突出重点。一份激励制度看似面向所有员工，其实针对的是那些本领过人、肩负重任的骨干，为的是利用这种侧重于他们的激励力量，引导整个团队向他们学习，从而呈现出一股积极向上的好风气，达到共同进步。面面俱到的激励制度，看似体现了公平原则，实际上反倒是最不公正的。

第二，具体量化。既然是制度，就应该切实可行，不要堆砌一些泛泛而谈的空话，要达到什么目标，实现什么效果，最好都能量化。打个比方，要激励搞产品研发的团队做出质量更优的产品，就不能泛泛地说一句"力争做出更优质的产品"。更优质是个非常模糊的说法，不能用在激励制度当中。相似的内容写在激励制度里应该怎么说？随便举个例子，就是类似于"上市销售一年，满意率不低于95%。达到标准加20%的绩效奖励，否则扣除20%的绩效"之类的表述。在这个情况下，大家的目标就更加具体了，知道怎么做才能不低于95%，没有做到会有怎样的后果。这叫具体量化。

第三，能够实现。"二八法则"几乎是管理领域的万能法则，做激励制度也是一样，应该让整个团队中最优秀的20%受益，这样才能形成以点带面的效果。被有效激励的人数过少，频率过低，很容易让大部分成员失去信心，最终削弱激励的作用。

第四，把控期限。激励计划的最终目标就是提高员工的工作绩效，这个目标就像一只无形的手，在远处召唤着激励者与被激励者。近期目标是什么，远期要达到什么效果，在某个时间段没达到预期该怎办……这些都是要考虑的内容。因此，拟订激励计划一定要顾及时间上的安排，到期就要问效果，然后以此对未来的激励内容进行调整。人都有拖延心理，一切不考量时间的激励计划都将是无效的。

第五，控制成本。制定激励制度企业要量力而行，看起来诱人的奖励最后无法兑现给员工，就会显得没有诚意，制度本身也会变成一纸空文。一项计划的出台，需要在费用、人员、资料等方面进行必要的考虑。对于激励预算而言，一般包括管理费、宣传性的物资和服务费、奖金，这三方面资金的合理配置将会使计划更具成效性。对员工物质方面的激励要充分把握"度"，既要达到激励的目的，又要控制在公司可承受范围之内。

第六，富有弹性。任何一种制度的设定都要"留余"，保持适度的弹性空间，为的是应付某些重大偶然因素的出现，同时，也要为今后修改、变更部分内容的情况留出余地，要让制度跟得上形势。

说了这么多，最后汇成一句话，就是"文化上温暖，制度上支持，行动上到位"，这就是我的"有效激励观"。激励的理念是相通的，激励的方法却不可胜数。希望我的话能引起更多团队领导的思考，把激励这个工具真正用好。

嗑瓜子的激励哲学

大概在两三年前，我在读报纸的时候偶然看到了一篇文章——嗑瓜子的理论。当时就觉得很有意思，于是在之后的一次管理会上，我和几位高管做了一次分享。

我当年读书的时候还没有高铁，出远门都是坐绿皮火车。那个时候等车的时间很长，火车也经常晚点。在候车室里漫长的时间怎么打发？不少人就选择了嗑瓜子。嗑瓜子是一件特别简单的事情，随手拿起一颗瓜子，放在上下牙齿之间轻轻一嗑，伴随着清脆的"咔嚓"声，瓜子仁落到了口中。在咀嚼之际，人们会将嗑完的瓜子壳扔掉，然后去拿下一颗。动作熟练的人，几分钟时间就能嗑掉一大把瓜子，不少人能连续嗑

1个多小时，而且乐此不疲。即便中途因为买东西、上厕所等事情打断了这一行为，重新把瓜子嗑起来也不是什么难事，而且无须身边的人提醒。有些人常年这样做，最后直接嗑出了瓜子牙——整齐的牙面上生成了一个小小的凹槽。更关键的地方在于，这种人还不在少数，说明嗑瓜子这件事很多人都能接受，甚至是热衷。

嗑瓜子的行为能流传千年，且能影响众人，一个很大的原因在于它能即时让人获得满足感。这主要包括以下三个方面。

第一，易上手，易进步。嗑瓜子是非常简单的事情。根据我的体验，一个不会嗑瓜子的人，在旁人的指导下，十多分钟就能把瓜子嗑好，坚持嗑小半天就能成为熟手。在这个过程中，嗑瓜子的速度越来越快，嗑完扔掉的瓜子壳越来越完整。这种进步本身就具有激励的效果，能让人获得自信。

我在前面提到了一个观点，要让那些新来的、资历尚浅的员工干方向明确、内容具体的工作，其实这就是嗑瓜子的哲学。先解决"会"的问题，再解决"思"的问题，有了一定积累才能问出有价值的问题。我很难说有多少人天生就对大健康领域的工作感兴趣，等着招这样的人是行不通的。但我们可以培养起一批对大健康领域工作非常熟悉的人，精通了之后自然容易培养起这方面的兴趣。所以，我们总让新人到前线去，从最基本的事情做起，让他们认真地"嗑瓜子"。这个过程刚好也能淘汰一些好高骛远的人。我给钱让你嗑瓜子，结果你非但嗑不好，还嫌这些工作鸡毛蒜皮，那我确实无能为力。面对给思路、提问题的员工也是一样，先解决简单的，再解决复杂的。能够持续不断地有获得感，人就会持续不断地进步，这就是激励，他们也会因此而成长。

第二，即时回报，多劳多得。嗑瓜子是一件能即时获得回报的事情——嗑完一个吃一个。正是在这种当即给奖的模式下，人们才会一颗接一颗不停地嗑，嗑得越久，吃得越多。虽然是"小努力，小奖励"，但在细水长流之中，也能形成可观的回报总量，而且具有可持续性。

这里我发现了一件很有趣的事情。有些商家觉得嗑瓜子是件麻烦事，于是开始直接售卖已经去掉壳的瓜子仁。一包包白花花的瓜子仁摆在面前确实很馋人，但事实是人们往往吃几口就不再吃了。相对于嗑瓜子的过程来说，直接吃瓜子仁基本不需要付出，而且回报的数量增加了几十倍，结果人们对瓜子的热情反而降下来了。去壳瓜子仁的上市并没有影响到普通瓜子的销量，公共场合嗑带壳瓜子的人还是那么多，而且还是那么能嗑，但我却很少见到专吃瓜子仁的人，哪怕就吃10分钟。原因很简单，后者得到的回报太多，与付出不成正比，这种情况下人就会变得"懒惰"起来。

福利制度不能过于优厚就是这个道理。员工肯定喜欢"一劳永逸"的干活方式，个人单打独斗可以这样投机，但对团队来讲，这么做无疑是"自杀式"的发展，是在给未来埋炸弹。

第三，成果直观可见。吃下去一颗瓜子仁，就会留下两瓣瓜子壳。渐渐地，盘子里待吃的瓜子不断在减少，垃圾桶里的瓜子壳数量却在逐步增加。这种一减一增的变化其实很能鼓舞人心，因为它让劳动成果变得直观可见了。而且嗑没嗑好一目了然，没嗑好就下次改进。这一点在心理学上也是有依据的，因为人们会情不自禁地渴望增加自己的成就，并且会在力所能及的范围内把事情做得更好。

我们在管理过程中，经常让员工写工作总结，如周总结、月总结、季度总结、年度总结，等等。这就是一个让劳动成果变得直观可见的过程。有些领导看不到其中的意义，认为搞这些形式主义要浪费大量的时间，其实不然。就像嗑瓜子一样，一份份总结摆到员工面前时，他会直观地感受到过去的时间花在哪里了，花得值不值。特别是成绩斐然的员工，这些资料堆积在面前时，会触动他的内心，他会为自己自豪，这也是肯定其价值的一个有效手段。他想获得更大的荣耀感与自豪感，就要在今后的工作中更加努力，他也会在力所能及的范围内想出更好的办法。这就是一种激励。

这里顺带讲一讲年终奖的问题。"即时激励"是很多管理书籍中都提到的观点，认为奖金就该在第一时间发到员工手里，否则就失去了激励的效果。一些企业由此也引出了"年终奖是落后激励制度"的观点，认为年终奖应当取消，避免让员工形成"年终一定有钱发"的定性思维。我对此不是特别赞同。

年终奖和嗑瓜子式的及时发奖并不冲突，它们不是相互对立的关系，它们只是对应了不同的时间周期。我认为年终奖与农事当中的"年成"是一脉相承的。春天播种，秋天收获，一年的天时地利人和才能换来大丰收。过个丰年，也是为了给来年造一个好兆头。同样的，我们也可以用年终奖的方式，表达对员工一年辛勤付出的肯定，鼓励他们在下一个年度再创辉煌。年终奖本身没有问题，问题出在颁发年终奖的方式。当奖励变成一种必然的承诺，干好干坏都能拿到时，这个制度就出现问题了。

我们从来只奖励辛勤付出的员工。每次大活动结束，我都会在第一时间，及时肯定、充分奖励那些辛勤付出、做出贡献的员工。我希望所有人都能深刻领悟"春种秋收"的道理，付出才有回报。当然，我们这几年也一直在改进激励制度，嗑瓜子的激励哲学就是指导思想之一。我们正在建设并完善长期回报与短期回报相结合的激励体系，加大短期回报力度，重奖年度业绩突出的员工，提升关键事件在考核当中的权重，使激励效果总体得以提升。

总而言之，激励员工其实也是一种投资，要争取让投入的每一分钱都发挥出应有的效用，产生看得见的效果。

要批评，不要发脾气

网络上有个段子，戏称董明珠走过的地方"寸草不生"，用来指称董明珠雷厉风行、作风强势，而敢说敢做敢批评就是最直观的表现。她说过一句话——领导者真正的柔情是批评员工。发现问题就要批评，要直面问题、解决问题，不必为了迎合员工而隐忍不发。作为领导，看到员工有问题而装作没看到，这是非常不负责任的行为。

最近几年，媒体对企业文化建设的关注度呈升温态势，很多管理理念也通过媒体平台走进了更多人的心目中，比如人性化管理、柔性管理、快乐团队，等等。这些理念都很好，都值得深度学习、发掘。然而有些领导对这些概念的理解过于片面，认为这些东西都是说好话说出来的，是哄员工哄出来的，生怕自己的批评打破了团队中一片祥和的氛围，结果最后把自己做成了一个老好人。

该批评时不批评，员工就会默认自己的行为是正确的，他往往看不到这个问题的严重性。作为领导者，有时出发点是好的，希望网开一面，这次算了，下次改过，结果员工下一次犯的错误往往更大。这是害人的行为，不管是从育人还是激励的角度来说，都不合适。

我记得这么一件小事，发生在我创业还没多久的时候。有个女员工的工作态度很积极，但方法不得要领，连续三个月的业绩考核都不理想。我找到她的直属经理，然后问："你们组的最后一名是什么情况？"

结果这个经理总结了一下，告诉了我几个关键词："做事缺乏条理，时间观念不强，天天瞎忙。"

我又问："你有没有跟她谈过话？有没有针对具体问题进行批评？"

当时这个经理也很年轻，跟我说："谈了很多次，好话说尽。我其实也火大，但想到是女员工，狠不下心来，觉得她至少态度是端正的，万一把人骂走了怎么办？"

批评不等于骂人，更不等于发脾气，其中的区别人人都清楚，但临到事前却很难做到。当年的我也没什么管理经验，难以就此说出几条观点来。这两个人后来都离职了，我觉得有些遗憾。过了大概一两年，我发现市面上有一本新书叫《批评的艺术》，阅读后受益很大。我清晰地记得，我一口气从书店买了十几本，将其分发给了公司的骨干，让大家一起学习。我家里现在还摆着一本，上面至今留着当时的圈圈点点与读书感悟。

批评的目的不仅仅是为了指出错误，还为了实现进步。从这个意义上来讲，批评也是一种激励手段。它与直接的表扬、激励相对，可以将其视为一种"负激励"。多年的管理实践经验告诉我，做好负激励比做好正激励难太多。表扬、发奖、给钱……这些事情很容易做到，员工也很容易接受。而批评需要拿捏分寸，话说轻了触及不到本质问题，话说重了容易让人产生抵触情绪，甚至怀恨在心；不发脾气容易被当耳旁风，发了脾气又容易被误会成领导只是在发泄，忍忍就好。

以下我想从三个方面，谈谈我所理解的"批评艺术"。

第一，责人先责己，先礼后兵。有个故事大家很熟悉。战国时期，孙武帮吴王练兵，先拿宫女做实验。不懂军纪的宫女如何能做到令行禁止？于是，孙武在上面讲，下面的宫女依旧嘻嘻哈哈。眼见训练没有效果，孙武首先做起了自我批评："约束不明，申令不熟，将之罪也。"于是，他又跟众宫女讲了一遍。重申规则后，很多宫女操练时依旧不认真，孙武便又说了一句话："既已明而不如法者，吏士之罪也。"大意是："道理我刚刚讲得很清楚了，还不遵守，就是你们的问题了。"说完，孙武便责令把两个带头散漫的队长拖出去砍了。

带队伍也是一样。下属把事情办砸了，领导其实难辞其咎。如果领导不能首先划清自己的责任，就无法在批评时让下属心服口服。领导自责且重申规则后，下属再犯，这时再严厉批评也不迟。而且往往这个时候，批评才会真正见效。

第二，界定范围，有的放矢。前面我提到过，要让激励产生效果，目标就要非常明确，批评也是一样。有些员工业绩不太好，带队的领导要么就是一句话"看我怎么收拾你"，要么就是一句"再干不好就给我滚蛋"，前面一句话带有强烈的不可预期性，后面一句话也没有留出转圜余地。这两种做法都很容易让员工认为自己已经失去了领导的信任，要么破罐子破摔，要么甩手放弃，给团队增添了诸多不稳定的因素。在这个过程中，领导的威信也没有树立起来，还很容易变得"不服众"。可以说，这是一种"双输"的管理方式。

《三国演义》中涉及叛变的故事都有一个共同的情节，那就是主公没有把"这次我罚你，罚完了还是好同志，大家以后继续努力携手打天下"的道理讲清楚，像许攸、张郃、高览先后背叛袁绍就是如此。所有被批评的下属都觉得自己彻底失去了领导信任，没有脸面留在这里了，才会怀恨在心、生出反意。所以，批评下属的时候，一定要讲清楚惩罚的范围，会用多大的力度进行惩罚，到什么时候为止，惩罚完了之后还能不能愉快地相处，这样才能实现批评的真正目的。我想特别强调一下，一定要表现出受罚之后到此为止的意思。因为再重的惩罚只要功过相抵，大家都能接受，以后还能好好干。

第三，轻话说重，重话说轻。前面我提到，批评人时的轻重很难拿捏，这里谈一下我的心得：批评小错误的时候，话要说得重一些；批评一些比较严重的错误时，话反而要说得轻一些。为什么要这样做？这其实是从心理学的角度来考量的。小错误往往不易引起人们的重视，所以要说重话来让人注意；犯下严重的错误时，当事人往往是有强大恐惧感的，这时反而要把话说轻，否则当事人承受不了压力，容易心起离意。

我对员工的仪容仪表比较重视，容貌要干净整洁，举止要落落大方，这样出门在外，才能代表优德的良好形象。所以，如果哪个员工邋里邋遢就跑到公司来上班了，我一定会毫不客气地指出来。乱糟糟的头发，皱巴巴的衬衫，灰蒙蒙的皮鞋，虽然这些都是小事情，但我希望通过提点小事情，让员工明白其中的大道理。一个不好好对待生活的人，很少能把工作做得讲究、体面。

相反，员工因为疏忽而谈跑了一个优质客户，领导因为考核不当而逼走了一个优秀员工，类似于这种问题，我的态度反而会柔和一点。犯错要挨骂，落后要挨打是常识性的问题，当事人的内心是恐惧的。这个时候骂起不了任何作用，厉声责骂反而容易让人产生误解——这件事领导骂完就过去了。被骂惯了的人很容易变得麻木，久而久之就容易培养出一个"死猪不怕开水烫"的下属。

当然，犯错受罚天经地义，只是表达批评意见时应当高度克制，就事论事，不要上纲上线，不要情绪化意气用事。一句"这次造成的严重后果你也看到了，我相信你不是故意的。公司可以再给你一次机会，希望你接下来付出实际努力，不负大家对你寄予的厚望"，我相信绝对能让那些扶得起的人改过自新，重新振作起来。

批评的最终目的并不是骂人，而是鼓励员工做好工作。这是一件道理简单却不容易做到的事情。在这个工作要讲效率的时代，我希望所有的领导都能注重批评的效率，多做有效批评，别乱发脾气。

第四章　许以金钱，更授予荣誉

带团队要讲文化、立制度、明赏罚，赏罚的重点在"赏"字上。物质奖励是基础，授予荣誉能拔高人的价值，两者是相辅相成的。物质激励不足，员工就没有安全感；精神激励不足，员工就没有激情。不到位的奖励等于没有奖励，节约管理成本千万别在这上面做文章。

高薪酬不是万能的

高薪酬不是万能的，没有高薪酬也是万万不能的。如何才能把物质奖励发到位，真正做到让员工心动，其实也是一门学问。物质条件是基础，离开了它，精神激励也是一纸空文。所以，我想在这一章的开头，先把这个问题讲清楚。

最近几年，随着网络自媒体的迅速发展，很多与企业相关的花边新闻，开始通过各种渠道进入人们的视野，而以"超高薪""巨额年终奖"为主题的新闻尤为引人注目，如《工资只是零花钱，XX公司普通员工年终奖能拿100万》《XX公司待遇好，应届生年薪高达30万》《XX公司年终奖至少100个月的工资》，等等。

人们会关注这些信息，我觉得非常正常。我们领导在带队伍时，看问题要实际一点。所有人来公司工作，最基本的需求是养活自己、养家糊口，他不用为这些问题发愁之后，才可能被企业文化吸引，认同企业的价值观，为企业的目标去奋斗。马斯洛需求理论也是这样写的，人最先需要满足的是生理需求，包括衣、食、住、行，等等。满足这些需求的直接因素是钱，即我们给员工发的工资、绩效、奖金、物质福利。所以，较高水平的薪酬对于保障团队的稳定性，留住员工的心是非常必要的。作为一家正在快速发展的集团企业，优德现在的平均薪资水平虽然与国内的明星企业存在一定差距，但我们给员工的待遇在同行业非常有竞争力，它是整个优德团队能稳定发展的一个重要前提。

现在一些企业、团队，为了留人、挖人，经常"暴力涨薪"，动辄双倍工资，甚至几倍工资。因为钱而留下来的人，最终会被开价更高的雇主挖走，而且这种暴力涨薪也很容易打破团队的平衡，让其他员工的心理出现失衡。时间一长，物质奖励就会渐渐失去作用。有些管理者认为，马斯洛需求理论在今天的企业管理中已经失效，我不这样认为。理论依旧在发挥它的指挥棒作用，问题出在管理者"只知重奖却不讲策略"的错误方法上。

有关物质激励，我提出四个问题，与大家一同思考。

问题一：如何理解并做到薪酬奖励的公平？

同岗同薪、同工同酬，有些管理者认为这是保障公平的基础性原则，认为薪酬的公平就是平等，同一职级间的员工差别很小，员工往往也比较服气。这种制度乍看之下确实没有问题，也便于管理。对此，我谈谈自己的看法。

同岗同薪、同工同酬的制度，特别适合流水作业线，这些线上的工人从事的工作较为单一，在这种前提下，同岗同薪、调岗就调薪的做法确实很容易激励他们，制度本身也比较公平。但是，现在绝大多数的企业都不是这种工作模式，员工每天要和很多人打交道，工作内容也非常多元化。由于个人经验、技术熟练程度有较大差别，新老员工之间的工作经验对比悬殊，"岗位不变，薪酬就不变"的做法就容易扼杀优秀员工的积极性，员工也容易把自己的工作目标由"做出更高的业绩"，转变为"坐到更高的职级"。

因此，对大多数的企业、团队来说，员工的薪酬回报都应该以实际创造的价值来衡量。同样是普通销售人员，通过售卖商品给公司创造出更高净利润的就要多给奖；同样是普通客服人员，服务评价满意度高的就要多给奖；哪怕是保洁人员，单位时间内工作做得又快又好的也该多给奖。这样才能真正鼓励大家把自己的工作做好。让同一职级中的那些能承担难度更大的工作、能力更高、具有更强外部稀缺性的人员获得更高的薪酬水平，这才是一个优秀团队真正该具备的薪酬公平。

问题二：加薪与奖金哪个更重要？

表彰优秀员工，在物质奖励层面最常用的方法是加薪、发奖金两种，我更倾向于给员工可观的奖金。高薪酬应该由业绩来实现，而不是底薪。底薪太过丰厚，员工不辛勤付出也能过得不错，时间一长就会变得懒惰。底薪太低也不行，员工的安全感不够，就很难在业务上放手一搏。有些业务的回报周期比较长，长期拿过低的底薪，员工还没拿到回报就迫于生计压力离职了，这也不是件好事。最好的底薪标准是能够解决员工的基本需求，同时又能让他有一点点饥饿感，这时配上高弹性的任务奖金，才能将员工的潜能激发出来。"高工资养人，低工资赶人，死工资害人，高激励助人"就是这个道理。

另外，从实际经营的角度来说，加薪给企业用人成本提升带来的影响是持续的，新创业的团队，或者刚刚步入正轨的中小企业尤其要注意这一方面。"多发奖金慎涨薪"的方式既不会在短期内迅速提升企业的用人成本，又能很好地激励员工奋斗，是一种互惠互利的"双赢"策略。

问题三：怎样做，员工才会主动挑战更高的绩效目标？

在树立奖励目标时，要坚持"跳起来摘桃子"的标准，既不能高不可攀，又不能轻易得到，因为过高则会降低员工主动挑战的意愿，过低则会导致目标效用下降。绩效考评体系应该以长期奋斗目标为引导，然后将这一目标分解为一系列的阶段性目标。只要员工达到了阶段性的目标，就及时给予奖励，让大目标与小目标相结合。这样一来，员工就会不自觉地朝着大目标前进，并且经常能有"获得感"，达到激发员工主动性的目的，从而收到满意的激励效果。

问题四：你是否关注过员工的期望值？

每个员工都希望自己能够拿到"高工资"，但这个"高"是难以用具体的标准与数据去衡量的，一旦员工心目中期望的"高工资"超过了企业开出的薪资水平，即使企业的工资已经超过行业的平均水平并且居于高位了，也是难以让员工的内心感到"满意"的。所以，管理员工的期望值也是当前非常重要的一件事。

期望值的管理要从新员工，特别是应届生开始。应届生是新员工群体中的特殊群体，他们刚刚从学校走入社会，对企业和工作的认知都有待提高，很容易凭着对公司名气的判断，在心中形成过高的期望值，如对薪资的期望、对办公环境的期望、对升职空间的期望、对优厚福利的期望，等等。对老员工也要加强教育，不能让"付出5000元努力，拿到10000元回报"的投机思想在团队中蔓延。这就要求领导要务实地管理，不要过度地宣传公司的公平、公正，不要画大饼吊高员工的胃口，一切在实际行动中公平、公正地体现即可。

物质薪酬本身就不是奖励的全部，单纯地堆高薪酬额度作用也非常有限。高薪酬不等于高满意度，不见得能留住人才。一个员工在企业工作，他的需求一定是多元的：更多的机会、更好的平台、更优的环境……这些都是能左右员工想法的关键因素。因此，优德许以金钱，更授予荣誉；关注当下，更立足长远，这才是团队回馈制度建设应该努力的方向。

送销售冠军999朵玫瑰

在2016年年底的表彰大会上，我给我们优德医疗最杰出的女销售精英送了999朵玫瑰，结果这名员工当场感动流泪。999朵玫瑰也就2000多块钱，如果直接发等值的现金，一定收不到这样的效果，我相信哪怕发2万块钱也是一样效果。

每逢年底，但凡做得好的优德员工都得到了物质上的厚待和精神上的褒奖。他们作为销售精英和员工楷模，业绩自然非常漂亮。我送999朵玫瑰，就等于给了那名女员工殊荣，相当于一种绝对的肯定。奖励也是要时常更新的，总是一种方式，员工就容易失去动力，所以我们在激励的方式上也在不断创新。

带团队要讲文化、立制度、明赏罚，但不管从哪个方面来看，它的本质都是带人的过程。每个人都是有感情的，喜好的东西也因人而异，但至少有一点是相同的，那就是被他人重视。从一个出身农村的普通大学毕业生，到今天优德集团的董事长，我也先后受到了恩师的点拨，得到了贵人的提携。在这种被他人"带大"的过程中，我就深深地感受到了他人对我的重视，我也因此暗自激励自己，做出更优秀的成绩。

我很重视属下的发展，大部分的人也会因此心怀感恩。感恩是一种"情感效应"，其中"士为知己者死，女为悦己者容"就是一个很好的例子。一个团队中，如果不少成员怀着这种想法，这支队伍的战斗力将是非常可怕的，这个团队一定是无往而不胜的。

我在这里想分享一下拿破仑的故事。这位身长不足6尺的将军，曾经指挥着他的军队，在整个欧洲的政治、军事舞台上驰骋了将近20年的时间，时至今日依旧常常被人提及。有人开玩笑地评论道：拿破仑打个喷嚏，整个欧洲都要感冒。这般被夸张的影响力不是拿破仑一个人造就的，它是由整支拿破仑军队完成的。这股所向披靡的力量就是带团队的力量。

拿破仑为什么能造就一支忠实于他，并且充满了斗志和豪气的队伍？原来，拿破仑说过，一支军队的实力，3/4是士气构成的。他不但是伟大的皇帝、叱咤风云的军事家，更是非常善于鼓舞士气的大将军。除了给足物质上的激励，他还非常重视思想教育，经常通过演讲的方式，声情并茂地给将士们灌输为和平、胜利与民族自由而战的信念，使所有将士的心中升腾起了强烈的爱国情怀与民族自豪感。平时，他也经常鼓舞那些年轻的军官去争当将军和元帅，跟将士们说得最多的一句话就是"每个士兵的背囊里都有一根元帅的指挥棍"，这极大地激发了下级军官上进的意愿。即便是站夜岗的哨兵累得睡着了，拿破仑也只是悄悄地接过哨兵的枪，替他站了半小时岗；待哨兵醒来后，拿破仑仅用平淡的语言安抚哨兵惶恐的内心："朋友，这是你的枪。你们艰苦作战，又走了那么长的路，打瞌睡是可以谅解的。但是目前，一时的疏忽就可能断送全军。我正好不困，就替你站了一会儿，下次可要小心。"这样一支被荣誉和使命引领，充分融入了感情的队伍，有什么力量能够阻碍他们。

世界著名的未来学家凯文·凯利曾经提出了一个观点，叫"士气等于利润率"，这句话把带兵打仗和团队业绩联系起来了，而且两者有着异曲同工之妙。士气越高的团队，越容易发自内心、有创造性地做好本职工作，不仅团队总体的生产效率和业绩会大大提高，成员对企业也会更加忠诚。

北宋大文豪苏东坡在《晁错论》一文中讲过这样一句话："古之立大事者，不惟有超世之才，亦必有坚忍不拔之志。"站在团队的视角来看，团队之志就可以等同于"士气"。我认为士气不是天然形成的，是被激发出来的。一堆优秀的人站在一块儿并不见得就能形成一个好团队，一定要有个领航的人，通过激励、表扬、使命教育等方式，让大家不仅保存着各自的愿景和希望，还能把劲儿往一处使，这样才能让一个团队有士气，敢于拼搏、甘愿奋斗。所以，一个优秀的团队领航人，一定是一位优秀且伟大的鼓舞大师，一定精通走心的精神激励之道。

可以说，优德团队的激励机制，解决的就是一个"人心向背"的问题。授予团队成员以荣誉，不断倾注感情，这是收获人心、构建团队凝聚力的重要举措。单纯的物质激励是没有上限的，也是没有区别的，人们早已习以为常，而且不容易留下印象。独特的情感激励和人性关怀则不一样，我相信即便再过十年、二十年，那999朵玫瑰的激励力量依旧让她记忆犹新，因为它达到了感情激励的最高境界——让被激励的人心生感动。

潜力会在鼓励下绽放

"要想一滴水不干涸，唯一的办法就是把它放到大海里。"这是优德企业文化墙上的一句话，用来注解团队的意义。个人要学会主动融入团队，这个力量叫"合群"；团队要敞开式地接纳个人，这个力量叫"包容"。不管是在平时的管理中，还是在这本书中，我都反复提到一个观点——没有完美的个人，但有完美的团队。把一群不完美的人团结在一起，就能相互取长补短，创造奇迹；每个人在团队中得以成长，变得更强，就能创造更大的奇迹。让人得以成长，变得更强的因素有很多，但我认为最有效的当属鼓励，因为人的潜力会在鼓励中绽放。

人都是渴望被肯定的，我教育孩子也以鼓励的思路为主，不一定非得成绩好、得了奖才鼓励，生活中的方方面面都可以鼓励，像言行举止礼貌得体这些，只要做好了就可以鼓励。管理员工也是一样。受"二八法则"的影响，一个团队中最拔尖、绩效最好的员工大约占20%，他们最容易成为领导关注的对象。在得到制度上的激励，获得了物质与精神上的双重奖赏之外，他们也最容易被领导鼓励。剩余的那80%的员工因为榜上无名，往往很容易被忽视。虽然没有严谨的管理数据支持我的这一判断，但多年的经验告诉我，这种现象并不少见。

绩效考核只能考核一个人工作完成得怎样，并不能完全展现出一个人的潜力；再完善的绩效考核系统，也只能为领导管理员工提供一个数据上的参照，而不能代替领导的管理。事实上，有排名就总会有垫底的人，就像《我是歌手》这个节目，上场比拼的都是经验非常丰富的明星艺人，拿最后一名的一定唱得很差吗？我们每个季度都有评比，每次都要树立一些榜样，这样做是为了树典型，让没有得到奖励的人心中有个目标。但是，没有得到奖励的人，一定就比得奖的人能力差吗？就好比一个100人的队伍要评出三个优秀，排第四名的就一定比第三名差很多吗？都不见得。很多时候，我们做得好的，是把一二三名的奖励做到位了；而我们做得不好的，是忘记给四五六名鼓励、提气了。

给火车头加满油，不是说后面的车厢就不管了。有的员工上班从来不迟到，有的员工字写得特别漂亮，有的员工是热心肠，有的员工知识面很广……这些都是突出的优点，都是可以鼓励的特点，但绩效考核未必能涉及。你很难讲，员工这些突出的特质，会让他的未来发生怎样的质变。所以，评比结束后，适当安慰下那些落选的员工，拍拍他们的肩膀，面带微笑地给他们打气，一句"下次加油，你可以的"很可能就创造了奇迹。请把每个没有获奖的员工都当成潜力股来看待，因为我们是一个团队。

当年《士兵突击》中的一句"不抛弃，不放弃"红遍了大江南北，它表露出来的就是一种鼓励精神。我认为领导和员工之间不仅仅是上下级的关系，还是一种师徒关系，有传承的因素在里面，更是一种协同作战的战友情。不管考核结果如何，不管有没有拿奖，这种情谊不要轻易抛弃；导致结果不好的原因是多方面的，不要因为结果不好就否定一个人的全部，一切问题都能解决，方法总比困难多，别让员工泄气，这就是不放弃。

适时的一句鼓励，员工会从中读出欣赏与尊重；给员工一句肯定，就是在给他们地位、被认可感和满足感。我真诚地希望所有管理者能抛开绩效结果落实这一点，发自内心地多鼓励团队中的每一个人，上下级之间的关系会在这种互动中融洽起来，这就是管理有温度的表现。

有句话说得好——现在站在什么地方不重要，重要的是你往什么方向移动。我想在这里稍做改动：你的员工现在站在什么地方不重要，重要的是你有没有鼓励他们成长。你做到了，他们就会勇往直前地向着理想的方向前进。

第五章　大权在握，小权分散

管理者必须明确自己的岗位责任和工作范围，同时要明确部属的权力和职责。主要权力要集中在管理者手中，部分权力可以分散给部属，做到大权在握，小权分散，各司其职，各负其责，这样的团队才能有序、稳固、高效。

抓大放小：有所为，有所不为

孔子有两个学生，一个叫宓子贱，一个叫巫马期，他们先后在鲁国的单父当过一把手。宓子贱整天弹琴作乐，身不出室，却把单父治理得很好，巫马期则天不亮就外出，天黑才归来，事事都亲自去做，也把单父治理得很好。巫马期问宓子贱是什么原因，宓子贱说，我治理单父主要是靠用人，靠他人做事，你主要靠事事亲自做，所以你很忙，而我就很悠闲。人们称宓子贱是"君子"，而巫马期"虽治，犹未至也"。

宓子贱比巫马期更懂领导艺术。领导要做的就是从大方向着手，再将细节执行交给可靠的人。

曾国藩在给其弟的信中也说过，"弟论兵事，宜从大处分清界限，不宜从小处剖析微茫"。意思是劝弟弟凡事要从大局着眼，而不应该在细微之处较真。

做任何事情都要有大处与小处、大事与小情之分。如果不加以区分，而是把所有的事情都混淆在一起做，那么我们很可能抓不住关键，而耽误了许多大事。

作为管理者，必须明确自己的岗位责任和工作范围，以及部属的权力和职责，该给部属的权力，就不要占有；该是自己行使的职权，也不能疏忽。主要权力集中在管理者手中，部分权力分散给部属，正所谓"大权在握，小权分散"，各司其职，各负其责，上行下效，工作才会形成合力。

索尼的盛田昭夫、井深大刚就很明白这个道理。

我说井深大刚是索尼的功臣，不是说他一个人撑起了索尼的一片天，而是说他很懂得将个人知识和集体智慧结合起来，发挥团队优势，为企业创造巨大财富。

井深大刚进索尼公司时，索尼还是一个小企业，总共才有20多名员工。老板盛田昭夫信心百倍地对他说："你是一名难得的电子技术专家，你是我们的领袖，好钢用在刀刃上，我把你安排在最重要的岗位上——由你来全权负责新产品的研发，对于你的任何工作我都不会干涉。我只希望你能发挥带头作用，充分地调动全体人员的积极性。你成功了，企业就成功了！"

这让井深大刚感受到了巨大压力。尽管井深大刚对自己的能力充满信心，但是还是有些犹豫地说："我还很不成熟，所以虽然我很愿意担此重任，但实在怕有负重托！"

盛田昭夫对他很有信心，他坚定地说："新的领域对每个人都是陌生的，关键在于你要和大家联起手来，这才是你的强势所在！众人的智慧合起来，还有什么困难不能战胜呢？"

盛田昭夫的一席话一下子点醒了井深大刚。他兴奋地道："对呀，我怎么光想自己？不是还有20多名富有经验的员工嘛！为什么不虚心向他们求教，和他们一起奋斗呢？"

于是，井深大刚马上信心满满地投入工作当中。当时，就像是盛田昭夫放权给他一样，他把各个事务的处置权下放给各个部门，比如他让市场部全权负责产品调研工作。市场部的同事告诉井深大刚："磁带录音机之所以不好销，一是太笨重，每台大约45公斤；二是价钱太贵，每台售价16万日元，一般人很难接受。"他们对井深大刚的建议是：公司应该研发出质量较轻、价格低廉的录音机。

同时，井深大刚让信息部全权负责竞争对手的产品信息调研。信息部的人告诉他："目前美国已采用晶体管生产技术，不但大大降低了成本，而且非常轻便。我们建议您在这方面下功夫。"在研制产品的过程当中，井深大刚和生产第一线的工人团结协作，终于攻克了一道道难关，于1954年试制成功了日本最早的晶体管收音机，并成功地推向市场。索尼公司凭借这个产品，傲视群雄，进入了一个引爆企业发展速度的新纪元。

井深大刚取得了伟大的成就，成了索尼公司历史上无可替代的优秀人物。

我讲这个故事，是想让大家看到两点：第一，盛田昭夫放权给井深大刚；第二，井深大刚放权给其他部门。

老板也好，中层管理者也好，不一定是既懂市场又懂设计，既懂营销又懂管理的全才，他要做的是统筹全局，建立目标和方向，再把细节领域的难题授权给更加专业的人去解决。就像老板不可能把销售量规定在小数点后多少，不可能告诉执行人每一个流程要精细化到什么程度……也就是说，我可以告诉你做到什么结果，但是，我没办法传授你每一个细节的布置。我提供方向，下达目标，团队则一起奋斗，各司其职，企业才能不断进步。

寻找集权与放权的平衡点

高尔文是摩托罗拉创办人的孙子，也是许多人公认的好人，他个性温和，为人宽厚。这种性格过于温和，遇事决断性不强的人，其实不太适合做企业一把手。当年他接手摩托罗拉的时候，采取的就是隐患很大的方式——完全放手，让高层主管自由发挥。

《商业周刊》当时给高尔文打分数，除了远见分数为B，他在管理、产品、创新等方面都得了C，在股东贡献方面的分数是D。他盲目地采取放手政策的结果是，组织没有活力，渐渐变成了一个庞大的官僚体系。摩托罗拉原有6个事业部，由各个部门自负盈亏。由于科技聚合，每个产品的界限已分不清楚，于是摩托罗拉进行改组，将所有事业部汇集在一个大伞下。结果是，整个组织增加了层级，变成了一个大金字塔。

这个时候的摩托罗拉，高尔文既不能制定有效的策略，也不能将项目授权给可靠的执行人，这样的操作，导致整个企业运作十分混乱。

企业管理者既不能做"集权狂人"，自然也更不能做"甩手掌柜"。授权要像放风筝一般，既给予员工足够空间，让他拥有一定范围的自主权；同时又能用"线"牵住他，让对方的执行过程和力度都在自己的可控范围内，不至于偏离太多。

《韩非子·八说》中有一段是这样说的：酸甘咸淡，不以口断而决于宰尹，则厨人轻君而重于宰尹矣。上下清浊，不以耳断而决于乐正，则瞽工轻君而重于乐正矣。治国是非，不以术断而决于宠人，则臣下轻君而重于宠人矣。人主不亲观听而制断在下，托食于国者也。

这段话的核心思想就是领导者要亲自观察听取，而不是让臣下决断一切，不能让下属决定自己的所见所闻所思所想。一名出色的管理者从来不是人云亦云，而是具备自己的一套认识事物、分析事物的方法，并能在关键时刻充分发挥自己的威势，引导大家做出最正确的决断。

所以，在政策决断上，领导者一定要充分利用好话语权，一定要把智慧、眼光用在方向和格局上，再选择可靠的人去做事。所以，一把手要做的就是政策制定时集权，项目执行时授权。

集权是指一切决策权均集中在上级机关，下级机关必须依据上级的决定和指示行事；而授权是指下级机关在自己管辖的范围内，有权自主决定做什么和怎么做，上级不必加以干涉。当企业规模发展到一定阶段，规模与效率的冲突就变得日益明显。这时，集权还是授权就成了企业管理中一个复杂而艰难的问题。处理集权与分权的关系，既要防止"失控"，又不能"统死"。

在现实的企业管理中，我们要掌控好集权与授权的度。

（1）随着社会生产力的发展，世界产品市场正逐步由卖方市场向买方市场转移，市场需求向多样化、个性化方向发展，市场划分越来越细，企业对市场变化做出反应的时间越来越短，市场机会稍纵即逝；同时，企业做出正确决策所需的信息量越来越多且详细，这必然要求充分发挥底层组织的主动性和创造性，充分利用其自主权来适应他们所面对的不断变化的情况。

（2）如果决策集中在最高层组织，一定要控制好信息传递过程中所耗费的成本，一定要确保沟通是有效沟通。

（3）即使最高层领导的经验丰富，判断力极强，但如果决策职能过分集中，导致负担过重，那么为了更好地适应市场，发挥多样化经营的优势，企业应该及时调整组织结构。

有些权绝对不能授

美国企业文化专家斯坦雷·M.戴维斯在其著作《企业文化的评估与管理》中指出："不论是企业的缔造者本人最先提出主导信念，还是现任总经理被授权重新解释主导信念或提出新的信念，企业领导者总是文化的活水源头，如果领导者是个有作为的人，他就会把充满生机的新观念注入企业文化之中。如果领导者是个平庸之辈，那么企业的主导信念很可能会逐步退化，变得毫无生机。"

企业领导者之所以被称为企业价值观的"源头活水"，是因为领导者需要对企业承担更高的责任，对企业的经营哲学、企业精神、企业价值观也更具有影响力。居于企业的核心位置，领导者就应该耳听八方，总揽全局，对如何发挥企业优势，通过什么方式与手段能够充分有效地调动职工群众的积极性方面，要有自己的真知灼见。

企业人对企业的把握，既不能攥紧，又不能松开，应该在适时的掌握之中。

Google搜索引擎是一个用来在互联网上搜索信息的简单快捷的工具，它能够使用户访问一个包含超过80亿个网址的索引。在Google独特的企业制度当中，有一项最为人道的制度——给予员工20%的自由时间。这个制度让Google在条件许可的范围内，最大限度地把工作变成一种兴趣。在Google工作的员工，感觉自己不像是在一家大公司上班，而更像是在一个大学或研究机构做什么有趣的研究。同样，Google则可以从这些享受自由的员工的大脑中，源源不断地提取新的创意和新的商业计划。

Google的聪明就在于它知道，即使不给员工自由时间，员工也同样会想办法偷懒，与其偷偷摸摸，弄得大家都不开心，为何不让员工公开地、自由地支配一段时间呢？更重要的是，20%的自由时间会使员工的感受完全不同，那不再被定义为20%的偷懒时间，员工就会感到自己被尊重，感到自己在为兴趣工作。在Google公司这种良好的企业文化环境中，员工的创造力得到了充分的发挥，是无为而治的典型代表。

在一些无伤大雅的事情上放权，企业文化就不会那么死板。不过，许多主管虽然有心授权，却无法准确地掌握授权的范围——到底什么才是可以下放的权力，什么才是可以给予下属的自由？

大体而言，以下三种情况可以考虑放权。

一是可以提高下属办事能力的工作，如收集某些统计数据、重新检讨该部门的工作量、提出对于未来发展计划的建议等。

二是必须赋予一件完整的工作，而且有明确的责任归属。如果只是要他们来"踹一脚"，对提升他们的成就感将毫无好处。

三是只需关起门来思考就可以自行决定的单纯事务，而且有一套明确的判断标准可供依循，不致因个人主观因素而产生失误。

以下七种情况则不宜放权。

第一，授权处理。授权过程不要假手他人。任何领导直接管理的工作都应该由自己授权和解释。任何其他的安排必然会引起沟通错误。

第二，纪律处分。当领导处分下属时，不要委托他人。尽管处分下属很少是管理者乐于处理的任务，但纪律处分是任何管理职务必须执行的工作之一，将任务授予某人，将会影响处理的效果。

第三，劝告和士气问题。对某一位下属的表现或态度提出忠告，这样的任务就像纪律处分，需要管理者私底下执行。劝告下属是自己工作的一部分，不能假手他人。

第四，制订计划。有些细枝末节的工作需要制订详细可行的计划。中层领导要树立适合整体发展的目标。

第五，机密的任务。涉及敏感或机密资料的任务不能授权，如工资，除非这样的工作是岗位职责。一旦工作被归类为敏感的任务，请管理者自己履行任务，或者将任务分派给一个适当的人选，并直接督导进程。

第六，特派的任务。由上级特别指派给自己的任务不要再向下授权。比如，你的上司特别要求你完成某项任务，那是因为他亟须知道你的意见，这样的任务并不适合中层领导重新指派给某人。

第七，复杂的形势。如果形势让人困惑，以至你也不能清楚地了解，请不要预期下属可以处理该任务。只有当管理者知道并了解那些问题的范围时，才可以分派任务给别人。

第六章　用而有度，授中有控

行圣人之礼，遵中庸之道。中庸讲求的就是度，不偏不倚，不骄不躁，不疾不徐，过犹不及。管理亦是如此，它是一种可定性而难以定量的工作。用而有度，授中有控，是为定性；用几分，空几分，是为难以定量，自在管理者心中。这就是管理的艺术。

领导者是沟通的桥梁

以前，我们对领导的定义更倾向于一个头领，一个发号施令的人。领导者其实没那么高高在上和复杂，他就是一个"连接器"，用它来对接不同的信息、状况。也就是说，在这样一个逐渐扁平化管理的企业结构趋势中，管理者不再是站在金字塔顶的少数人，他更像是穿梭在不同节点之间的游线。

首先，这个"连接器"是个组织者。

组织协调能力是管理者必备的能力之一。就像一家公司的市场部经理，主要负责公司品牌推广、维护，组织客户维护活动和市场开拓活动，对外联系和合作。在工作中，既需要在公司内部协调各部门的关系，共同举办活动和开拓市场，又需要站在公司的角度与外部有关联的单位进行合作，该职位对任职者的组织协调能力要求较高。而组织协调能力主要包括组织能力、问题解决能力和领导力。

其次，这个"连接器"是个优秀的中间协调员。

苏联研制生产的米格-25喷气式战斗机，以其优越的性能而广受世界各国青睐。然而，众多飞机制造专家惊奇地发现：米格-25战斗机所使用的许多零部件与美国战斗机相比要落后得多，但其整体作战性能达到甚至超过美国同期生产的战斗机。造成这种现象的原因是，米格公司在设计时从整体考虑，对各零部件进行了更为协调的组合设计，使该机在起降、速度、快速反应等诸方面超越美机而成为当时世界一流战斗机。

米格-25飞机因组合协调而产生了意想不到的效果，这一现象被后人称之为米格-25效应。米格-25效应具体是指，事物的内部结构是否合理，对其整体功能的发挥影响很大。结构合理，会产生整体大于部分之和的功效；结构不合理，整体功能就会小于结构各部分功能之和，甚至出现负值。

将米格-25效应引用到管理中来，也就是我们在管理学中通常所说的协调管理。一家经营最成功的企业未必拥有素质最高、最优秀的员工，但一定具备最完善的协调机制、最合理的操作系统和最和谐的工作气氛。管理企业也是同样的道理。管理者不可能保证每个员工都是最优秀的，但要保证所有的员工是齐心协力的，企业这个有机体是协调的、顺畅的。

再次，这个"连接器"是个问题解决者。

提供大量而丰富问题解决（方法）手段是管理者的必要任务之一。管理者可以利用这些手段提出问题，评估对策，并且将员工保持在既定的目标方向上。高层管理者的全身心投入，有利于带动和鼓舞下属的信心和勇气，他们对于员工个人以及小组的支持和帮助，对于整个项目的成功发挥着重要作用。即使是在管理层授权之后，所需的管理力不但不会减少，反而会更多，这就要求管理者要分析形势，相机而动。

最后，这个"连接器"是个既推动计划又顾及人情的机动部队。

找出每个团队成员喜欢什么任务，什么任务做得好，然后区分这些任务。这与整个职责领域的交换有所不同。同时，在强化执行力的过程中也考虑到情绪、心理等因素，随时进行调节。

实时跟踪命令，不断关注反馈

不知道还有多少人记得"八佰伴"这个名字。当年，作为著名的日本连锁企业，它曾经盛极一时。可是，庞大的商业帝国"八佰伴"却顷刻间就宣告倒闭了。原来，到了后期，"八佰伴"的创始人禾田一夫把公司的日常事务全都授权给自己的弟弟处理，自己天天在家里看报告或公文，既不听企业高层的意见反馈，也不看项目执行人的报告。他弟弟送来的财务报告每次都做得很好。事实上，他弟弟背地里做了假账来蒙蔽他。最后，八佰伴集团倒闭，禾田一夫从一位拥有四百家跨国百货店和超市集团的总裁，变成一位穷光蛋。

后来，禾田一夫接受了中央电视台的采访，主持人问他："您回顾过去得到的教训是什么？"他的回答是："不要轻信别人的话。一切责任都在于最高责任者。作为公司的最高领导者，你不能说'那些是交给部下管的事情'这些话，责任是无法逃避的。"

清代叶廷绾在《鸥陂渔话·葛苍公传》写过这样一句话："欲使他人干事，彼坐享其成，必误公事。"意思是说，想要别人做事，自己坐享成果，必定误大事。

作为管理者，不能一味放手不理事，只想着享受成果，如果不构建一个信息流的回馈和控制系统，就好像自己被蒙上了眼睛和绑住了手脚，既看不见，也施展不开。

一个领导者，不知道现在企业制定的发展战略和产品布局，不知道自己公司的财务运营情况，不知道主要经理人手上关键项目的运作情况，不知道公司人员流动的数据，不知道市场、营销、采购人的信息反馈……那么，这个人就是一个不合格的领导者。

团队内部总要建立一个可以让信息得以反馈和回流的系统，这样才能让自己下放的权力表现得更加明确，也才能让任务目标有效推进。所以，下面两点很重要。

首先是命令跟踪。一些领导在向下属授权后往往会忘记发出的指令，这时，定期或是不定期地对自己的命令进行跟踪是相当必要的。一个明智的领导者在跟踪自己的命令时，并不一定要注意下属工作的细节，他的目光会聚焦在下属的工作态度、工作进度等方面。

其次是有效反馈。对于下属的工作表现的评价，不能太主观臆断，而要有说服力。这就要求领导者在授权后，要与下属保持畅通的反馈渠道。下属需要及时地反馈工作的进展情况，而你更需要向下属传授工作的改进之处。

那么，我们又要如何建立这样一个系统呢？我想，大致可以按照以下三个步骤来进行。

第一步，在每一个项目中，建立一个成果与预期目标进行比较的反馈系统。这一反馈系统可显示出计划与实际努力的品质和可靠性。通常情况下，在任何一个项目开始前，管理者要明白："我们从该项目中期望获得什么结果？这个结果何时能够达到？何时对项目进行评估比较合适？"此外，还应该不定期地检查自己的期望与被授权操作项目的执行人的实际情况是否相符。这样，我们就能够及时纠正执行者的方向。

第二步，将信息汇总，进行系统评估。每隔一段时间，企业的管理层就要对企业的项目流程和信息进行评估。评估的内容主要包括以下几个方面：在这一阶段，哪些工作需要获得更多支持并加以推动？现在是应该放弃某些项目，还是需要加倍努力呢？如果的确到了应该加倍努力的时候，那么期望的结果及最后的期限又是什么？哪些工作已经开启了新的机遇大门，而哪些又没有达到预期目标，我们应该采取哪些措施？

第三步，管理者必须根据公司的创新目标、绩效、在市场中的位置，以及企业的整体表现来对被授权人的表现进行评估。每隔几年，高层管理人员要与每个重要领域的相关人员一起座谈，并问他们："在过去的几年中，你们为公司做了哪些与众不同的事情，在未来几年中，你们打算做什么贡献？"

当然，管理者必须明白，任何评估系统都替代不了人的作用，评估是手段，是方法，而不是目的。评估是为了企业达到高绩效，是为了促进公司的创新。

走到现场去管理

当麦当劳的连锁店在世界各地开花结果之后，我想很多人都对这家快餐店成功的经营策略感到好奇。就我看来，它有一件事做得特别出色，就是对世界各地店铺的授权控制。

首先，麦当劳不是一成不变的，它有自己的标准化工作法，但是也懂得入乡随俗的道理。

麦当劳在不同地方开设店面，它就会授予此处店面调整口味、推陈出新的权力，这一举动让不同国家和地区的店铺拥有更多本土特色。

麦当劳不仅看重口味上的"不一样"，在形式上也重视本土化。最早从2005年开始，麦当劳围绕"便利性"，首先在中国的南方城市启动"24小时店"，确保消费者能在任何时间尝到麦当劳的美味。美国的24小时麦当劳餐厅一般只为外卖服务，而在中国，24小时的麦当劳店是可以坐在餐厅里吃的，这也是麦当劳针对中国消费者的习惯所做出的调整。

其次，店面的店长也有一定的统筹协调权力，对自己所处店面的大小事宜负责。

麦当劳在全球已经开设了超过32000家快餐厅，分布在全球121个国家和地区。在这些店，麦当劳如何及时调整经营决策、如何贯彻执行计划，都依靠着这3万多家店面店长的高效复命。

再次，针对顾客投诉或者工作问题时，麦当劳的店面员工也有依情处理的权力。

当出现顾客投诉事件时，服务员马上主动向顾客道歉，然后会倾听顾客的诉说。一般为了缓和顾客的情绪，店员请示以后，可以赠送顾客优惠券、礼物等。换言之，就是做一些额外的事情，对已发生的不快迅速进行弥补。

最后，虽然麦当劳给予了各地总部、地方店铺等各种权力，但是这并不说明高级管理层就撒手不管。麦当劳的创始人雷·克罗克，就把大部分工作时间都用在了"走动管理"上，即到各公司、部门走走，询问一下情况。

麦当劳公司有一段时间严重亏损，雷·克罗克发现其中一个重要原因是公司各职能部门的经理有严重的官僚主义，习惯躺在舒适的椅背上指手画脚，把许多宝贵的时间耗费在抽烟和闲聊上。于是雷·克罗克想出一个"奇招"，将所有的经理的椅子靠背锯掉。

开始很多人骂雷·克罗克是个疯子，但不久大家就体会到了他的一番"苦心"。他们纷纷走出办公室，深入基层，开展"走动管理"，终于使公司扭亏为盈。

麦当劳对企业权力的掌控性，能让我们明白一家成功企业对团队管理的小策略。这对我们来说太有启发性了。

第一，明确目标责任是授权的前提，没有目标责任的授权，是无原则的授权，这样的授权无济于管理效益的提高和目标的实现。权力永远是与责任和利益相关联的，要让员工在明确权力的同时，明确责任和利益。只有这样，员工的责权利一体化，他们才会珍惜权力，正确有效地使用权力，才能最大限度地实现他们的岗位职责，实现授权的真正目的。

第二，企业管理的精髓之一就是分解工作，分配各种资源，把工作指派给最为合适的人。作为一个管理者，把任务授权给最合适的人是最重要的。用最简洁的话来讲这个观点，就是指管理者向员工分配一项特定的任务或项目，这个任务或项目要从员工的兴趣、特长出发，最终保证被指派者能够顺利完成该任务。

第三，当一位领导懂得充分信任自己的下属时，下属们做起工作来就能最大限度地发挥自己的潜力。权力的下放可以使员工相信，他们自身与企业的发展息息相关。在这样愉悦、上进的氛围中，员工不需要通过层层的审批就可以采取行动，参与的主动性就增强了，企业的目标也会更快得以实现。

当然，一名成功的领导要做到能职匹配，既要考虑是否有人能够胜任，也要防止"功能过剩"，即避免"大材小用"。这就要注意下面三点。

第一，任人标准不可太高。任人标准定得太高，超过实际需要，使人望而却步。对一些进取心、事业心较强的人来说，这是一种具有挑战性的工作，但是，一旦上任，发现工作轻而易举，毫无进取空间，就会另谋他就。

第二，任人标准不可太过武断，应带有一定"弹性"。过分武断，容易增加压迫感使人望而生畏。应根据具体需要，分为必要条件和参考条件两种，必要条件即是从事某工作不可缺少的必备条件，参考条件有之则好，无之也可。在备选人员较多的情况下，必要条件可高一些，反之，则可低一些。当然，也必须以"胜任工作"为原则。

第三，取消一切不必要的标准。例如，要求一位管工业的市长精通农业耕作，要求一位专注餐饮的经理熟悉文学创作，要求一位技术熟练却有些木讷的电工具有较强的口头表达能力。

一个公司要做到职能匹配，授权有道，人尽其才，物尽其用，才能保持上下齐心的大好局面。

第七章　大浪淘沙，胜者为王

考核是团队管理中的一大重点，也是一大难点。考核体系不要太复杂，关注什么，就考核什么，这样也能明确员工的奋斗方向。一旦推行考核制度，就要公平、从严，像大浪淘沙那样，每个人都要接受考验。真金不怕火炼，是金子总能发光。

烧不死的鸟是凤凰

在2016年8月举办的里约奥运会上，我国的奥运健儿们表现出色，为祖国拿下了26枚金牌，总奖牌数位居世界第二。每一届奥运会都会有一些运动员脱颖而出，成为大家关注的焦点。在记者的赛后采访中，游泳选手傅园慧说了这样一句话："鬼知道我经历了什么。"正是这轻描淡写的一句让我印象颇深。一谈及奥运选手，大家首先关注的都是奖牌、荣誉，却很少关注他们付出的努力与承受的考验。同样的，一个团队火了、一个品牌红了的时候，大家也很少去关注那些背后的艰辛。

云计算是今天非常热的一个概念了，它是一种强大的数据运算技术，现在不仅被广泛应用在天文、物理、基因技术等高精尖领域，还深深地影响到了我们日常生活中的方方面面。早几年的时候，每逢春运，我们国家的铁路部门和购票的12306网站就要被人们大肆批评一番，无数人因为网站频繁的延迟、掉线而错失了抢票的时机。阿里云的介入解决了这个问题，2018年的春运期间，网络平台上就很少有人拿延迟、掉线来说事了。实时路况查询功能的问世也与阿里云息息相关，地图软件上红红绿绿的线条就是云计算反馈的结果，让开车的人们能够提前绕开拥堵路段，提高出行的效率。今天的阿里云团队行走在世界前沿，服务于制造、金融、政务、交通、医疗、电信、能源等众多领域的领军企业，同时也在诸多明星互联网公司之中大显身手，并且还为奥运会提供了云计算和人工智能技术。然而，这个带来伟大创新技术的团队在问世的时候并不被看好。

我有个朋友在互联网公司做数据分析师，他和阿里云团队的创始人王坚有过几次合作，阿里云最初不被看好的故事也是他分享给我的。王坚是2009年被挖来的，然后直接成了首席架构师，主要负责为阿里输出技术，云计算就是王坚要攻坚的项目。

阿里要做云计算的消息很快也传播到了同行的耳中。当时的百度、腾讯等互联网领军企业都对阿里云这支新团队嗤之以鼻。百度认为阿里云不过是"新瓶装旧酒"的产品，就是在利用新奇概念进行炒作；腾讯则嘲笑阿里云是未来技术，就算研发完成也得过几百年才能普及。

在内外都不看好，且短期内也没有实际成果的局面下，阿里集团内部的员工纷纷开始质疑王坚这个坐在高位的外行空降兵，"画饼专家""马屁精"之类的说辞在企业内广为流传，解散阿里云团队的呼声此起彼伏，一名员工甚至在阿里的年度总裁大会上直接谏言马云："马总，你别听王坚的瞎扯！他就是一个骗子。"王坚的团队也看不到希望，一度有超过半数的成员选择离职。

面对着从上到下的质疑，马云甚至亲自出面为王坚说话："请相信王坚博士，再多给他一点时间。"即便如此，也依旧没能平复大家心中的疑云，甚至有人感慨：马云一个如此聪明的人，为什么会无视公司制度来挺他。那段时间的阿里并不太平，用马云的话来讲——阿里巴巴就像要分家了一样。针对王坚及阿里云的质疑就这样沸沸扬扬地发酵了四年。2013年，云计算平台的开发终于完成了。在之后的一年时间里，王坚仅凭借着阿里云就赚回了超过6.5亿元，并且牢牢占据了世界云计算前三的位置。回顾阿里云团队这一路上的风风雨雨，王坚在阿里云事业部的年会上失声痛哭："这几年我挨的骂甚至比我一辈子挨的骂还多，但是我不后悔。"

听完朋友的分享，我唏嘘不已。"烧不死的鸟是凤凰"，这句话用在王坚的身上非常契合，他用实际行动诠释了坚持总会得到收获的道理。与此同时起作用的还有另外一句话："真理往往掌握在少数人的手中。"正因为很多人不懂，才会无故生出百般意料之外的责难，继而引起熊熊烈火，考验行路人的毅力与决心。这是一支团队在成长、创新的途中必然要面对的问题。

带团队的领导者首先要成为烧不死的鸟，才可以凭借过人的意志，带领团队实现一个又一个的不可能。类似的经历，我也感同身受。优德初创时期也是一无所有，在这种情况下，跟员工谈梦想、发展、福利、愿景……大家不相信，这会变成一种常态。别人不理解，自己要理解；别人不相信，自己要相信。

我很感激当时留下来支持我的所有人，我们一同见证了优德从破土发芽到开枝散叶的过程。未来要做大做强优德品牌，实现"优德梦"，必然要经历许多不能预估的挑战，但只要怀揣着"凤凰涅槃"的决心，我们终能成长为参天大树。

在赛马中识别好马

糌粑是藏族人民的日常主食，是由青稞制成的。甘孜盛产黑青稞，有"青稞王"之称；水淘法相对于制作糌粑的其他工艺而言又更加考究，于是水淘糌粑也被誉为"糌粑中的王子"。

我曾经看过一段视频，里面简要介绍了糌粑的制作工艺。别看做好的糌粑其貌不扬，里面的工序其实非常复杂。在正式制作之前，要先将采摘下来的那些乌黑饱满的黑青稞被风干过筛一次，以去除干瘪的颗粒与杂质；然后，将这些青稞放入冷水中淘洗，撇去浮在表面的碎粒，置于阳光下晒干；接着，再将这些青稞放入热水中淘洗，做进一步筛选；最后沥干水分后，趁热将这些青稞装入一个大麻袋密封，并把它们放置在一个恒温的环境中过夜，静待发酵。

第二天，等青稞粒发酵好了之后，就要炒青稞了。只见视频中的师傅熟练地生火、热锅，随即铲一碗河沙倒进锅里。等沙子炒热之后，师傅便从麻袋中舀出一碗青稞粒倒入锅中，趁热与沙子一同翻炒。伴随着阵阵青烟与噼啪作响的声音，锅里的青稞粒一颗颗爆开，就像爆米花一般。炒青稞的过程很考验师傅的功力，火候与动作是最为关键的要素，火力太大或者动作太慢，青稞粒就容易变焦；火力不足或者动作过频，青稞粒又不容易炒熟，继而影响开花的效果。一批青稞炒熟之后，师傅会拿起一个孔稍微大一点的筛子到锅里筛选，完全成形的青稞花会留在筛子里，没有爆开的青稞粒会随着河沙一起回到锅中。

大约1个多小时的样子，这批青稞就炒制完成了。刚刚炒出来的青稞花被放在一旁冷却，已经晾凉的则被倒进了一个筛子里，做最后一次筛选，选出来的则统一封装好被送往磨坊，等待石磨的加工。经流水推磨加工完毕之后，上等的青稞粉才算最终磨制完成。

祖先为什么要告诫我们"大道至简""殊途同归"呢？因为很多看上去微不足道的事情，反映出来的都是大道理。看起来简单的炒青稞，我认为它至少讲透了两个方面的管理问题。

第一，用人要海纳百川，也要在考验中甄选，即"宽进严出"。

风干筛选、冷热水淘洗，就如同最基本的面试，不合适的人根本不予使用。炒青稞的过程就是历练人才的过程，我们称之为竞争，筛子上的孔就是竞争合格的标准，达到标准的，择优录用。没有开花的以及开花不完全的，就相当于没有进步或者进步不明显的人，总而言之是不合格的，我们可以再给机会，让他们跟新来的人重新培训，重新竞争，达到标准了，我们同样不计前嫌地录用。始终都不开花的，说明这个人不合适，只能从团队中淘汰。

第二，团队需要什么样的人，就要设什么样的标准。在这个问题上，我认为领导者的心中要有三杆秤。

一要把控团队的氛围。炒青稞的炉温不能过高，也不能过低，也就是团队的氛围不能太严，也不能太松。太严了会压制员工的积极性，太松了又会滋长员工的惰性，这个度要把握好。它没有一个具体的标准值，合适就是好的，它考验的就是带队者的能力与艺术。

二要把握竞争的频次。翻炒得太快，不仅师傅累，青稞熟得也慢。同样的，竞争的频次也要合适。组织竞争也是有成本的，无意义的竞争应当取消。所有的竞争都要实现两个目的：让团队的协作能力越来强，让单兵作战的能力越来越强。

三要守住选拔的标准。筛子的孔开多大合适，这是多年实践与吸收外部经验共同得出的结果。我们在大健康领域实践了很多年，外部也有许多管理经验可以借鉴，我们需要做的就是设立标准、严格执行。没合格就是没合格，太多网开一面，就会让竞争失去公平与意义。

团队的领导者做到了上述几方面的内容，剩下的交给员工去自由竞争即可。优德文化的一个分支就是PK文化，是骡子是马拉出来遛遛。一个人能通过重重考验脱颖而出，说明他一定有过人之处，那么他就可以在胜出的领域挑大梁。

有领导曾经私下跟我反映，说某某团队拿到销售冠军靠的是运气，我不以为然。运气成分的确存在，但我始终相信运气只会降临在有准备的人身上，并且不会常年驻守。相比之下，我更相信功夫不负有心人。我们的考验是循环的，竞争是一直存在的，你说他的团队夺冠是运气，下次你就凭真本事夺回来。

唯有不断竞争，团队才会欣欣向荣，生生不息。英雄不论出身，不管是种地的还是养牛的，不管是专科、本科、硕士、博士，不管是MBA还是海归，统统沉下去历练，最终大家都凭真本事说话。就像大浪淘沙一般，我们不埋没任何英才，也不迁就任何人。

优德不提供"铁饭碗"

人才不搞终身制，很多企业都把这句话写进了制度当中，大家最熟知的就是华为公司，任正非更是带头表态，华为不会迁就包括他本人在内的所有人，不胜任就只能被淘汰。我认为终身制不仅是企业的制度，它还是一种价值观的体现，等同于人们心中的"铁饭碗情结"。

2018年的春节，家中的亲戚老小相聚一堂，有一天就聊到了孩子毕业后的就业问题。有人说想让孩子去考公务员，因为公务员稳定，进了体制内，一辈子就有保障了；有人说公务员现在没有以前好了，如果不只是想求稳定，去大企业更好；有人则说国企相对轻松，那也是铁饭碗；还有人说去优德是最好的，因为有我在，工作有着落。说到这里，一家人都哈哈大笑起来。

我笑着说："欢迎各位家人把孩子送到优德来锻炼。只要孩子们争气，肯努力，他们的手里就永远能端着铁饭碗！"

一辈子端着铁饭碗，这就是我所说的"铁饭碗情结"，很多人渴望获得它，老一辈人表现得尤为强烈。改革开放之初，我国的企业多实行国有制。只要进了效益好的单位，工资按年头涨，福利按人头发，完全不用为收入发愁；也不用担心失业的问题，因为每个岗位都是终身制的。时间一长，员工就不想干活了，因为干不干、干好干坏差别都不大，于是纷纷各自打起了小算盘。可是，单位运作的成本是在逐年递增的，这样搞下去，企业哪还有出路？国家经济又将如何发展？

所以，我们看到了20世纪八九十年代的国有企业改制潮，以及一大批下岗待业的工人。据我了解，有一部分工作能力强的人，通过再就业谋得了出路；有一部分善于审时度势的人下海创业，也过上了小康生活；但还有相当一部分人，原本能力就一般，进入单位也没有让本领得以显著提升，只能提前在家待业，虚度大好光阴。

为什么今天还要重提早已翻篇的"铁饭碗"？因为我发现它只是在形式上翻篇了，在不少人的内心却依旧根深蒂固。2017年年初，网络上有人爆料，以华为为代表的部分企业开始辞退35岁以上且业绩低下的员工。一时间，"血汗工厂""忘恩负义"等形容词纷纷砸向华为。有恩于企业的人，应该被记在企业的史册中，安稳地干到退休——这是不少人内心的真实想法。粗略一看，它也确实更合乎大众的思维，也合乎中国人重情重义的民族文化。

我认为，英雄是不能被忘记的，但这并不意味着英雄就可以不进步了。现在的知识更新很快，市场形势更是日新月异、瞬息万变。时代在进步，人不进步就要后退，如逆水行舟一般。我为什么总是强调要在团队内建立起终身学习的文化，领导要带头学习，就是为了延缓这种局面的出现。

优德是一家还很年轻的企业，尽管目前整个集团的运作非常平稳，但我们也终将面临这些问题的考验。大健康产业，从本质上来说是技术性产业，一家企业掌握的核心技术决定了其在行业中的位置。我们过去开了一个好头；现在也在不断进取，做到稳中有进，始终保持在业界领先的水准；未来要想持续领先，让优德始终焕发勃勃生机，非得年轻人来替代不可。

这时，问题就来了。创造利润的是年轻人，享受大头的却是老人，年轻人会服气吗？这样的团队会安稳吗？反过来，如果只喂饱能打仗的新战士，不顾老英雄的死活，这种唯利是图的导向正确吗？这两种做法都不正确，因为"以人为本"才是带团队的灵魂理念，没有人情味的团队总有一天会解散。那么，这个问题如何解决才好？我简单地谈一谈自己的看法。

首先，优德不提供"铁饭碗"，不搞终身制，这是不容置疑的。不管坐在什么位置，都要绷紧危机的弦，不断学习，不断更新，让自己成为不可替代的那个人。只要肯努力、思进取，优德就承诺不抛弃、不放弃。

其次，干部能上也能下。如果干部能上不能下，就等于变相地提供了"终身制"，相当于给干部送了一个"铁饭碗"。时间长了，难免会有少数干部成为闲人、懒人、庸人和散人，从而拉低团队的士气。上梁歪了，下梁很难不出问题，单纯严格地要求员工也不会有任何效果。最好的办法是干部自律，起模范带头作用，否则只能退位让贤。

最后，任期制或许是一种温和的解决方案，这一设想也是针对"人终将衰老"的事实提出的。所有领导竞聘上岗，接受业绩考核，任期到了，自行选择是否续任。到了一定年纪的领导，可以通过任期制来决定去留，把更广阔的舞台和让给年轻人，鼓励他们去奋斗，昔日英雄的荣誉也能得以保全。只有年轻人创造出了更多的利润，公司才有资本给昔日的英雄养老。

团队中的每个位置，从来都没有必然属于谁的说法，谁适合谁就上。"优德梦"需要所有优德人来守候，大家都在为此鞠躬尽瘁，身为总领队的我更当身先士卒。

PART 04

靠什么带队

阿里巴巴能坚持18年是因为我们有理想主义，坚持理想主义使阿里巴巴走到了今天。我最担心的是我们的员工看到自己拥有这一切的时候，忘却了理想主义。如果人没有了理想，这个人会活得非常无趣。而由人组成的组织失去了理想，一个公司失去了理想，就只是一部赚钱的机器。这个世界上永远会有公司比我们更赚钱，永远有公司比我们模式更好，但是这个世界需要每一个人都非常明确地知道自己有什么、要什么和想做什么。所以，阿里巴巴可以失去一切，但是不能失去理想主义。

——马云·2017年阿里巴巴18周年年会演讲

第一章　梦想引领，砥砺前行

前行的道路一定是长远而艰辛的，正因如此，团队领袖更要背负起每个成员的前途与命运，要用梦想引领大家的方向，团结万众，凝聚人心，永不停息地为实现这一梦想而奋斗。

优秀领导者都是造梦大师

2018年2月27日，离中国的传统元宵佳节还有三天，此时的江南已晴暖相宜，而东北依旧冰天雪地。这天，代表着近万亿财富的商界领袖们奔赴亚布力，参加亚布力中国企业家论坛第十八届年会。在这次年会上，"企业家精神"是最重要的话题。

关于什么是企业家精神，仁者见仁，但不论什么样的表述，必定包含"梦想"。北京首都创业集团原董事长刘晓光曾说，企业家精神应该概括成一个字——"梦"，他想实现自己的创业梦，带着一群人在一个艰苦环境中实现这个梦想，这就是企业家精神。阿里巴巴集团董事局主席马云也曾不止一次地表示，中国企业家要有坚持不懈的精神，坚持梦想不放弃。

我大学毕业之后便进入了医疗器械行业，从最底层的小业务员做起，到创立生产销售医疗器械的企业，再到如今的优德控股集团，一路走来，风雨兼程，其中曲折艰辛自不待言。

优德之所以发展得这么快，最根本的，就是用梦想引领方向，团结万众，凝聚人心。优德从最初为消费者提供价格实惠、质量过硬、服务优质、使用方便的家庭理疗设备，到如今主攻大健康产业，精髓梦想始终是：以德为先，以民为心，为广大百姓提供体系完备、价值超优、呼应需求、满足期待的大健康服务。

梦想不能是飘在空中的云朵，而应该是落地能生根的种子，为此，优德在郑开大道建设数万平方米的优德国际广场；建立了优德科技园；优德旗下优德医疗在"新三板"挂牌，进入中国资本市场。优德还将致力于投资最优秀的团队、最具竞争力的团队、最有影响力的公司，培育和支持更多的优秀企业上市，以梦想结同心，同心同德做大事。

在很多人看来，梦想是一个宏伟壮观的主题，有时候显得过于空幻，还不如碗里的米饭实在，更不如月末的奖金耀眼。那是因为团队领导人没有将自己的梦想变成大家的梦想，只是将员工视作实现自身梦想的工具，而不是梦想的参与者。要想将员工变成团队梦想的参与者，就要向所有员工描绘梦想，同时揭示更加远大的目标。

向员工描绘团队梦想，揭示更远大的目标，就是向员工解释为什么要与企业保持一条心，教给他们应该怎样面对工作中所遇到的各种问题，为了达成这一伟大的目标又该如何行动。

向员工描绘团队梦想，揭示更远大的目标，会改变成员与团队间的关系，员工对于自己就职的公司的认识，不会再是"老板的公司"，而是"我们的公司"。这种认识能产生一体感，使员工在追逐远大目标的过程中，激发出巨大的勇气，积极做任何为实现目标所必须做的事。

向员工描绘团队梦想，揭示更远大的目标，可以形成团队中各个成员发自内心的共同目标，它告诉员工"我们将成为什么"，使人们期待实现目标后的成就。有了目标，团队才能在激烈的竞争中不断成长。

向员工描绘团队梦想，揭示更远大的目标，更重要的作用在于，形成一种氛围，铸造一种文化，让没有格局、没有梦想的人进入优德后，有格局有梦想。

梦想之于人生并不是奢侈品，而是必备品。《钢铁是怎样炼成的》的主角保尔·柯察金说过，一个人的生命应当这样度过：当他回忆往事的时候，不因虚度年华而悔恨，也不因碌碌无为而羞愧。试看我们的周围，那些放弃梦想、不相信梦想，或者根本不屑于拥有梦想的人，有几个取得了事业的成功，收获了精彩的人生？

孙正义创办软银集团的时候，公司只有两名员工。第一天开晨会时，孙正义说："未来我将是世界首富，你们跟着我也会成为最富有的人……"话没讲完，两个员工都跑了，说老板疯了。37岁时，孙正义真的成了世界首富。记者采访问他如何做到的，他说："一切目标的实现都是来自相信！"相信是梦想的基点，只要有梦想、有追求、有干劲、有方法；只要有执着的信念、必胜的信心，一定能够书写传奇，创造奇迹。

实现梦想的道路不是一帆风顺的，人是脆弱的，也是懒惰和贪婪的，这就要求团队领导者本人在培养意志力的同时，要带领团队成员不断向极限挑战。

就团队而言，各种危机无处不在，因此，坚持梦想、实现梦想更显得难能可贵。优德要想成为独树一帜的民族品牌，走出国门，走向世界，成为一个受人尊敬的企业，没有梦想是难以做到的。

记住你的梦想，因为梦想即是团队的道路。

用使命领跑团队

众所周知，阿里巴巴是由马云与17位创始人在杭州湖畔花园风荷园16幢1单元202室成立的，这18个人后来被外界定义为阿里巴巴"十八罗汉"。

作为阿里巴巴的创始人，马云只是阿里巴巴的第三大股东，跟随他的"十七罗汉"的持股比例更少，那么问题来了——马云手上只有7%的股份，为什么能掌控整个阿里巴巴？我觉得可以从马云在阿里巴巴成立18周年年会上，所做的演讲中的三段话里找到答案。

"今天从规模来讲，它（阿里巴巴）已经是全世界第21大经济体。再过19年，我们希望能够打造全世界第5大经济体。而第5大经济体，不是因为规模，而是责任，更是担当。

"坚持理想主义使阿里巴巴走到了今天……如果人没有了理想，这个人会活得非常无趣。而由人组成的组织失去了理想，一个公司失去了理想，就只是一部赚钱的机器。

"我们未来必须要有'家国情怀'和'世界担当'，必须考虑自己的家、考虑每个人的家，考虑这个社会，考虑这个国家，考虑世界的担当，阿里才会赢得尊重。"

马云的三段话有这样几个关键词：责任、担当、理想主义、家国情怀。自阿里巴巴成立以来，马云从没有忘记服务中小企业，没有忘记"让全天下没有难做的生意"这一初心。

马云身上拥有的这股正能量，使他的人格魅力倍增，使阿里巴巴的创始团队从一开始就具有超强的凝聚力，使得虽然近20年过去了，阿里巴巴的创始团队依然牢固，依然道路清晰，梦想长远。

团队领导者光靠激情，而没有使命感、责任心，团队仍然很难取得进步。富有使命感，才会专注于自己的工作，勇于承担更大的使命；富有责任感，内心的激情才能听从召唤，不因外界的干扰和一时的挫折而气馁或放弃。当激情、使命感、责任心都化为领导者自身的行动时，团队能够取得的成就和达到的高度，最终会让人们惊诧不已。

优德被每一位员工视为自己事业的归属点，当然有很多原因，但我想，优德自觉主动地担当起"社会企业"这一责任，去关爱帮扶社会弱势群体，为精准扶贫捐款，助力美丽乡村建设，同时培养员工富有爱心，不断倡导弘扬留余文化传统，铸造乐善好施、兼济天下的豫商精神，时时刻刻传播社会正能量，以仁义大爱的情怀铸就企业形象，使得优德受到世人尊敬，让员工深刻地感受到优德的使命担当和人文关怀，由衷地认可企业文化，并在这种文化的感召与引领下，积极践行自身使命，是极为重要的原因。

在优德，责任担当、使命意识是一种全体意识，它由上影响下，最终上下合力，共同发扬光大。这种全体意识让优德人相信，老老实实做人，踏踏实实做事，才是根本，这里没有钩心斗角，没有尔虞我诈，每一个都是大写的人，他们从未忘记自己加入优德时最初的梦想。这是优德企业文化的一个缩影，更是团队领导者品格引领作用的彰显。

团队领导者要有德行、有大爱、有文化、有情怀、有使命，才能赋予团队正向能量，才能让员工愿意追随，才能被社会尊重，才能打造和经营好一个伟大的企业。

阿里巴巴创建至今，遇到过无数次困境，最窘迫时银行里只有200

元钱，但马云和他的创始团队不改初衷，才造就了如今的阿里巴巴。显然，马云作为阿里巴巴的精神领袖与实际掌控人，他的地位是由他的使命感确立的。

单纯从法律的角度来说，依照《公司法》，绝对控股股东有最终话语权，马云没有对阿里巴巴的绝对控制权，但孙正义和雅虎识时务——自己掌控阿里巴巴，在中国开展业务得吃苦头，阿里巴巴已经离不开马云和他的团队，阿里巴巴的创始团队和员工追随的是马云，追随的是团队的使命感，而不是资本家。

为团队之梦不懈奋斗

截至2018年2月，微信注册用户近10亿，月活跃用户超过9.8亿，小程序的数量超过58万，日活跃用户1.7亿，围绕其生态展开的流量、电商交易更是被彻底引爆。这一切都是张小龙及其团队的功劳，但在微信出现之前，张小龙和他的团队还默默无闻，他仅仅是腾讯收购的国产电子邮件客户端软件Foxmail的负责人。

按照马化腾的说法，比起Foxmail，腾讯更看重张小龙这个人，以及他所带领的20人团队。这20人团队日后成为QQ邮箱和微信的核心团队，在张小龙的带领下，一次次为我们带来又简单、又好用的互联网产品。

美国耶鲁大学的克拉克教授曾说过，每一位渴望在事业上有所成就的人心中都有一个属于自己的梦想，并为此全力以赴，正是这种坚韧的精神促使了他们事业上的成功。如果目标或是自身所追求的信仰能够统称为"梦想"，我可以说，张小龙就是一个造梦者、追梦人。他为自己的追求逐梦，为团队的发展造梦。

他们的梦就是——为像朋友一样的用户开发简单好用的互联网产品，从中我们会发现，微信的出现与成功并不是偶然事件。外界普遍认为，微信的启动团队来自QQ邮箱团队，殊不知，QQ邮箱团队的核心是张小龙带出来的20人Foxmail团队。如今张小龙团队早已超过20人，但不管是当初20人的Foxmail团队还是现在1500人的微信团队，都从未忘记自己的初心。

士不可以不弘毅，任重而道远。身为团队领袖，他的信仰、他的执着、他的风范，为团队铺就了前行的大道，这大道长远而又艰辛。正因如此，团队领袖才要背负起每个成员的前途与命运，永不停息地为团队梦想奋斗，这是团队领袖必须承担的重任。

信仰、执着、风范构筑的领袖个性魅力与影响力，在助力个人承担起团队重任的同时，也促成了卓越的团队工作哲学的形成。我将这种工作哲学称作"正向思维"，它有如下三个特点。

其一，正向思维能帮助人们快速建立有效的工作机制，帮助每一位团队成员为了实现共有的梦想，披荆斩棘，乘风破浪，并赋予他们一个充满魅力的人格。

其二，正向思维会促使人们以积极、主动、乐观的态度处理事情，使事情向着有利的方向发展。

其三，正向思维会变不利为有利，变优秀为卓越，使人在顺境中脱颖而出，在逆境中更加坚强。

毋庸讳言，现在市场竞争激烈，内外部压力都很大，一些意志不够坚定的员工，容易产生反面的想法。本来可以大有作为，却仅仅因为没有从正面来思考和处理问题，结果与成功失之交臂。优秀的团队之所以优秀，很大程度上就是其领导者拥有正向思维，并将其运用到工作中，用以身作则、正面引导的方式带动员工，让他们自动自发地沿着团队的既定梦想，去树立自己的目标，去成就自己的人生。

团队里的一切工作成果都是正向思维的结果，正向思维的本质就是发挥人的主观能动性，挖掘潜力，体现人的创造性和价值，它帮助人们从认知上改变工作习惯，团队领导者要时刻向员工灌输正向思维，让大家学会用正向思维来管理自己。张小龙将这视为每天必要的工作，微信团队成员指出："他对我们这种产品经理有很多意识的灌输和概念的输出，和洗脑一样。"但他们心甘情愿地接受这种"洗脑"，因为大家都想把微信做成互联网上最好的工具。

张小龙从独自开发Foxmail的那天起，就只想做一个好产品——这样的正向思维伴随着他度过了低潮期，迎来了鲜花着锦的新时代。而这只是个开始，张小龙的梦想还在继续，张小龙团队的路还很长很长，对于很多团队领导者来说，他们的管理之路也同样漫长。

正向思维是团队工作的一盏指明灯，在这个过程中秉持积极向上、具有建设性，善于与人合作，有协调性，性格开朗，对事物持肯定态度的思维，团队管理之路一定会走得很顺畅。

第二章　上下同欲，风雨共舟

上下同欲者胜，风雨共舟者兴。当众人愿意为了实现团队的梦想甘愿吃苦时，这支队伍一定更容易拧成一股绳，一定是无往而不胜的。团队自上而下做到了同心同德，没有理由不会同向同行。

价值理念是团队的魂

豆瓣公司是家"文艺范儿"很重的公司，无论是它本身的产品特质，还是创始人的经营理念。创始人兼CEO阿北创建豆瓣的初衷，是想帮助用户通过自己喜爱的东西找到志同道合的人，然后通过他们找到更多的好东西。实现这个文艺想法的途径，就是个性化推荐算法，这个方法可以使豆瓣收集到大量用户的喜好信息后，向用户精准推荐他应该会喜欢但现在还不知道的东西。

在豆瓣发展的最初几年，阿北会亲自面试每一位员工，他会向面试者提各种有趣、刁钻，甚至是"无厘头"的问题，比如"北京有多少辆出租车"。他想招募的是那些认可豆瓣文艺范儿文化，自身优雅，且追逐优雅，喜欢用优雅的方式解决问题的人。他最终也确实招来了与自己价值观一致的员工，其中有不少人更是慕名而来。

豆瓣最初虽然没有大打广告，但名声早已在外。从用上豆瓣到爱上豆瓣，再到变成豆瓣员工，对很多人来说是自然而然的事。我这么说还是有点保守，事实上，几乎豆瓣的所有员工原先都是豆瓣的用户。副总裁耿新跃在来豆瓣之前也已注册豆瓣，来豆瓣是想做个"自己也是它的用户的产品"，更多的豆瓣用户是考虑到诸如"上班可以刷豆瓣"等因素变成豆瓣员工。无论是慕名而来，还是"上班可以刷豆瓣"，归根到底，都是对阿北这个人和豆瓣这家公司价值理念的认同。

价值理念是一个团队的灵魂，一个团队要发展，首先要把核心价值观放在首位。2013年，集团开通了"优德控股集团"的微信公众号，几年来，已成为优德的"文化传播者、能量辐射场"。2016年，我自己开通了"优德牛留栓"的微信公众号，推送的文章除了要闻，主要是我对团队管理的一些思考，如《人品是什么》《工匠精神是什么》《我最喜欢什么样的员工》《干大事的人和团队都是啥样子的》《帮助别人会发生什么》《优秀员工十大好习惯是什么》《优德人高效快乐工作5+5十大要诀》《习惯决定命运》，等等。

除了两个微信公众号，我还力推《优德时代》《康复前沿》《健康视界》《康复产业》这四个刊物。这些公众号和刊物构成了优德团队价值观、指导理念等文化建设和宣传的重要平台，成为优德发展历程和我个人思想的传播者和见证者。

优德对于团队价值观的宣导是全方位的，"我伴你左右，优德伴你左右解忧愁，健康伴你每一分钟，让你懂，就等于把心靠拢，相信我永远在你心中"。这是优德之歌《优德伴你左右》中的一段歌词。这段歌词讲的虽然是团队与客户的亲密关系，但也体现出优德的价值观。

当然，如果"价值观"本身只是限于口头的宣讲，那不是真的价值观，真正的价值观是要能够落到实处，解决实际问题，如此，它才是"活"的、有生命力的思想。"公司的事，员工来解决；员工的事，公司来解决"是我常说的一句话，这句话在不同场景下，体现出不同的含义，就团队价值观而言，是指团队应是所有参与者都获得成就感的舞台。

当团队成为所有参与者获得成就感的舞台时，这个舞台上的人就会拥有相同的思想观念、相同的行为准则，最终"人心齐，泰山移"。一般而言，团队价值观有着如下四点作用。

第一，胶水作用——能使团队成员抱成一团。

第二，地基作用——所有团队的建设都要建立在坚固的基础之上，价值观就是团队建设的基础。

第三，尺子作用——价值观帮助团队树立一个检验标准，这个标准是衡量大家工作表现的尺子。

第四，罗盘作用——只要价值观正确，不管环境如何变化，团队都能朝着正确方向坚定不移地前进。价值观是处理问题、解决问题的方向，价值观混乱，思想就会混乱，就会损害团队的利益。

道相同，才能走得更远，因此，团队上下对价值观的认同就显得格外重要。现在大多数团队都有自己的价值体系，重视人文建设，但是可惜的是，我看到一些团队领导者将价值观视作驾驭、哄骗、控制员工的工具，也就是说，这些团队领导者从自身需求出发制定人文建设内容，并强行要求员工执行，这只会带来员工内心的强烈排斥。

价值观是员工与团队的心理契约，因此要让员工自觉自愿地"摁下红手印"。所谓强扭的瓜不甜，领导者应该邀请每个人讨论团队的理念，听取大家的意见，解决冲突，形成共同的理念，理念的一致性是磨合出来的，不是强迫形成的。

有了上下一致的价值观，还要做到以下三点。

第一，把共同的理念具体化。

价值观是抽象的，但是落实细则则是具体的，如果没有执行细则，只是几句空洞的口号，就干脆不要提价值观这件事儿，免得员工笑话。

第二，把理念与行动联系起来。

关键事件是最能体现团队领导者能否坚守、维护团队价值观的最好证明。通过一些关键事件，让大家学会什么是适当的行为，什么是不适当的行为。最好的例子就是张瑞敏通过砸冰箱这个关键事件，向全体员工表明：海尔在质量问题上是不能妥协的，谁砸海尔的牌子，我就砸他的饭碗。

第三，树立典型榜样。

要寻找好故事，尽可能地抓住你所在团队中的模范行为，通过讲故事来树立榜样。

在这三点中，我格外看重第二点。话说得再好听，执行细则再细致，没有行动，等于零。团队价值观的宣讲方式有很多很多种，但最为直接的是领导者的身体力行。我在这里分享一下我的做法。我主要在人才观、权力观、精神观这三个集中体现团队价值观的地方上下功夫。

　　我以"不拘一格降人才"的机制吸引并留住优秀人才，同时将优德打造成培养人才的基地，为员工搭起一座平台，让员工是雄鹰就展翅翱翔，是骏马就驰骋阔野，这便是我的人才观。作为领导者，给手下更多的权力，给他们"封神"，让他们以主人公的姿态全身心地投入到工作中去，这便是我的权力观。我带领优德积极参与公益事业，在企业发展的同时不忘回馈社会，积极担当社会责任，这便是我的精神观。

　　领导者的作为，让下属看到了正向学习的方向，让他们知道什么是对的，什么是错的；什么是规矩，什么是组织。当他们因为认同而以同样的行为引导自己时，势必会影响更多的人，从而团队上下，同心同德，同向同行。当然，团队价值观也不是一成不变的，它也需要随时调整，与时俱进。马云与他的团队在一路前行、一路感悟中，不断地修改完善着阿里巴巴团队的价值理念，原来的九大价值观后来更改为六大价值观，优德的价值理念也在与时俱进，但其核心是不会变的，那就是：创造美好生活，即为全体员工带去幸福生活，为广大客户带去美好生活。

在"求精"之中达成使命

　　由于与河南卫视《武林风》栏目多年合作联袂打造世界格斗殿堂级赛事，其间我认识了很多电视节目制作团队。

　　我了解到，灿星公司制作了一众爆款节目，比如《中国好声音》《中国达人秀》《中国好歌曲》《蒙面歌王》《金星秀》等，是当下国内综艺市场规模最大、最成熟的节目制作公司。为什么灿星能做出那么多爆款的综艺节目？

　　灿星总裁、《中国好声音》总导演金磊的两句话，解答了我心中的疑惑与不解。他说："男人只会为两件事分泌肾上腺素——爱情与事业。我感觉我们要做一项伟大的事业，连血液都在沸腾。而这种沸腾，甚至超过了爱情。"

　　"让世界知道中国有个灿星"是董事长田明和金磊共同的梦想，也是灿星所有人的奋斗目标。田明很清楚自己要带领团队朝哪个方向发展。对于大型季播节目来说，灿星准备的平均周期都在半年以上，无论是节目本身，还是操作节目的人，都像陀螺一样，一天到晚地在旋转。

在2013年年底的年会上，刚从湖南卫视转会至灿星的原《天天向上》节目制作人张一蓓上台说，原来只知道湖南卫视的人用心做节目，没想到灿星的人是在用命做节目。听到这句话，金磊更正说，灿星人不是在用命做节目，而是在用使命做节目。田明补充说，灿星每个人身上都有这种使命感，想做出中国最有品质、最有影响力的节目，想做出中国原创的现象级节目。

一生只做一件事，使命感让灿星人对他们的事业和梦想矢志不渝，付出了他们所能付出的所有，这种精神令我感佩。使命感是决定团队行为取向和行为能力的关键因素，是一切行为的出发点。具有强烈使命感的人不会被动地等待工作任务的来临，而是积极主动地寻找目标；不是被动地适应工作的要求，而是积极、主动地去研究与变革所处的环境，并且会尽力做出有益的贡献，积累成功的力量。所以，作为一个领导者，一定要引发全员为使命感而工作，而不是为了老板，为了团队，也不是单纯为了一份薪水而工作。

要让团队成员为了使命感而工作，首先就要确立团队的使命。使命感要根据团队自身特点和行业特性来确立，切不可为了所谓团队形象上的"高大上"或是宣传上的好看而盲目确立使命，更不能抄袭他人，这样只会弄巧成拙。

优德从创建到现在，深耕大健康产业20余年，一路走来，困难很多，成就更大。我们深刻了解中国大健康产业的发展现状，看好它的美好前景；深刻了解广大客户对理疗产品和优质服务的迫切需求，正因如此，优德积极担当社会责任，带着对行业趋势、未来的前瞻性思考和目标追求，以全民健康为己任，以德为先，以民为心，以促进中国健康事业进步为使命，为中国大健康产业的发展付出不懈努力、做出新贡献。

我认为，工作的目的不仅在于获取薪酬，还能凸显和实现自己的价值和梦想。每个人都应该尊重自己的职业和工作，每个人都有属于自己的责任和使命，有使命，才有事业，有使命，才能成功。"使命"二字并不是动动嘴皮子就行，它需要一颗追求卓越、永不满足的进取的心。

为了践行使命，我以郑州医疗器械行业协会会长的身份率会员企业的负责人赴欧洲参加行业展览会及商务考察，开阔了视野，增长了见识，了解了市场，明确了方向，看到了未来。

为了践行使命，优德与韩国金堤市开展健康文化产业合作，为两国健康文化交流增添了浓重的色彩。这是优德开展对外合作新的成功典范。

为了践行使命，我运筹并出席了中国民族卫生协会康复分会成立大会暨第五届中国健康产业企业家联合会高峰论坛。康复分会的成立有着深刻的现实意义，它汇集了一群中国大健康产业的仁人志士，奏响了大健康产业企业联合的时代和声。

为了践行使命，2015年5月，优德科技园开工建设，2016年3月顺利封顶，短短10个月就实现了"从一纸空白，到一期建成投产。建设之快，效率之高，令人赞叹，"优德速度"的提法也由此而来。

为了践行使命，2016年10月，我招商引资的豫优健康产业园、新中盟科技园、中博科技园三大产业园均已开工建设，按照智能化工厂的标准进行施工建造，并将数字化和智能化覆盖园区。

为了践行使命，优德做了很多很多实实在在的工作。有同事说，感觉我一天到晚都在工作，每天的步伐是那样的快捷，工作节奏是那样的高效。我有时候也感慨，时间都去哪儿了。其实我每一天过得都很充实，忙得都很愉快，因为我是在为优德所担当的使命而工作。

使命感是一个团队得以发展的内在动力，是大格局的充分体现。大格局是一种心量和境界，让你忘记自我利益，愿意多为别人考虑，影响帮助更多的人。当你做到了这点，你就成功了，你就自然而然成为团队的精神领袖，员工自然而然愿意追随你，一起携手干大事。

不经一番寒彻骨，怎得梅花扑鼻香，今天的优德已经发展成为大健康产业中首屈一指的企业。然而，我们身负使命，仍然需要坚持努力，勠力前行，让优德成为支撑大健康产业的中流砥柱，让优德成为人类健康产业的中坚力量。

在思想上艰苦奋斗

电子游戏是一个能够很好地展现代沟的事物——孩子们大都喜欢，父母们却往往反对。不得不说，我反对我的孩子玩电子游戏。我自己很少玩游戏，也不太鼓励身边的人玩游戏。有趣的娱乐活动非常多，不一定要一头扎进消磨时间的游戏当中。

尽管我不主张玩游戏，但我却非常关注近年来游戏产业的发展，它引发了我的诸多思考。就像好产品背后一定有好团队一样，一款火爆游戏的诞生，背后必然也站着一队优秀的人马，而让我感触最深的，就是一款名叫"王者荣耀"的游戏。

我注意到了一篇报道中的一个细节：王者荣耀许多员工的办公桌旁边都摆着一张折叠床，而大办公室的玻璃窗户旁，数十张折叠床更是整整齐齐地排成了一排，随时随地供员工休息。累了、困了往垫子上一倒，迅速补充睡眠，一觉醒来继续工作，最大限度地与市场需求、玩家需求、客户服务争分夺秒。

此情此景像极了早些年华为的"垫子文化"。那时的华为新员工，报到之后先要到总务室领一条毛巾被、一张床垫做家当。午休时可以在床垫上席地而卧，加夜班时累了就睡，醒了爬起来再干。正因为有这种艰苦卓绝的奋斗意识打基础，华为才取得了今天的骄人成就。

"垫子文化"和"游戏公司"放在一起是能形成强烈对比的，要填补其中的落差，就必须借助强大的文化协同力量，这也是我讲王者荣耀的目的。一说起"垫子文化"，人们想到的就是无止境的加班，它是辛苦的，字里行间都散发着汗水的味道；一提到游戏公司，人们想到的就是欢乐，可以堂而皇之地在工作时间玩游戏，似乎时时都能乐在其中。其实不然，游戏公司的员工不仅不能天天玩游戏，还要花费大量的时间完成策划、美工、运营、纠错、客服等方面的工作，跟产品研发如出一辙。多少年轻人，当时是抱着好玩、有趣的心态进入了游戏公司，没想到这个过程其实也充满了艰辛与枯燥。现在的年轻人想法越来越多，没有强大的价值观来引领，这个团队很快就会散掉。

王者荣耀也提倡"垫子文化"，这一点让我很欣慰，它充分说明了团队文化的神奇力量，也说明不管是做传统实业，还是做互联网行业，唯有让团队成员"力出一孔"才可能创下光辉的业绩，更说明艰苦奋斗的精神依旧在"80后""90后"的年轻团队中传承。

当然，"垫子文化"的精神值得褒扬，"垫子文化"的行为我却不是非常提倡。作为团队的领导者，我们要鼓励自己的员工创造奇迹，也要提醒员工注意保持身体健康。没日没夜地加班，长期持续透支身体，其实也是在透支整个团队，乃至整个企业未来的发展，这与我大力提倡的"留余"理念也是相违背的。每每见到优秀的人员因为过劳而倒在各种岗位上的新闻我就痛心不已，这对当事人的家庭来说是一场毁灭性的灾难，对所处的团队来说也是一笔无法挽回的损失。优德是中国大健康产业的重要力量，我们的干部更应该深刻地意识到这一点，要让员工张弛有度地朝着更远大的目标前进，为团队创造更持久的价值。

"垫子文化"是一种对待工作的态度，是"不达目的不罢休"的精神侧写，不一定非得以加班时长、睡办公室等方式体现。我在优德科技园为员工提供了设施完备的后勤服务保障系统。为员工打好了后勤基础，让员工安心，我相信他们就会在内心铺好奋斗的"垫子"，自动自发地朝着团队的目标奋进。

第三章　正人先正己，做事先做人

其身正，不令而行；其身不正，虽令不从。榜样的力量是无穷的，正人先正己，做事先做人，优秀的团队领导者应当主动担起自己的责任，不揽功，不诿过，这样才能赢得下属的尊重与追随。

村看村，户看户，群众看干部

领导者要为"天下式"，唯此，才可为天下所归的沟溪、天下归附的川谷。所谓"天下式"，就是成为天下人的模式、榜样，这是团队领导者的责任和义务。

有的领导要求员工按时上班、下班，自己却经常迟到或是干脆不来；有的领导要求员工大公无私，自己却常常借职位之便中饱私囊。

有的领导喜欢说，"限你在几天一定要完成""这件事办不好就不能下班"。领导者在给下属安排任务的时候，一定要首先考虑完成此项工作的可能性，设身处地为下属想一想：如果是自己去执行这项任务，能否在规定的时间内完成。如果自己都做不到的话，就不应该强求别人去完成它。领导者要随时随地反思自己是否能够以身作则，如果你自己都不能做到，还要对下属做出这样、那样的要求，必然会使人对你产生一种抵触的情绪。

人们普遍认为，权威与权力是一回事，领导者的权威就是领导者的权力本身，有权就有威，无权就无威，这种认识是不正确的。简单地认为权威等于权力加上威望，也是片面的。权威本质上是一种影响力，这种影响力能使被领导者产生理性的崇敬心理，使领导者在其心中具有英雄形象，这种对英雄的崇敬心理，使领导者具备魅力的光环，从而使被领导者从被动追随者转而成为主动追随者，始终与领导者的目标保持一致，形成稳定的意志服从关系。

那么，这种影响力从何而来呢？一言以蔽之，就是榜样。

团队领导者的榜样示范作用时时刻刻、实实在在地发生着，它不仅作用于下属每天的工作当中，还作用于其思维模式、行为习惯、表达方式、形象特征，等等。它决定了一个团队工作上的执行力、协作力，还有助于团队文化的培养和核心竞争力的建立。

身教大于言传，示范和榜样的力量是无穷的。《论语》在强调领导者的榜样作用时就说"其身正，不令而行；其身不正，虽令不从"，意思是说，只要自己的行为端正，就算不下任何命令，部下也会遵从执行；如果自己的行为不端正，那么无论制定什么政策规章，部下也不会遵从执行。

电视剧《亮剑》曾在各大电视台热播过很长时间，深受广大观众的欢迎，并引起很大的轰动。剧中主人公八路军团长李云龙每次冲锋陷阵他都在最前面，指战员们很担心他的安危而责怪他不该这么玩命。李云龙却说："如果我不带头冲锋在前，那么战士们怎么会毫不犹豫地奋勇作战呢？"

李云龙正是以这种以身作则的激情影响着每一个战士。老百姓常说，村看村，户看户，群众看干部。村民富不富，关键看支部；团队行不行，关键看领导；优秀的团队领导人不做领袖，而要做榜样。

我习惯在下班前把办公桌清理一下，把没干完的工作装进包里带回家，坚持当天的事当天做完。尽管我从未要求过我的助手和秘书也这样做，但是他们现在每天下班时，也常常效法。领导者只有带好头、树立好榜样，才能赢得下属的信任与追随，这是任何法定权力都无法比拟的一种强大的影响力和号召力。如果领导者期望带出"雷锋"式员工，那么你首先要当一个"雷锋"式的领导。也许过不了多久，你的部下就会照着你的样子去做。

很多领导者对下属的工作状态不满，每日为下属的状态发愁，其实与其天天为员工的消极状态而愁眉不展，不如自己拿出激情，一心一意地工作。只有自己做好团队的榜样，才能影响下属，使他们积极地工作。

正人先正己，做事先做人，团队的管理之道正是如此，领导者无论职位多高、权力多大、资历多深，都应该要求别人做到的自己先做到，这样才能树立起威信，增强执行力，提高凝聚力。

站着命令，不如干着指挥

2017年8月5日，河南优德医疗设备股份有限公司全体员工在优德科技园召开了半年度工作总结暨表彰大会，大会除了针对上半年工作表彰先进，总结经验，还宣布了一批干部的任命决定。这批新任命的干部全都来自营销第一线，连续三年业绩名列前茅，三位部门主管级别的干部分别是销售冠、亚、季军。对他们的任命，体现了集团的干部提拔原则：卓越的业务兵可以当干部。会议结束后，我与这批干部进行了交流，就怎样做好一个团队带头人分享了自己的看法，其间，我给他们讲了个故事。

宋真宗年间，辽军南下，深入宋境，威胁北宋的都城，多数大臣主张避敌南逃，宋真宗也想南逃，而宰相寇准则力主真宗亲征，反对南迁。他说："如果放弃国都南逃，势必动摇人心，敌人会乘虚而入，国家就难以保全了；如果皇上亲自出征，士气必定大振，就一定能击退敌军。"于是宋真宗决定御驾亲征。

大军进入澶州城后，远近各路宋军见到宋真宗的黄龙大旗，都欢呼跳跃，高呼"万岁"。随后宋真宗上城墙鼓舞士气，使得宋军士气大振，后射杀辽军主帅萧挞凛，为最终与辽国达成和议奠定了坚实基础。

敌军犯境，皇帝想要迁都南逃，我猜想，宋真宗当时的打算是不管逃到哪里，只要离敌军远远的就行，等一切安稳后，再指挥对敌斗争。宋真宗的想法显然是不现实的，行军打仗最注重士气，大敌当前，天下的主宰、士兵的主心骨——皇帝自己跑了，这仗还怎么打？正如寇准所言，进军将使前线士兵士气壮大百倍，后退则使军心涣散，百姓失望，敌人趁机进攻，朝廷恐怕连金陵也保不住了。事实证明，宋真宗亲临前线给这场战争带来了根本性的改变。

通过这个故事，我想说的是，一个团队领导者要随时冲到第一线去，这并不是说要领导去做具体的工作，更不是去监督大家的工作，而是担当起陀螺、教练、指导员、教育家这四种职责。

陀螺是高速旋转的，团队领导者要像旋转的陀螺一样，要有一种以身作则的超级带动能力，用气势带动人家迅速行动，并鼓舞士气。

教练会根据团队和成员的具体情况制订方案，引导成员穿越屏障，挑战极限，并在这个过程中，审视执行方案的状态，如果发现方案有误，给予及时纠正，并制订新的方案。

团队成员在具体的工作中，难免会出现形形色色的矛盾，领导者要像指导员一样，做思想工作，消除矛盾，解决问题。

领导者身居一线还是一种企业文化"教育"行为，它能将团队的价值观通过言传身教的方式传递给员工，可以增强组织的凝聚力，这对于团队长期健康发展有着重要意义。

以上四种职责，是领导者坐在办公室里无法实现的。赵括因纸上谈兵而全军覆没，办公室式领导也会因为脱离工作第一线，滋生官僚主义与形式主义的工作作风。更可怕的是，领导者会慢慢与下属产生一种无形的距离，指挥会失去威力，甚至完全失灵。因此我常说，干部站着命令，不如干着指挥。

"干着指挥"比"站着指挥"更能够有效调动下属的积极性。"干着指挥"是一种无声的命令，这种命令甚至比有声的命令更有效，更有威力。这种威力，不是靠领导者手中的权力，不是强制力，而是靠领导者的非权力影响力，是一种最高超的指挥。

华夏基石董事长彭剑锋认为，官僚主义与形式主义的工作作风，不务实，不深入一线，不接地气，不贴近员工与客户，不关心、不培养人才，不带队伍……这是企业家精神缺失的主要表现之一。

有"中国巴菲特"之称的复星集团创始人郭广昌每年有将近一个月的时间在飞机上度过，在他看来，好的投资都是靠脚跑出来的。他一向主张复星的投资人要深入投资现场。

在传统的企业金字塔式管理模型中，领导者往往根据通过层层汇报上来的市场信息进行决策，然而这些信息往往有遗漏、偏差。此外，由于对信息的选择性知觉，在信息传递过程中，人们往往会选择对自己有利的信息，舍弃对自己不利的信息，从而忽略掉对于领导者准确把握员工、产品、市场的真实情况非常重要的信息。如果领导者身居一线，这一问题能够获得较好的解决，因为身居一线的领导者可以站在全局的高度，及时地纠正管理中的短视行为。

诚如郭广昌所说，你眼睛所看到的一切其实都是在告诉你这个社会是什么样的。这种感觉可能是你读一万遍报纸都得不到的，所以一定要去到那里，去呼吸那里的空气，去感受他们的生活，去跟他们交谈，这非常重要。

担责任，不揽功，不诿过

古时候有个叫孟之反的人在战场上打了败仗，他让前方败下来的人先撤退，自己一人断后。快要进到自己城门时，才赶紧用鞭子抽在马屁股上，赶到队伍前面去。然后告诉大家说："不是我胆子大，敢在你们背后挡住敌人，实在是这匹马跑不动，真是要命啊！"

著名学者南怀瑾认为，孟之反善于立身自处，怕引起同事之间的摩擦，不但不自己表功，还自谦以免除同事之间彼此的忌妒，以免损及国家。一个优秀的团队领导者应当像孟之反一样，担起自己的责任，不揽功，不诿过，这样才能赢得下属的追随。一个让下属放心追随的领导者在下属的心里就像一棵可以乘凉的大树，是他们真正可以依靠的靠山。

担责任，不揽功，不诿过是中国人的传统美德，领导者更应如此。我在一次会议上谈到领导者如何才能让下属心服口服地追随自己时，引用曾国藩说过的八个字："功不独居，过不推诿。"有了功劳不要马上一个人独占，有了过错不要马上推诿给别人。领导者是带领一个团队向前行的领头羊，不仅需要宏大的格局、长远的眼光，更需要高尚的品格。对于普通人来说，为了利己，便去损人，甚至害人，这是蓄意作恶；对于团队领导者来说，为了私利，揽别人的功劳，推自己的过错，这是道德沦丧。

团队中最容易道德沦丧的，要算中层主管，他们上有领导，下有员工，作为夹心层，更容易出现对上阿谀奉承，对下颐指气使的现象；擅长邀功诿过，总能见风使舵，唯恐付出多得到少；遇事既不敢做又不敢当，推卸责任，生怕引火烧伤自身。

老子说："功成事遂，百姓皆谓我自然。"做成了一件事，应当让所有的参与者都能分享成功，领导者切不可沾沾自喜，风光独占。当工作中发生失误时，领导者应该做一块挡板，让上面的锤子首先落到自己的身上，以分减下面的压力。领导与下属争功是没有必要的，向下属诿过也是徒劳的，只不过是自欺欺人，反而暴露出自己人格的缺陷。

美国通用电气公司前首席执行官，被誉为"最受尊敬的CEO"的杰克·韦尔奇曾经说过："成功者不是某个人坐在马上指挥他的部队，而是通过别人的成功来获得自己的成功。"懂得了这点，就不会霸道地把成功的光环全归为己有，如果总是很"聪明"地把功劳都说成是自己的，只能变成孤家寡人。

1866年7月13日，美国实业家塞勒斯·菲尔德成功铺设了大西洋里的第一条电缆，极大促进了欧洲与美洲两个大陆的信息传递。虽然铺设电缆的船只、电缆，以及90%的资金和专业技术都来自英国，但外界只关注塞勒斯·菲尔德这一个美国人，很多媒体称他为"当代哥伦布"，给予很多的荣誉和头衔。该工程的工程师克伦威尔·瓦雷指出："他曾经4年未回家，先后跨越大西洋30多次。最困难的时候，他将自己在教堂的席位都做了抵押，菲尔德一天也没停止为大西洋电缆奔忙。他将大部分荣誉都给了他的英国同事。"

曾国藩创建湘军，湘军无论是高级将领还是普通士兵，大多来自湖南，曾国藩与一些重要将领既是同乡，又有同学、师生、亲友的关系。湘军由营官自招，上下层层隶属，全军只服从曾国藩一人，可以说，湘军上下，都是曾国藩的人，但为什么没有人说曾国藩用人唯亲？也不曾听说有人将湘军称作曾家军？关键就在于曾国藩担责任，不揽功，不诿过。

奇虎360董事长周鸿祎指出："如果一个团队能够自我设计目标、自我激励、自我驱动，这是最好的管理。如果这个团队没有ownership

（主人翁精神），即使你天天绞尽脑汁，制定各种规章制度，建立考核体系，去约束，去监控，那也不会产生理想的效果。"

周鸿祎所说的团队"自我设计目标、自我激励、自我驱动"这三个能力不是凭空产生的，它来自团队领导者的号召力，而号召力来自领导者的影响力，影响力则来自员工对领导者的信赖度，信赖度来自榜样的力量。

团队成员急需有人为他们指明方向，身为组织的一分子，他们愿意全力以赴，只是不知道该信任谁。法国大文豪大仲马说过，生活中最难解之谜，在于认清自己到底是谁。当团队领导者认清自己在团队中的角色与功能定位，意识到想要让下属成为什么样的人，自己首先要成为什么样的人，认识到个人魅力与领导权威来自自身高尚的品格，并付诸日常的工作时，才能真正得到下属的信赖，成为团队的主心骨。

第四章　放下架子，用心聆听

有道是"知屋漏者在宇下，知政失者在草野，知经误者在诸子"。团队要成事，就需要召集志同道合之人。志同来自合作，道合来自倾听。领导者敢于听言纳下，正身黜恶，团队众人才会有信仰、有担当，向着梦想齐迈进。

兼听则明，偏听则暗

古希腊哲学家苏格拉底说："上天赐人以两耳两目，但只有一口，欲使其多闻多见而少言。"东汉思想家王充说："知屋漏者在宇下，知政失者在草野，知经误者在诸子。"古今中外，伟人名家用他们的智慧与经验总结了无数关于倾听的箴言。

团队领导者认真倾听下属意见，不仅体现了自身的素养，也是了解员工民意、形成正确决策的必要途径。我们都懂得倾听的重要性，但领导者不仅要懂得倾听，更要学会"兼听"，杜绝"偏听"。

《管子》里说：眼睛贵在辨别事物，耳朵贵在听觉灵敏，心智贵在思维敏捷。若能用天下人的眼睛观察事物，就没什么看不见。用天下人的耳朵探听消息，就没有什么听不到。用天下人的心智思考问题，就没有什么事情想不通。情报来源丰富，像车轮的辐条一样向中间（车轮中心的圆木）集中，君主就能明察一切，而不受蒙蔽了。

现在有些领导，因为身处高位而自大傲慢、沾沾自喜、盛气凌人，眼睛也模糊了，耳朵也不灵敏了，心也不再睿智了，盲目地自信、自大，只听自己愿意听的，只相信自己愿意相信的，不能明道，不能正心，那么你就无法突破自身局限，也就无法将事业做大。

古语云，"兼听则明，偏听则暗"。团队领导者做任何一项决策都需要有不同信息的支持，需要对经营中的不同情况进行有效判断，所以在决策过程中，需要重视别人的意见。尽管某些意见可以不被采纳，但至少可以作为决策的参考，即使是那些反对的意见，也可以提醒领导者注意规避决策中的风险。

清朝的康熙皇帝在教育他的皇子皇孙时说："朕从不敢轻量人，谓其无知。凡人各有识见。常与诸大臣言，但有所知、所见，即以奏闻，言合乎理，朕即嘉纳。"三人行，必有我师，择其善者而从之，择其不善者而改之，兼听则明，"兼"是方式，"听"是手段，"明"是目的，如果没有达到"明"，"听"就是白听，"兼"不算真兼。那么如何达到"明"的目的呢？可以从以下三方面入手。

第一，形成初步的几种想法。

在充分调研以及听取各方面意见后，势必会汇集大量的信息，这些信息有可现用的、可参考的和无用的，从这当中筛选出可现用的部分至关重要，这就需要靠领导者平常的业务素养和专业积累。

人生关键的路只有几步，具体到某件事情也是一样，看你能否抓住。当你获取几个关键点后，就可以据此预设出若干种可能的方案，它们的投入产出大概是什么样的，最突出的风险和收益点又在哪里。

第二，与利益相关者商量讨论。

预设出若干种可能的方案后，接下来就要初步验证哪个方案最为可行，验证方案可行的基本原则是：两害相权取其轻，两利相权取其重。对方案中的"害"与"利"最为清楚的自然是当事人，此时找与此方案关系最为密切的若干人做咨询，认真听取他们的意见，从多个方面对自己的判断做初步验证，并综合权衡，可能会有事半功倍的收效。

第三，听听利益无关者的声音。

俗话说，旁观者清。对同一事物，旁观者由于冷静、客观，比当事人看得清楚和全面，听取他们的意见，可以多一份参考，防止因自身局限和利益因素而跑偏，降低领导者的压力，保证决策质量。

经过以上三方面充分的事前工作，对于该做出什么样的决策，领导者心中必定有了判断，这时候应鼓励决策的独立与意见的集中，带动整体效率的提升，加快最终方案的实施。也就是说，敲定具体方案，确定实施步骤，是领导者的智力成果，但这成果是基于"兼听"而来的，不是一言堂式的"专政"。

能做到明察秋毫，不被事物的表象所迷惑，其实是件很困难的事，因为人都有他所擅长的，也有他所不足的，所以聪明人在笃定自我的同时，也懂得借别人的眼睛看世界，这样，我们不仅能看到那些看得见的事物，还可以去发现那些不容易看见的事物。诚如东汉政论家王符所言："是故人君通必兼听，则圣日广矣；庸说偏信，则愚日甚矣。"如果做不到这一点，还谈什么事业，还谈什么格局。

敢听不好听的真话

我和一位高科技公司的创始人兼CEO朋友时有相聚，无话不谈。一天，他给我打来电话，说他和高管团队中的几个新成员之间存在的问题。

当说起高管与CEO之间存在问题时，我们通常会想到什么？是他们意见不合，还是CEO不服众？或是新成员工作没达到预期，让CEO大失所望？抑或是新成员集体向CEO"逼宫"？这些问题很多团队领导者都会遇到，但这都不是我这位老朋友遇到的问题，他所说的问题其实相当微妙。

他说，三个新进的高管发现了公司业务上的缺陷，但他们没有直接向他坦诚提出，而是在私下讨论——高管不愿意当面向企业的创始人兼CEO表达他们的真实想法，这对公司而言的确是一个严重的问题。

在一个组织中，如果高管不愿意说出他们的真实想法。这样的高管也就没有多大价值。但组织的最高领导人不能仅仅将板子打到高管身上，还得问问自己，自己是否为所有人创造了一个足够宽松的、畅所欲言的环境。

为所有人创造一个足够宽松的、畅所欲言的环境，是领导者的义务和责任，但这只是基础，它的重点并不在于让人敢于直言，而在于身为团队的一把手，要敢于听不好听的真话。这些不好听的真话包括对敏感话题、具体业务、上层决策、领导能力的讨论与质疑，以及深思之后的解决方案。这些真话像刀子一样锋利，如岩石一般坚硬，一改客套的话语，撕下平日的伪装，直戳领导者的尊严，直击领导者的自信，因而极度考验一个领导者的胸怀。

SOHO中国有限公司董事长潘石屹写过一篇《听真话比说真话更难》的文章，他在这篇文章中指出："讲真话难，听真话更难。想破这两种难，关键不在讲真话，首先是听真话。真话讲的也许错，也许语言不动听，听者都能吸纳，这更是难上之难。倘若为了听真话，再刺耳的话也能听，那才叫真心倾听。"

团队领导者最大的挑战不是如何制定完美的战略，开拓出更广阔的市场，也不是找出业务上的差距，而是我们是否愿意放下身段，真心实意地去倾听那些不好听的真话。

哈德曼战略咨询公司CEO彼得·布雷格曼曾说，好的领导者总是知道哪些是他必须去做的，最佳领导者总是能做到需要他做的。这话的确为至理名言。

说真话需要勇气，听真话需要魄力。实事求是地说，无论是社会上，还是在企业内部，敢听真话的人凤毛麟角，正因如此，我认为敢听真话的领导人是人中龙凤。他们阅尽千帆，虚怀若谷，淡泊明志，宠辱不惊，用自己在商界的起伏人生，铸就了一身的真功夫。深沉丰厚的人生积淀，成就了他们人格的高度。

敢听不好听的真话，才能干好不好干的事业。一般来说，那些强调"权威式"和"老好人式"领导方式的人，都不喜欢营造说真话的氛围，更谈不上敢于听那些带刺的真话。

强调"权威式"领导方式的人有能力、有魄力，团队早期得以快速发展可以说全凭他一个人的努力，这造成了他盲目的自信，认为自己一朝正确，便朝朝正确。同时，这也使得下面的人不敢讲真话，全是奉承之语。

尊崇"老好人式"领导方式的人，格外注重内部的和谐，希望大家都能在一个极为舒适的环境中工作，因而凡事都习惯包上一层糖衣，彼此客客气气，相互都有台阶下。比如，表决A、B、C三个方案，每个方案各有各的支持者，为了和谐融洽，领导往往将三个方案合并成一个方案。其实这是最不好的，之所以列出三个方案，无非是想让大家真诚讨论，挑选出最适合的方案，而不是让领导和稀泥，做老好人。这样的领导，刻意打造所谓和谐气氛，也就会对那些真心实意的意见视而不见，甚至"深恶痛绝"，主观上不愿意去听真实的内容，最后一定会伤害到整个团队。

梁某是华为南京研究所的一名普通员工，他在公司内部员工论坛上发帖，举报华为某部门的一项业务数据中，所使用的代码与某代码托管平台上的某项目代码雷同，并怀疑是公司项目的代码外泄，或是公司项目抄袭了别人代码。随后，他又在华为内部技术交流网站上留言实名举报。

梁某所举报的事项，会直接影响其部门主管甚至更高级别领导的职业生涯，这些领导很多都是总裁任正非的爱将，是公司的骨干，尽管如此，任正非并未对此加以隐瞒或袒护，而是在看到梁某举报后，连升了他两级，同时亲自签发了一份名为《要坚持真实，华为才能更充实》的内部邮件。虽然邮件强调的是员工及各级干部讲真话的重要性，但反衬的则是任正非"敢听真话"的形象。

员工举报自己的领导，放到哪怕最讲求公平、公正、公开的企业，也是件困难的事，但梁某还是以实名举报了自己的顶头上司，任正非敢听真话，员工才敢讲真话。

团队领导者敢听真话，对于降低公司的管理成本，提高公司的沟通效率是十分有意义的，团队无论大小，领导者如果能完全抛弃个人利害得失，承受任何委屈，可劲儿地听真话，在真诚和真话的氛围中，与团队所有成员共同努力建设团队，又何愁英雄不聚、事业不兴、团队不壮？

打消顾虑，让员工敢说话

团队建设之道，因环境、起点、成员、规则的不同，而有各自的路径与法则，不能一概而论，但就搭建领导与下属之间的信任桥梁这一点而言，沟通与倾听是断不可少的，但需要注意的是，切勿使彼此的沟通显得敷衍，显得程序化。

团队领导强化与下属间的沟通，做足倾听的工作，是为了最大限度地听到员工内心真实的想法，以改正工作中的缺陷，这就需要做到两个"必须"，一个是必须要有德，一个是必须要有心。

"有德"指的是领导倾听下属建言是出于真心，而非为了树立自己亲民的形象，装模作样；"有心"指的是领导需要为下属提供一套行之有效的下情上达的方法，既能保护下属，又能听到真实的声音，在这一点上，格力电器公司董事长董明珠的做法值得借鉴。

2016年10月初，在由文化部对外联络局和中央电视台综合频道联合推出的《开讲啦》之"21世纪海上丝绸之路"特别节目中，董明珠在首站新加坡做了演讲。在谈到管理创新时，她提到了一个故事。

董明珠说在她当副总经理的时候，经常发现员工罢工，她就想找个办法，让员工有宣泄诉说的渠道，减少员工的不满情绪。她发现公司设了总经理信箱，可这个总经理信箱却设置在厂长办公室门口。没有谁会在厂长门口投诉，因为今天投诉完，明天就会被开除。董明珠认为这个总经理信箱形同虚设，所以她出任总经理后，就把这个信箱设在厕所里。总不能有人天天到厕所监督吧？除了把总经理信箱设在厕所里，董明珠还把这个信箱设在食堂，设在那些墙角没人走的地方，这样一来，总经理信箱天天都能被塞满，最多的一天收到了700多封建议信，董明珠由此发现了很多问题，并解决了不少问题。

听完董明珠的这番演讲，我深有感触。不是每个领导都愿意聆听下属的意见，面对问题，一些领导下意识的选择就是把责任推卸给下属，他们想的是，下属拿了薪水，就应该替自己处理麻烦，甚至是"背锅"。董明珠愿意倾听下属意见已经很不容易了，何况她还在考虑如何才能让下属放心大胆地提建议，格力公司能在董明珠手中成就如今的业界地位，的确有其必然性。

从董明珠创新总经理信箱设置位置这件事来看，在如何有效听取下属意见，让更多员工积极建言方面，至少有以下两点值得团队领导者学习。

第一，开放心态决定认识高度。

我常跟集团的一些中高层领导说，领导有大小之分，这里的大小，指的不是权力，而是心态。干大事要有大心态，大心态是开放的心态，有了开放心态才会有大格局，有了大格局，你才会深刻地认识到，自己身为领导，所作所为必须使全体成员的利益福祉最大化，同时站在常人所不及的高度，去探索全新的工作思路和方法。

在董明珠当总经理之前，格力公司的总经理信箱设在厂长办公室门口。难道是原来的总经理智商不高，想不到信箱设置在这个位置没有人敢投诉吗？当然不是，这只是因为管理层打心眼里不喜欢、不愿意下属将公司问题暴露出来，影响自己的利益和前程。这不仅体现出原来的领导缺乏一心为公的开放心态，更体现出落后的工作思路。

第二，懂得换位思考，始终秉持公心。

懂得换位思考，说明团队领导者掌握了高效管理的方法。原来的总经理将信箱设在厂长办公室门口，无非是在耍团队管理的一些"小聪明"，这种"小聪明"完全是来自原领导掩盖问题的一己之私，为此，他不去考虑员工的正当利益，更不去理会保护员工的隐私权。而对信箱放置位置的改动，显然是董明珠将自己与员工放在同一位置，将员工视为公司事业的共同创造者，而不是简单的雇佣关系。

真心实意地倾听下属的建议，想方设法地支持员工的投诉，充分体现出董明珠是在实实在在地干事业，而不是将格力公司当作人生发展的"跳板"，为此，她不惜得罪人。她知道，只有秉持公心去倾听员工的心声，广大员工才会建言献策，为公司发展提供有价值的意见，领导干部才能依此校正发展轨道，把公司做大做强。

唐贞观十一年（637年），魏徵向唐太宗李世民上了一篇《谏太宗十思疏》，意在劝谏唐太宗居安思危，戒奢以俭，积其德义。其中说道："虑壅蔽，则思虚心以纳下；想谗邪，则思正身以黜恶。"这句话的意思是：忧虑言路不通受蒙蔽，就想到虚心采纳臣下的意见，考虑到朝中可能会出现谗佞奸邪，就想到使自身端正才能罢黜奸邪。

听言纳下，方能不受蒙蔽，正身黜恶，方能乾坤清朗，这是魏徵对李世民的劝谏，一国之君如此，团队领导者又何尝不是如此？身为团队领导，要成事，成大事，就需要志同道合之人，志同来自合作，道合来自倾听，唯此，团队中的所有成员才会有信仰、有胆量、有担当，一同朝着梦想前进。

第五章　将心比心，以心换心

一支同心同德的军队、身体力行的军队、有凝聚力的军队，才是无坚不摧的军队，才能够出奇制胜。一个光杆司令打不了天下，孤掌难鸣，就像舟和水的关系一样。领导者做到了将心比心，员工才能和领导以心换心。

依照"大家庭主义"来经营

李嘉诚曾说："企业养活职工已经是过时的经营理念，现在新的经营理念应该是职工养活公司、养活企业。企业就像家庭，员工就是家庭中不可缺少的一分子。"这种说法一点都不夸张，这也是他一贯的观点。正是出于对人的基本尊重和爱护，将心比心，李嘉诚才能聚天下英才共谋大事，这是他事业成功的重要原因。

"将心比心"才能"以心换心"。唐太宗李世民用水和舟来深刻阐述民与君的关系，他说："水能载舟，亦能覆舟。"一支同心同德的军队、身体力行的军队、有凝聚力的军队，才是无坚不摧的军队，才能够出奇制胜，一个光杆司令打不了天下，孤掌难鸣，就像舟和水的关系一样。

团队是社会互动的群体，一个人的情绪不仅仅会受到生理、生活状况的影响，还会受到他人的影响，成员之间会相互模仿、相互感染、相互暗示。团队民主、平等、和谐的氛围可以改变成员的心境，使人自然地生发出与环境一致的情绪。

团队领导者要十分重视内部关系的和谐，把关爱团队每一个成员、帮助每一个人成长、提升大家的幸福感视为自己不可推卸的责任。团队领导者必须为员工物质、精神两方面的幸福感殚精竭虑，倾尽全力；必须超脱私心，让团队拥有大义名分。这种光明正大的事业目的，最能激发员工内心的共鸣，获取他们对团队长时间、全方位的协助，这就要求团队领导者以"大家庭主义"来经营团队。

依照"大家庭主义"来经营团队是指团队领导者要建立起一种具有家庭氛围的企业文化。无论是团队的管理思想，还是组织的规章制度，特别是激励与约束机制，都应以团队成员为核心，实行人本管理。

"大家庭主义"建设的关键在于团队领导者的经营动机和长远战略目标。如果把团队成员当作主人，把团队的前途与成员的个人命运看成是一个有机统一体，那么团队不仅能长远发展下去，还会激发团队成员的智慧和热情，产生一种不可阻挡的力量。

稻盛和夫刚开始创立企业时，把"将稻盛和夫的技术昭示天下"的信念作为新公司的创业理念。新公司在成立的第一年就实现了赢利，然而，在创业第二年，进入公司的11名员工突然集体向公司发难，要求公司为他们未来在公司的升职与奖酬做出承诺，如果公司拒绝他们的要求，那么他们就将集体辞职。稻盛和夫为此对他们进行了三天三夜的说服工作。这场风波虽然最终得以平息，稻盛和夫却感受到了巨大的压力。

他明白虽然他自己是想把京瓷当作"将稻盛和夫的技术昭示天下"的舞台，但是对那些新员工而言，公司只不过是一个让自己能够得以谋生的地方，他开始思考企业应该怎样看待员工。在经过一段时间的迷惘和苦恼之后，他终于意识到，经营企业的真正目的不能仅仅是为了实现自己作为一个企业家的梦想，而是要照料好企业员工与他们家人的生活，要依照"大家庭主义"来经营企业。

从那以后，他改变了要"将稻盛和夫的技术昭示天下"的说法，而将京瓷的经营方式转变为依照"大家庭主义"来经营企业。从那时开始，公司里很少有懒惰懈怠的员工，员工都变得积极、主动，充满活力。

"大家庭主义"强调的是团队领导者的格局，做人做事的态度。8年前，现任优德医药网副董事长的王新瑞和他的伙伴们初入商界，他们有战略眼光，有管理手段，有经营头脑，有行动魄力，但苦于缺少资金，优德毫不犹豫地给了每人30万元资金开拓市场，协助他们把事业做起来。

"大家庭主义"是一种厚道的情怀，是一种度人的义气。我相信：一个人梦想的高度越高，他的视野和胸怀就会越大，他的团队就会越做越强。

任何一个团队成员，都有实现个人价值的强烈愿望，当团队领导者所做的一切的出发点都是为了每一个成员的时候，团队成员势必也能够感受到对方的真诚，从而互相支持，彼此成全。科学管理能让一切规范化、条理化，却不能让一个有情感的人焕发出活力与热情，只有认可、尊重等"人性化"措施才能让员工感受到尊重与温暖，才能激发员工的工作热情，才能创造出硬邦邦的"条例"所不能创造出的巨大财富。

将员工满意度放在首位

"顾客是上帝"这句话在国内可以说是家喻户晓，很多企业家都会经常挂在嘴边。如果问一个企业的领导者"顾客满意度"与"员工满意度"哪一个更重要，相信99%的人都会不假思索地给出答案：当然是"顾客满意度"重要，顾客是"衣食父母"嘛！

让顾客满意确实很重要，这是对宏观意义上的所有企业而言，但对团队来说，"员工满意度"比"顾客满意度"重要得多，因为只有员工先满意了，顾客才能满意。这个道理不难理解，每天和客户直接面对面，直接打交道的是员工，无论经营者怎么敬业，也不可能照顾到每个客户，而且这也不是老板该干的活。归根结底，企业还是要依靠员工来与客户接触，并从客户那里挣钱。所以，如果企业想增加收益，与其整天"琢磨"客户，不如多花点时间，好好"琢磨"一下你的员工。

什么是员工满意度？我认为员工通过工作获得的愉悦程度就是满意度，通过工作获得愉悦的员工在工作时就有主动性和自控力。满意度一般可分为两个方面。

其一是侧面满意度，这是一种对工作的某一方面感到满意的倾向。例如，"我喜欢我的工作，但是不喜欢我的上级"或者"这地方工资太低，但是和我一起工作的人很好"。一个人能够自由想出上百个引起满意或不满意的因素，从公司停车场的规模到自助食堂的方便问题等。但是，事实上，研究表明，与员工满意度相关最大的因素是工作本身、工资、晋升、认可、福利、工作条件、管理、同事以及组织政策。

其二是总体满意度，它能表明一个人对某项工作的全面的或综合的态度。当团队领导询问员工对工作是否满意时，员工通常会说："从整体上说，我确实喜欢这份工作，尽管有两三个地方有待改进。"这种表述可以说明总体满意度的性质。从某种意义上说，总体满意度是对工作的不同侧面的平均态度或总的态度，因此，尽管两名员工对工作的不同侧面的态度可能彼此不同，但是，他们可能会表现出同等程度的总体满意度。

超高的员工满意度会激励员工达到一个高绩效，如果员工满意度低，会引发一系列问题。单就旷工而言，加拿大多伦多大学圣迈克尔学院的一项研究表明，在980万员工中，每个工作日有53万人旷工，平均每个员工每年旷工12天以上，相当于工业争端损失天数的11倍。而且，这项研究指出，半数左右的旷工是自愿的，而不是迫不得已的，单是这种自愿的旷工每年就使企业界损失50亿美元。

员工满意度低的代价如此触目惊心，身为团队领导，你怎样增加员工的工作满意度从而避免这种损失呢？有的团队领导可能会对此不屑一顾，在他们的思维里，无所谓增加员工的满意度，心里根本没把员工当回事。在他们看来，"员工满意度"这件事是最不用"操心"的，你爱干就干，不干拉倒，有的是人来。这样的态度的确能镇住一部分人，因为现在找工作不易，他们只好默默忍受。但是，那些领导好像都忘了一件事，明面上好像是他们把员工彻底"拿"住了，可是他们的"财神爷"——客户还在员工的手里"拿"着。员工想要报复老板很简单，想办法把客户都赶跑就是了，仔细思考一下其中的关系，可以看出，团队领导并不是从始至终都掌握着主动权。

去年我应邀，到日本东京参加会议。会议进行了两天，第一天会议结束后，我带着我的工作伙伴在去往酒店的路上，看到一条街巷内热闹非常，便进去看了看。原来这是小吃一条街，正好大家都有些饿，于是随便挑了一家买了些东西吃，老板对待客人非常热情，甚至热情得让人受不了。

整个会议结束后，有个业务上经常往来的日本客户请我去了一家据说在当地很有特色的居酒屋，内部装潢十分有昭和风情，背景音乐也都是有些年代的老歌。我想，所谓特色，指的便是这个吧。

都说日本人的服务态度世界第一，但凡事都有例外，我们抬手招呼了几次，服务人员都没有过来，直到客户大吼一声，吧台那里才传来"嗨"的一声，而后一个瘦高的年轻人不紧不慢地走到跟前，先向我们鞠躬道歉，说是今天的事情太多了，怠慢了我们，敬请原谅之类。可他也不说明是什么事情耽误了他招待客人，我看了看，当时店里也只有四五个客人，不至于忙得不可开交，而我看到他那副僵硬的"扑克脸"时，就已经没有食欲了。

我当时在想，是不是那个年轻人今天因为什么事遭到了老板的"虐待"，心情不好，才会对我们视而不见，在询问相关问题时也只是随便敷衍，令人扫兴不已。这让我深刻地意识到，无论什么原因导致领导向员工大发脾气，员工都会把对领导的怨气转移到客户身上，从而让忠实的客户寒心，让新来的客户却步，最终损失的是企业领导者自身。

很多企业领导者算不明白这笔账，总以为自己掌握了员工的"生杀大权"，让员工干什么他们就得干什么，其实哪有那么简单的事，还是先把"顾客满意度"放一放，认真搞好"员工满意度"吧，只要员工都满意了，顾客会不满意吗？团队的效益会不蒸蒸日上吗？还是回到原来的那个问题：身为团队领导，你怎样增加员工的工作满意度？以我的经验而言，可以从以下几方面着手。

第一，找对人，办对事，合适的人做适合的事。

员工需要感到他们正在将工作做得很好，从而获得满足感，所以你必须确保员工尽可能地适合他们所从事的工作。也就是说专业的人做专业的工作，使他们的技能和经验与工作要求相符，确保他们在团队中扮演合适的角色。

第二，设立有挑战性的工作，并允许他们自己安排工作节奏。

通常认为，这种工作能使个人起到主动作用和重要作用，并且提供绩效反馈。当然，工作的挑战性不要过强，以不会导致员工的挫折感为宜。

第三，建立合理的薪酬体系。

毋庸置疑，在人们做工作抉择的时候，薪酬是一项重要的影响因素，薪酬和工作满意度无疑密切相关，因此，设置合理的薪酬是必要的。

第四，建立合理的晋升制度。

按照公正的管理制度很快能达到的晋升会有助于提升工作满意度，因为晋升包含若干关于自我价值的重要信号。某些信号可能是物质性的（例如增加工资），而某些信号则是社会性的（组织内部的承认和提高社会声望）。

可能有人会有这样的疑问，为了将员工满意度放在首位，领导者是否需要去讨好员工，满足他们所有的要求？也有人会问，世间所有事都是一样，物极必反，对于企业来说，"员工满意度"确实比"顾客满意度"更重要，但员工是否会因此"蹬鼻子上脸"？这其实是误会了"将员工满意度放在首位"的意义。

"将员工满意度放在首位"并不意味着团队领导者的软弱和企业制度上的纵容。团队领导该表明立场的时候，一定要严肃表明立场，绝不留半点情面。只有这样，平时对员工的善待才会真正得到他们的重视与珍惜。

如果想"从严治军"，就一定要先做到"爱兵如子"。说得简单点，如果领导者想对员工"严"起来，就一定要先"善待"他们，黑脸和红脸都唱才会奏效。因为你是"善待"在前，仁至义尽之后才开始从严的，所以，被你"严待"的人会觉得自己理亏在先，不会有什么怨言，能够坦然接受。反之，如果你没有之前的"仁至义尽"，而是一味地"虐待"员工，就会导致员工猛烈的反抗。

"将员工满意度放在首位"的根本目的，是营造团队的和谐氛围，建立平等相待的合作关系，这中间并不存在谁依赖谁，更不需要领导者去刻意讨好员工。真正的"将员工满意度放在首位"应该是这样的：管理者每天都亲临第一线，但他们并不是来监督工作的，而是希望了解员工的真实感受，并确认工作中是否存在一些棘手问题。他们平易近人并关心员工的切身利益，即使有些员工被裁员，也同样会对领导者的做法给予肯定，而不是感觉到受骗或不公正。

优秀的团队领导者要善于从小事做起，竭力为员工创造快乐，让员工愉快工作，并主动爱上工作，进而极大提高员工的工作热情。这样一来，快乐带来的成果将是惊人的，领导者也会收到来自下属的意外惊喜。

别把下属当马骑

常言道，得民心者得天下，这是不变的真理。民心像是那渗透万物的水，能载舟也能覆舟。顺应民心，则昌；违逆民心，则亡。关于在一个团队内部如何受到员工的拥戴，方式方法有很多种，但总结起来，其实不难发现，团队领导者的自我修为在这当中起了根本性的作用。

《论语·八佾》里讲：君使臣以礼，臣事君以忠。在古代的君臣关系上，孔子认为国君应以礼相待臣子，臣子应当忠于国君，强调的是两者之间如何建立和谐关系，以君之礼为先，才有臣之忠在后。当代企业中的领导与员工，已无君臣之分，更无谁压迫谁，谁被谁压迫，但我们依旧需要这种先礼后忠，继而彼此相谐的关系。

现在有些团队领导者，还抱持过去的传统观念，以雇佣关系定位自己与员工的关系，思想决定行为，因此，这样的领导只将员工视作花钱雇来的劳力、苦力，在他们的潜意识中，员工是用来当牛做马的，除此没有任何作用。从这些领导者的所作所为中，我们就可以看到，他们没有格局，没有胸怀，也就没有事业，没有前途。

我在前文中曾说过，领导力是一种过程，当一个领导者行善无私、谦卑有礼、知人善任、敬人爱人、以义为利，最终自利利他，这便是领导力。关于敬人爱人、以义为利的内涵，一万个人有一万种看法，但有一点是缺少不了的，那就是"服务力"。

讲到服务，一般认为是地位低的人服务地位高的人，实际上，作为团队领导者，更需要具备这种能力。上级很好地为下级服务，下级才能很好地对上级负责。员工好了，团队才能发展好。团队就是一个磁场，领导者与员工只有互相吸引才能凝聚出更大的能量。很多团队领导者看不到这一点，他们总是抱怨员工素质太低，或者抱怨员工缺乏职业精神，工作懈怠。但是，他们最需要反省的是：他们为员工付出了多少？为员工服务了多少？正是因为他们对员工利益的漠视，才使很多员工感觉到团队不能帮助他们实现自己的理想和目标，于是不得不跳槽离开。

团队间的竞争其实就是人才的竞争，人才来源于企业的员工。团队领导者只有提供更好的平台，员工才会愿意为企业奉献更多的力量。为员工提供服务，把员工视为企业的合作伙伴，这是员工最希望的关系，而这种有效的方式才能实现"双赢"。

领导者对员工的服务力，除了建立和谐的工作关系，更多地体现在对员工的关心上，而这关心可以分为两个方面：一方面是关心员工本人的生活，一方面是关心员工的家人。

团队这艘船向前行驶，顺风顺水时皆大欢喜，逆风逆水时却容易互相埋怨。当团队上升遇到阻力，当企业走向滑坡，领导首先想到的是解决眼前问题，却忽视了与自己"同舟"之人的心理和情绪。

危机当前，船长一人无法独立解决，必须关心自己的水手，安慰他们的心理，化自己之关心为员工之动力，从而上下齐心，共度时艰。关心不能只停留在工作上，下属的生活区域、情感地带也应获得关照。毕竟家和万事兴，领导的关怀能激发员工的工作热情，让员工倍感温暖。如果能够从生活上关心他们，激起他们战胜困难的情绪，整个团队的能量就会被激活。

在团队最困难的时候，要首先想到下属，并用行动来说话，下属的情绪才会迅速发生变化，"转危为机"的秘密就蕴藏在此刻了。某些领导者在平时习惯对下属嘘寒问暖，一旦下属的工作遇到了瓶颈或挫折，就只顾得责备与批评了。殊不知，这正如在光线充足的地方，一盏灯的亮光算不了什么，而在一个伸手不见五指的黑夜，一点微弱的火星却能让人感到万分的惊喜。人们在最难熬的时候，得到一丝关爱的阳光，比得意的时候得到的那些阳光温暖十倍。所以，当下属工作出现问题时，花一点精力来关心员工的生活，花一点时间跟员工沟通，与反复地责备员工相比，更有助于解决问题。

家庭幸福和睦、生活宽松富裕无疑是下属干好工作的保障。如果下属家里出了事情，或者生活很拮据，上司却视而不见，那么对下属再好的赞美也无异于假惺惺。对下属亲人的关心，可以使下属感到上司的平易近人和关心爱护，从而将团队真正发自内心地当作自己的家。

据说有一天，一个急得嘴角起泡的青年找到美国钢铁大王卡内基，说是妻子和儿子因为家乡房屋拆迁而失去了住处，要请假回家安排一下。因为当时业务很忙，人手较少，卡内基不想放他走，就说了一通"个人的事再大也是小事，集体的事再小也是大事"之类的道理来安慰他，让他安心工作，不料，这位青年被气哭了。他气愤地说："在你们眼里是小事，可在我是天大的事。我妻儿都没住处了，你还让我安心工作？"卡内基被这番话震住了。他立刻向这位下属道了歉，不但准了他的假，还亲自到这位青年家中探望了一番。

一名优秀的上司，不仅要善于使用下属，更要善于通过替下属排忧解难来唤起他内在的工作主动性，要替他解决后顾之忧，让他的生活安稳下来，集中精力、全力以赴地投入到工作上。

无论是关心员工本人的生活，还是关心员工的家人，都实实在在地体现出团队领导者的关爱之心。《孙子兵法》中有"视卒如爱子"，用到今天团队的管理上，就是领导者要以爱心、真心、热心和宽心对待员工，为员工谋利益，给人安全感、归属感以获取良好的人际关系。

鲜花摆在适当的地方才能发出迷人的芳香，关爱要传递到别人心中才能产生快乐。在平凡的生活中找到生命的意义，这是一门很重要的功课。人与人需要这样的情感纽带，团队领导者与员工之间也是一样。

对待员工要有关爱之心，因为拥有关爱之心的人，能得到他人的爱戴。领导者要真诚地关心、爱护、激励、鼓舞员工，表现出亲切、自然的态度，使得员工与你交往时不必费尽心思就能与你愉快相处，这样你才能得到他们的支持和信任。

如果每个领导人能够以一颗宽容慈爱之心对待员工，关心员工的职业发展，在生活上提供帮助，解决他们的疑难问题，就会唤起大家的工作热情和创造激情，营造出相互友爱的良好环境。

第六章　胜则齐相庆，败则共相救

单丝不成线，独木不成林。个人通过努力可以实现小目标，团队通过努力才能落实大方向。团队的生存与发展要讲点大雁精神，掉队了拉一把，有困难帮一下。身在团队，谁都不能置之度外。唯有群体奋斗，才能群体成功。

我为什么推崇大雁精神

我多次在公司会议上就大雁精神发表主题演讲，并要求所有员工就自己在工作中如何发扬大雁精神写一篇学习心得。有人问：我为什么如此推崇大雁精神？我推崇大雁精神，是因为优德需要这种精神，优德的每个部门、每个员工也需要这种精神。营造团队文化，凝聚团队精神，缺少大雁精神是断不可行的。

大雁是一种极讲求团队合作的动物，从不会脱离雁群单独行动，它们的集体意识与协作精神远远胜过人类。只要我们细心观察，就能发现：在飞行的过程中，雁群始终保持一个整齐的队列，即使是一只平时顽劣至极的大雁在沿途遇到新奇无比的景色时，也不会因为贪恋美景而脱离雁群。它们始终保持一种整齐有序的状态，朝着同一个目标飞行。

在雁阵中，分工极其明确，所有的大雁都尽心尽力地做好自己的那一份工作，并且只听命于唯一的领袖——头雁。通过每只大雁的努力，雁群能够飞越喜马拉雅山脉，到达那片温暖的地域。人类社会同样也需要合作，团队的作用同样十分重要。大雁的智慧与大雁的行为，应当是我们学习的楷模。

如今，专业化分工越来越细、竞争日益激烈，靠一个人的力量是无法面对千头万绪的工作的。如果没有其他人的协助与合作，任何人都无法取得持久性的成就。杰克·韦尔奇曾经说过："在一个公司或一个办公室里，几乎没有一件工作是个人能独立完成的，大多数人只是在高度分工中担任部分工作。只有依靠部门中全体员工的互相合作、互补不足，工作才能顺利进行，才能成就一番事业。"

大雁飞行时，雁群经常呈"V"字形排列，大雁飞行的秘诀就在当中：大雁一字排开成"V"字形，这比孤雁单飞提升了71%的飞行能量。当每只大雁振翅高飞，也为后面的队友提供"向上之风"这种省力的飞行模式，借着"V"字形，每只雁的能量得到了最大限度的节省。当一只雁脱队时，它会感到独自飞行时的延缓和吃力，但当它回到队伍中，前面一只大雁所造成的浮力使它的飞行马上变得轻松。

大雁很聪明，知道若是单飞，因为空气阻力强大，是无法独自到达目的地的，即使这只大雁身强力壮，一旦离开了雁队，也会筋疲力尽。所以，大雁即使掉队或与雁群失散，也会尽最大的努力回到雁群中。优德就像一个雁群，任何一个离群的大雁都无法飞到远方，任何一个脱离团队的个人都无法顺利地将工作做到完美。

在动物世界里，拥有团队精神的动物和缺少团队精神的动物的下场是大相径庭的。以马为例，群居的马团队合作意识非常强，它们知道，如果马群不紧密地团结在一起，它们就有可能成为狼的食物。每当食肉动物来袭击时，成年的强壮的马就会头朝里、尾巴朝外，自动围成一圈，把弱小的马围在中间，只要敌人一靠近，外面的马就会扬起后踢，一旦被马踢到，即使不死也会重伤，所以很少有食肉动物愿意去袭击马群。相比之下，食肉动物更愿意去捕食灵巧快速的羚羊，因为羚羊没有互相保护的团队意识，当遇到敌人时，羚羊群就会四散跑开。分散开的羚羊即使跑得再快，也敌不过敌人的围追堵截，因而最终成为敌人的美餐。

团队精神反映一个人的素质。一个人的能力再强，但团队精神不行，公司也不会要他。个人主义在职场上是根本行不通的，作为职场中的个体，你可能会凭借自己的才能取得一定的成绩，但你绝对无法取得更大的成功。如果一个人总是以"自我封闭"的方式工作，不愿与别人共同分享团队合作的果实，那么他就无法顺利开展自己的工作，这不仅对团队来讲是一种损失，对员工个人来说也是一种损失。

挪威戏剧家易卜生说过："青年时种下什么，老年时就收获什么。"由此我想到，你在团队的土壤中种下什么，团队就会回报给你什么。如果你愿意承担成长的责任，那么你就会获得成长的权利；如果你把团队的成长当成自己的责任，那么团队自然会为你创造成长的机会；如果你以积极的热情和全心全意的努力对待团队中的种种事务，那么你的事业、你的精神就会在团队中得到最大的进步。只要你的行为和态度切实推动了团队的成长，团队就一定会给予你相应的回报。

唐僧师徒四人，很多人都不喜欢唐僧，认为他性格懦弱，为人迂腐，做起事情来磨磨叽叽，且不论这种认识是否符合唐僧的实际形象，单从团队管理的角度来说，我认为他是一个好领导。唐僧知道孙悟空要管紧，所以要会念紧箍咒；猪八戒小毛病多，但不会犯大错，偶尔批评批评就可以；沙僧则需要经常鼓励一番。这样，一个明星团队就形成了。一个团队不可能全是孙悟空，也不可能都是猪八戒，更不可能都是沙僧，可以看出，唐僧师徒都处在适当的位置上。如果让八戒当领导、孙悟空挑担的话，这个西行之旅很可能要走不下去。所以，让适当的人处于适当的位置上，承担适当的责任是非常重要的。

这就如同大雁飞行的队形，我前面说过，大雁飞行时，雁群经常呈"V"字形排列，排头的大雁是一只领头雁，它是所有大雁中最强壮的，它掌控着方向，带领所有的大雁飞翔。队伍最后的两只大雁，它们也是身强体壮的，它们照顾着中间飞行的年幼的、体弱的同伴，爱护着、关怀着、鼓舞着每一个同伴，这样的安排既保证了团队的飞行效率，又保护了新生力量的成长。大雁这种团队性强的动物，总是能给人以无限的启示。

没有一只大雁可以独自飞到南方，正是每一只大雁成就了团队，也正是整个雁队成就了每一只大雁。如果我们能像大雁一样，群策群力，共同努力，目标一致，那么，我们就一定能获得成功。

群体奋斗，群体成功

一个团队需要不同类型的人才，一个团队也需要多种气质底蕴，优德的员工来自五湖四海，有出身于农村的，有来自城市的；有毕业于名校的，也有年纪轻轻就出来打拼的。他们虽然出身不同，经历各异，但在优德，都是自己所属工作领域的能人，是他们构成了优德的气质底蕴。不同类型的人才是用来互补的，多种气质底蕴是用来增加团队内部的认知契合度的。一个优秀的团队，它基本上需要这样四种气质底蕴：军人的豪迈、诗人的浪漫、科学家的严谨和哲学家的思辨。

气质底蕴是团队文化极为重要的组成部分，是对顶层的价值观与中层的经营方法论及底层的管理机制的认同和向往的内在体现。有了这种认同和向往，团队才会像磁石一般牢牢吸引住那些有理想、肯行动的人才，而他们也愿意为了团队的欣欣向荣，奉献自己的所有。

这是一种我非常提倡的群体意识，它能使团队伙伴心往一处想，劲往一处使，上下拧成一股绳，齐心协力干大事。正如任正非所言，现在是一个群体奋斗、群体成功的时代，别人干得好，我为他高兴，他干得不好，我们帮帮他，这就是群体奋斗意识。

一切无法实践的承诺都是"耍流氓"，企业文化唯有"落地"，团队价值观唯有同团队所有人的诉求相一致，才能真正起到导向作用。员工对团队的认知契合度增加，团队的气质底蕴才能愈发丰润。

广东拓斯达科技股份有限公司（以下简称"拓斯达"）是一家专注于工业机器人研发、制造、销售为一体的国家级高新科技企业。这家原本鲜少出现在公众面前的公司，从2016年开始，接连被央视的《新闻联播》《经济半小时》栏目、广东卫视、法国电视二台等国内外主流媒体报道，这当中有着什么样的缘起呢？我想这与拓斯达人的情怀是分不开的。

在人们的惯有印象中，工业机器人是冰冷的、机械的，即便是拟人化的外形和程序设定，终究是没有情感的"铁家伙"，这是工业机器人这一属性所决定的，但拓斯达人却决意要做出"有温度的机器人"，即让工业机器人具备人性智慧、人性情怀，在研发中更多地导入人的因素，将人从枯燥的工业生产中脱离出来，回归到更具智慧和更具个人能动性的工作中来。这是拓斯达人的追求，是一种态度，一种承诺，为此，"废寝忘食""通宵加班"成了他们的日常。

在常人看来，这实在是太辛苦了，也许有人会抱怨：这不是人干的活儿。我并不赞同没有效率的加班，更鄙视纯粹出于讨好领导的加班文化，但我欣赏拓斯达人的这种做法，因为这是一种自动自发的奋斗行为，正如某个凌晨的2点10分，工程师莫建超在他的项目群里所说的那样："看到大家都在一起努力，再累我也立刻精神起来了。"拓斯达人正是用这种情怀，为客户奉上拓斯达机器人的"温度"，而公司和个人也获得了他们想要的成就。

今年开始，拓斯达刻意放慢了企业的增速，将重心聚焦于为未来的发展完善自身上，从团队、技术、服务等方面提高自身的能力和水准，将满足客户的自动化需求做到极致，在更多的应用领域做出成绩，最终的目的是以分享的精神将公司打造成奋斗者创造价值后的分享平台，群体奋斗，群体成功。

社会上有很多理论家型的学者，他们的思想学说很丰富，但基本都是通过读书或研究来的，自己没有实践过，缺乏自身体会。说法虽然正确，但怎么用才能用好，却不好说。就像纸上谈兵的赵括，一招一式说起来头头是道，实际上千头万绪，如雾里看花，不知所措。回过头去看拓斯达的成功，是在实实在在的工作中找寻到了符合自身特点的发展之路，优德能发展得这么大，发展得这么快，其实质也是如此。

有些团队领导者开口闭口"员工利益"，但心里根本没有把员工当一回事，而优德不仅真正尊重人的可贵，更是将这一思想落到实处。在优德，比我能干的人比比皆是，所以我要做的，就是想办法留住这些能干的部下，为这些部下搭建一个平台，做好后勤服务工作，让能人没有后顾之忧，全力发挥聪明才干，成就一番大事业。我只需要考虑一件事：我还能为他们做什么？他们还需要什么？

优德每年都要投资成立很多新公司，让能干的人唱主角儿。优德就是为有梦想、有德行、有能量的人提供平台，让别人去发展，别人成功了，自己也就成功了。

优德的种种举措，就是让有德者居之，有能者得之，有才者乐之，成就别人就是成就自己，这就是群体奋斗、群体成功的意义。

领导与成员：从雇佣走向共赢

我认为，航海和经营企业有许多共同点，一个企业的发展需要全体员工的共同努力，就像一艘船要破浪前进，需要全体船员各司其职，共同配合，才能顺利抵达目的地一样。这也是我个人推崇的理念，我总对优德各级干部员工说：我们每个人必须树立"这是我的船，人人都是船员，不是乘客"的理念。

团队里的每个员工只有将团队视为自己终生依靠的船，才能不离不弃，竭尽所能贡献自己的力量，自动自发地完成各项任务，用心去打造属于自己的"船"。正因为有了这样的思想，团队里的每个员工才会发自内心地将自己的领导、同事看作和自己同舟共济的伙伴，彼此才会共同努力，一起奋斗，这艘船才会前进。

员工是船员，那么领导就是船长，这两者间的关系，正如我反复强调的，并不是雇佣与被雇佣的关系，而是合作共赢的关系。员工进入企业，就如同上了一条船，他的职责就是尽职尽责地完成好自己的本职工作，每一个人也都是这样，才能保证船在中途不会出问题。而领导者建立一个团队，他本人就是船长，需要思考船的航向，要避免触礁或者碰到冰山，还要保障一船人的安全。领导和员工都是这条船上的一员，只是分工不同，角色不同而已。和领导同舟共济，意味着你不但可以和领导分享成功的喜悦，更主要的是要在困难时，能够替领导分忧。

如今在中国乃至世界手机市场呼风唤雨的小米公司，创立之初由于资金不畅，发展受到了限制，雷军不得不一方面加大个人注资，一方面去寻求投资。小米最开始只有56位员工，见此情景，他们自掏腰包投资了1100万美元。小郭是公司的行政人员，也是小米早期唯一的女员工，她甚至为此卖掉了自己的嫁妆。

外人可能会说，这些人真有眼光，看准了小米能发展成如今的样子。这些话无疑都是马后炮，根本没有站在当事人的立场上思考。我想，他们是抱着与公司共存亡的心态，义无反顾地掏出自己的腰包，全心全意地支持公司，才有了小米的今天，而小米美好的未来，依然离不开他们的努力与奋斗。

所以，员工上了公司这条船，就必须与之共命运，这个道理在员工刚入职时就应该明白。领导者建立一个团队，就必须指引员工一个能走向康庄大道的方向，给予员工美好的未来、宽裕的生活、幸福的人生，这个道理，无论哪一个层级的领导者都应该明白。俗话说，兄弟齐心，其利断金。相互信任才能披荆斩棘，共渡难关；齐心协力才能乘风破浪，勇往直前。

船与船员、企业与员工其实是一个生命共同体。企业好，员工也好；企业坏，员工自然也好不到哪里去。但企业经营的好坏，又是靠人，靠全体员工的努力。当前，我国正由外向型出口经济向内向型消费经济转型升级，同时企业又遇上了移动互联网等新型科技革命的冲击。一些企业遇到了很多经营难题，面临着转型升级的阵痛，员工应该与企业一起共同面对，共同迎击市场风浪，企业才能在新经济时代脱颖而出。企业兴，员工兴。只有企业的业绩好了，员工的福利待遇自然会水涨船高。

有人说："公司垮了那是领导的事，与我没关系，大不了换个地方。"这是典型的没有责任感的员工，"天下兴亡，匹夫有责"，这句话用到员工与企业的关系上应该是：企业兴亡，员工有责。一些企业的员工只想着："将来我能拿多少钱？能接受什么培训？能享受哪些福利？"而不是先考虑："我能为公司做些什么，创造什么价值？"这种对待工作的态度是非常有害的。

洛克菲勒说过："我们努力工作的最高报酬，不在于我们所获得的，而在于我们会因此成为什么。"优秀的员工绝对不会产生"我不过是在为老板打工"这样的想法，他们会把工作看成一个实现自我价值的平台，并且会把自己的工作和公司的发展融为一体。从某种意义上看，他们和企业的关系是合伙人的关系，他们知道工作是为了自己，而不是为了老板。

第七章　洞察先机，做未来

企业要做未来就要有远见，这话落到实处，就是在强调人才的成长与科技的发展。一个真正有格局的管理人，他的手里一定得握着十年之后的人才，心里想的都是二十年后的世界。

带队的筹码：人才与科技

孙子说："兵贵胜，不贵久。"（《孙子兵法·作战第二》）意思是说："军队的价值在于获得胜利，而不是在于久攻不下。"其核心思想是：打仗要速战速决。

打仗就是为了获胜，时间一久就会耗损军力、挫伤锐气；攻打城池时兵力已经不济，长期在外作战，国家的财力就会不足。耗损军力、挫伤锐气、实力不济、财货枯竭，那么其他诸侯国就会趁机起兵，那时就算是智慧的人，也无力回天了。

同理，在商业竞争中，很多管理者都有这样的经验：机遇虽然是给予有准备的人，但如果有准备的人多了，机遇肯定是给予第一个到达的人。

所以，对于企业来讲，竞争的核心问题同样是速度的竞争。

一个懂得先发制人的团队，应该放眼十年后、二十年后甚至五十年、一百年后。我们要做的是透过"现在"这道面纱去窥视未来的机遇。针对这个问题，我想聊的只有两个方向。

第一，人才。

我一般看人，都是先看能力如何、品性如何、思想如何。比如，同样都是干事积极，劲头十足，有些人是在瞎胡闹，看上去忙忙碌碌，其实什么成果也没有；而有些人则卓有成效，每件事情都安排得井然有序，成果斐然。同样都是能言善道，有些人只是空口说白话，虽然口若悬河，滔滔不绝，但是真要把什么事情交给他，不会有什么好结果；另一些人说话算数，说到做到，办起事情来非常可靠。所以，领导不要求才心切，发现某人有一技之长，便不问其他，委以重任。首先要能认清这些人，通过比较辨别，了解他们的优点和不足。

有一点很重要，想要的人才不是自己冒出来的，而是需要发掘。一个企业的生命在于人才，企业管理者要有效地发现所有下属的才智，使其各尽所能。但是，由于有些领导经常使用自己信得过的下属，而疏远那些尚待发现的人才，致使某些工作难以开展。有些下属会认为"我没有能力完成这项工作，因为我缺乏这方面的才能"，从而不喜欢新的挑战，常常说出自暴自弃的话；有些下属则说："单位领导从来就不让我独立地完成一些重要工作，只是随着别人干些下手活，充当副手而已。我的才能从来就没有被发现过，也从来就没有验证过，所以也就失去了挑战自我的信心。"下属有这些想法说明了人才需要发掘的道理。

领导者要发现人才，必须根据所要做的工作的特点，来寻找合适的人选，可以先挑选几个人，然后从不同的方面加以精选，或者组成一个协作团体，使他们的才能组合起来，构成整体。从另一个角度看，发现人才的过程实际上也是对下属工作能力的评估过程。

确定这是自己想要的人才后，我们再来谈福利、待遇、升职、机会，等等。

（1）提供更好的待遇。这一点微软做得非常成功。对微软公司而言，不论员工经验与资历如何，只要有足够的能力，就有机会升职加薪。因此，微软公司能网罗到全世界的精英。在微软公司工作的压力虽然很大，但是福利优厚，许多员工已成为百万富翁。

（2）让人才扮演主角。有时，高薪也留不住人，是因为对方更愿意去一个能够尽情施展才华的舞台，我们要提供的就是这样一个舞台。

（3）提拔要统筹考虑。当我们发现一个人才时，一定要对如何提拔他的问题进行统筹考虑，因为如果这个问题处理不好，不仅会失去这个人才，还可能招致企业其他人的不满。

（4）让不同层次的人才都得到学习的机会。有的人适合做高级管理者，有的人适合做基层管理者，有的人是专业人员，但他们都需要不断地学习，给自己充电，掌握更多的技能，以满足自己的进取心。我们要做的是为不同的人才提供不同的成长项目，再配以合理薪酬和职位。

第二，科技。

高新技术是推动产业革命的动力，也是人类社会进入20世纪下半叶之后经济的主要增长点。每一次的高新技术革命都会创造出一个新的市场。在常人眼里，高新技术似乎只用在很重要的领域，但事实上这种观念已经过时。在冷战时期，高新技术主要用于军事目的，只有在更新、更高的技术开发出来之后，才会转为民用，不过，这个时代已经逐渐远去了。现在，高新技术已经普遍地用于老百姓日常所用到的商品之中，而且应用的速度很快。高新技术只有用于消费者普遍会购买的商品中，才会尽可能快地实现价值转换。越来越多的现实证明了技术是第一生产力已不再仅仅只是一句口号。

科技紧跟着时代，可能会迟来，却不会缺席。

我们常说，企业要做未来就要有远见，这话落到实处，就是在强调人才的成长与科技的发展。一个真正有格局的管理人，他的身边一定聚焦着十年之后的人才，心里想的都是二十年后的世界。优德正是如此，不断积淀着、积蓄着自己的力量。

把握今天，抓住明天

趋势对应着市场。我们如果没有一个更为宏大的目光和立场，如果没有对未来的探索，如果没有对智能时代的描摹，那么，身为一个企业人，显然是不合格的。

《庄子·逍遥游》说，到近郊的草木间去，一天在那里吃上三顿，回来了肚子还饱饱的；假如走一百里路呢？就不同了，得带一点干粮，说不定要两三天才能回来；如果走一千里路，那就要准备带两三个月的粮食了。

看上去这是庄子在告诉我们出门该怎么准备，实际上讲的却是人生境界。前途远大的人，就要有远大的计划；目光短浅，只看眼前之事的人，恐怕难堪大任。我们应该做的不只是拥有今天，还应该抓住明天、后天。

所以，我一直坚信着一句话——做个一百年后的人，把团队带到五十年后。

在优德里，我们的成员为优德感到光荣。在优德外，我希望，有一天，我们的用户会对我们的产品、服务，或者是一台医疗仪器，等等，说，这家公司的东西我是用着的，很合我心意，想不到他们发展得这么好……我希望，我们能够成为我们用户和消费者炫耀的资本。这或许很难，肯定会需要我们付出很多的努力，但是我们愿意为此奋斗。

此外，我还想谈一谈"数字化"。完全数字化的时代究竟是什么样的世界？我们的生活会发生怎样的改变？

从未来趋势来看，在以互联网发展为标志的新经济时代，信息化和科学技术的进步必然是推动社会发展的原动力。其余传统工业革命成果的商业生态正在被信息革命带来的数字化打破，新的商业生态正在构建。

数字化在让世界变得更加智能的同时，也让劳动力市场上的不平等与资本劳动回报率之间的差距越来越大。此外，数字化对于人类生活产生了巨大影响，包括人与人之间的联系方式、人与机器之间的关系，都在发生越来越快、越来越深并不可逆转的变化。这是我们必须要看到的一个未来趋势。

"数字化革命"，这种对未来的认知，不能仅仅成为一个商业噱头，而应该成为我们企业文化、团队建设、人员筛选的指导，成为具有实践意义的方针。

比如，在企业中，可以建立扁平化企业组织，这样能最大幅度降低信息失真成本。此外，还可以建立一套避免信息失真的保障制度，对那些专门制造虚假信息的人给予相应的处罚。

准确的信息是做出有效决策的前提条件，谁获得的信息丰富又准确，谁必定在经济生活中先行一步。真实可靠的信息，也是我们成功的关键。

对于一个组织来讲，确定目标，进行决策，进行组织、控制、协调，以及对人际关系的改善，组织凝聚力的形成，组织的变革与发展，都离不开沟通和信息传递。建立一条"信息绿色通道"，对企业的重要意义不言而喻。

读懂趋势，活在未来

当代社会的竞争，是人才的竞争，是知识的竞争，更是面向未来的竞争，只有敢于面向未来的企业家，才能由今天的成功者成长为明天的领导者。世界上没有公司可以做到永远基业长青，但是人类的精神、人的思维模式是不断得到提升、进化的。要想使一个企业成为行业的领导者，企业家首先要成为思维超前者。正是因为超前思维是面向未来的思维，所以也就决定了谁在未来引领时代潮流。

活在过去是一种懒惰，活在现在是一种放纵，只有活在未来才是真正企业家应该具备的精神。企业家不能靠完善昨天来面向未来，要立足今天来导向未来的辉煌。而这一切，没有超前思维，是不可能实现的。一个企业的价值观由他的领导者决定，而领导者的成败由他今天所做的事情决定，更由他今天的选择决定，要进行理性的选择，必须面向未来。要面向未来，就必须有一种超前的大胸怀、大境界、大气魄。

2018年1月23—26日，主题为"在分化的世界中打造共同命运"的第48届世界经济论坛年会，在瑞士达沃斯召开。

这次会议上聊了人工智能的发展前景以及现状。

人工智能并不是什么新鲜的话题，早在20世纪50年代，科学家就启动了人工智能研究，明确了人工智能要模拟人类智慧这一大胆目标。从那时起一直到20世纪70年代，人工智能计算机已经可以完成一系列原本只能由人类完成的任务，如证明定理、求解微积分、通过规划来响应命令，甚至是模拟心理学家或者作曲。但是，更加复杂的困难或更加多样化的问题，那时的人工智能还无法解决。

现在的这个时代，或许是智能设备领域投资和创业的最好时代，这是我目前的想法。智能创业的门槛有可能逐渐降低，就好像当年互联网时代的雅虎、谷歌、阿里巴巴在创业时需要自己做服务器，自己做数据库，自己建CDN，门槛奇高。但是，后来创业的人已经不再需要这些，有大把的公司可以提供这些服务。于是，就会形成所谓的"商业模式"——专业公司提供专业服务，具体划分整个行业里的产业链。

智能行业的发展或许也是沿袭这样的方向，当智能行业成熟以后，有人做机器人应用、有人做芯片、有人做云计算、有人做系统……现在智能领域里最受人关注的东西一定是那些应用层面的事物，因为它们最贴近人们的工作和生活，比如无人驾驶汽车，已经流行起来的智能眼镜、智能手环，正在不断发展的智能家居，等等。在这些应用层面以下的是基础性的东西，比如芯片、传感器、云技术，等等，属于产业链上的一环。而智能设备的完善与体系化，则是为了"物联网时代"的到来。

万物互联是可以想象的。小到钥匙，大到楼房，都可以在植入微型芯片后变得智能。物联网中的物体可以与人类"交流"，可以和其他物体之间进行"对话"。它可以被视为互联网的延伸，互联网上的所有资源、应用等元素。它是信息化时代的重要发展阶段，是新一代信息技术最重要的组成部分，智能家居、交通物流、环境保护、公共安全、智能消防、工业监测、个人健康等各种领域都是物联网可以覆盖的范围。

作为商业人士，作为企业经营者，作为面向未来的团队带领人，我们的方向和视野已经很清楚了——一个曾经存在于科幻电影中的未来即将实现的世界。

这个世界终将为人类服务。

所以，"用户经济"的时代已经到来。这昭示着很多企业的经营战略将发生一场翻天覆地的变化。在市场经济正在向着客户经济时代演进的今天，很多公司也正在倾全力推进客户价值创新战略。

所以，我们优德可以不断提供增值服务方案，让客户更准确地掌控企业的服务信息，及时响应瞬息万变的市场动态，不断完善客户服务。

杰瑞·温德说："我们的思维模式定义我们的世界。"爱因斯坦也曾感叹说："我们的理论决定了观测的结果。"中国企业的领导人，处于这样一个充满了机遇和挑战的时代，要善于分析形势，以超前的眼光认识市场形势，以大胸怀参与市场竞争，提升自我超前思维能力和战略想象力。

附录一　我带团队悟语集

1. 不管带什么队伍，我认为领导者都需要思考两个问题：第一，领导者怎样做，成员才会愿意效仿；第二，成员怎样做，团队的价值才能发挥出来。

2. 领导者要带好队伍，就要积极修炼"三商"能力。智商显示做事的本领，情商反映做人的表现，胆商体现成事的魄力。所以，要用智商做事，以情商做人，靠胆商做强。

3. 勤奋敬业，身先士卒，敢想敢干。要永葆对事业的热情，想到马上就去做，不找借口拖延。

4. 领导者的观念决定了团队思想的高度，领导者的方法决定了团队工作的速度。

5. 有明确的短期及长远目标。符合自身实际，通过订立详细阶段目标来规划未来方向，不搞假大空。

6. 领导者一定要比成员更静得下心，更沉得住气，能更专注地做好一份事业。

7. 领导对于自己的事业要充满自信，别人不理解时，自己要理解；别人不相信时，自己要相信。相信的力量是巨大的。

8. 领导者要内心强大，要有大胸怀，大担当，要敢于担责任，功劳不往怀里揽，过错不向别人推，要对得起追随自己的兄弟姐妹们。

9. 有格局的领导人，手里要握着十年之后的人才，心里要想着二十年后的世界。

10. 做人厚道，包容大气，不自私，不耍小聪明，你今天的行为就是属下明天对你的态度。

11. 一个人没有目标，就只能帮别人实现目标。

12. 带队伍就像逆水行舟，不进则退。不做准备，就是在准备失败；不做计划，就是在计划失败。

13. 要让员工有主人翁意识，领导者先要学会聆听，只有聆听到基层最广泛的声音，再根据实际情况总结、调整，才能把队伍带好。

14. 做事认真，关注细节，讲究品质，善于学习。要严于律己，不要处处针对别人；要重视学习、开会、培训，不找借口，不自欺欺人。

15. 领导者敢听不好听的真话，员工才会敢讲真话。

16.领导者和员工谈话，要使用轻松的语言、多谈员工的优点、关注问题本身、只给有用的建议。

17.真正强大的团队，一定充满了爱，敢于奉献，有强烈的正义感和道德感。自私的领导带不起团队，自私的团队一定走不远。

18.做事有主见，有魄力，爱学习，讲团结，切忌优柔寡断、人云亦云，团结一切可以团结的力量。

19.养鱼莫若养水，水好鱼自然就好。带团队也是带氛围，氛围好了，消极的人进来也会变得积极。

20.带队伍要遵循五条基本法则：以身作则、给足激励、明之以法、晓之以理、动之以情。

21.团队的自律始于领导者的自律，管人的本质就是管好自己，管好自己才能影响别人。

22.做事有爱心，帮助人、照顾人、理解人，用爱和宽容来对待你的团队。

23.团队中最值钱的是人，人才兴则团队强。领导者要创造一切条件，排除一切困难，认认真真地培养人才、想方设法地吸引人才、人尽其才地用好人才。

24.我最喜欢什么样的人？要爱岗敬业，要自动自发，要勇于担当，要注重效率，要结果导向，要勤于沟通，要善于合作，要态度积极，要为人忠诚，要懂得感恩。

25.每个人都是人才，一个人只要有目标、有斗志、有梦想，就可能成功。

26.一个人的目标叫目标，一个团队的目标叫方向。有目标的人不会懒惰，有方向的团队不会迷航。

27.人才使用有"三要"：要见微知著地发现人才，海纳百川地包容人才，不拘一格地使用人才。

28.我不喜欢论资排辈的做法，辈分高、资历老、经验足，这些主观印象很不可靠，关键时刻还是要靠能力说话。

29.学会引进人才、培养人才、尊重人才、善用人才，充分发挥领导"传帮带"的作用，大胆提拔人才，不压制人才。

30.不敢挑战自己的人，不要重用；不敢承担责任的人，不要使用。

31.在最困难、最辛苦的时候依旧相信你的人，一定是最可靠的人。

32.相对于空降兵，我更喜欢从基层选拔人才。从基层一步步成长起来的管理者见证了企业的成长，对企业文化的认同度更高，对企业的忠诚度也就更高。

33.业务要专，责任心强，文武双全。既懂管理又懂业务，不会就学，学以致用。

34.哗众取宠、卖弄才华的人，或许能很快引起别人的注意，但也最容易让别人讨厌。能成大器的人往往做事低调，无私而上进，这种人终究会得到重用。

35.队伍需要什么样的人，就定什么样的管理标准；而不是听说什么标准好，再去找什么样的人。

36.不能慧眼识英才，不会知人善任，不懂量才而用的人，不配当团队的领导者。

37.一个经常不能按要求完成工作的人，对工作缺乏敬畏之心，如果不转变思想就要坚决换掉这个人。

38.一个人究竟有多少价值，不是看他挂着多少名号，拿了多少奖，而是看他有多少才学做成了多少事，为做成一件事情甘愿付出多少心血。

39.人一生最大的金字招牌是人品，最大的无形资本是人品，最大的精神财富是人品。没有领导愿意信任、重用一个人品不佳的员工；没有员工愿意跟随、服从一个人品不佳的领导。

40.在人才价值的衡量上，我认为人品高于学历，态度重于经验，能力决定岗位。

41.要用人，就要用德才兼备的人，不能因为缺人而降低用人的标准。重德轻才，团队就要吸收庸人；重才轻德，团队就要吸收小人。无论是用庸人还是用小人，最终都会影响团队的所有人。

42.做事先做人，能上能下，能屈能伸，能文能武，能小能大。

43.我相信每个人都是好人，好人也会犯错。领导者要给员工犯错和成长的机会，给员工机会就是给自己机会。

44.员工犯了错，领导者要少问"为什么会这样"，多问"现在你打算怎么办"。

45.放手让员工去解决问题，成功解决第一个，就能成功解决第二个；如果领导不放心，选择自己包办问题，现在包办了第一个，以后就会包办第二个。

46.只要员工愿意主动解决问题，哪怕不是最佳方法，解决了就要表扬。

47.为了发现人才、发现员工身上的优点，领导者要睁大双眼；对于放手交给员工去做的事情，领导者要紧闭双眼；只要员工没犯原则性的错误，事情没有往不可收拾的局面恶化，领导者要敢于睁一只眼闭一只眼。

48. 领导者先要想办法让员工赚钱。口袋富了，没有后顾之忧，他才能跟着队伍好好干。上级对下级一定不能抠，员工该拿的钱一定要给他拿。

49. 好员工都是带出来的。想要员工做出巨大的贡献，领导者先要为员工创造合适的舞台，帮助员工快速成长，然后带着员工走向成功。

50. 给员工搭舞台，成就的是他人，成功的是自己。

51. 用同一个梦想引领所有的人，以不同的方式对待不同的人。

52. 考察员工的能力要因人而异。考察新员工时，要把要求和标准告诉他们；考察老员工时，就只告诉思路不告诉方法；考察干部时，就只提出问题不告诉思路。看看在这些情况下，他们能不能把事情做好。

53. 不要抱怨员工不才，先想想给员工的培训有没有做好，位置有没有放对，激励有没有给够。

54. 员工有情绪，领导者不要不闻不问，要积极引导。用积极的情绪带领队伍前进，把负面情绪抑制在初始状态。

55. 所有人在人格上都是平等的，有限的位置只留给真正有能力的人。

56. 所谓有效激励，就是把最好的机会和奖赏，留给有人品、有准备、有担当的人。

57. 有效的激励制度具备六大特点，重点突出、标准量化、目标可实现、限定期限、控制成本，富有弹性。

58. 竞争的目的是鼓励整个团队进步，既要让上榜的一二三名拿到相匹配的奖励，当好接下来的守擂者；也要让落榜的四五六名得到应有的鼓励，成为更加优秀的攻擂者。

59. 团队回馈既要许以金钱，更要授予荣誉；既要关注当下，更要立足长远。

60. 高工资养人，低工资赶人，死工资害人，高激励助人。

61. 奖要奖得心动，罚要罚得心痛，不痛不痒的措施不会有任何效果。

62. 表扬要当面，批评要私下。

63. 少命令员工"你必须做到"，多鼓励员工"你可以做到"。

64. 批评不等于骂人，更不等于乱发脾气。表扬有表扬的方法，批评也有批评的艺术。责人先责己，批评人要先礼后兵；批评要界定范围，不能想到哪批评到哪；批评人时要轻话说重，重话说轻。

65. 为钱而留的人，最终往往也会为钱而走；为梦想而留的人，往往会因为梦想而一起前行。

66. 想让自己挣钱，先让自己值钱。到底值多少钱，是自己创造和争取来的。领导和大家心中都有一杆秤。

67. 团队中的每个人，都要以本分立人，靠本事立足。

68. 团队的公平由能力和表现决定，多做和少做一定不一样，做好和做坏一定不一样，优秀和普通一定不一样，积极上进的人和消极怠工的人一定不一样。

69. 平庸的人永远在为"要我学"而整天发愁，聪明的人正在因为"我要学"而走向成功。

70. 无论是带队领导，还是团队成员，都要把自己的工作做到无可挑剔。精益求精永远都是最好的工作态度。

71. 有格局，以大局为重，时时、事事为集团着想，个人的事再大也是小事。

72. 把工作做好，就是做好自己的分内之事，让别人无法超越。

73. 留人的最高境界是不留人，人才管理、人才培养这种准备工作要做在前面，并且在带队伍的过程中不断完善，确保"人尽其才，才尽其用"。

74. 不想留下来的人，不要勉强。价值观不同，留下来也没有意义。

75. 做工作不要怕吃亏，要相信吃亏是福的理念。人在做，天在看，吃亏的人最终都不会吃亏，还会有福报。

76. 空谈误国，实干兴邦。优秀的团队不是招出来的，不是策划出来的，不是宣传出来的，也不是开会开出来的，一定是干出来的。

77. 一支队伍要想做出成绩，从领导到员工，每个人都要开动脑子、迈实步子；躬下身子、撸起袖子；甩开膀子、干出样子。

78. 好的管理，是在严守制度的前提下讲人情味。慈不掌兵，情不立事，没有规矩就不成方圆。

79. 提前订好规矩，事前打好预防针。不是所有人都能自觉按规矩办事，这也需要领导者引导，更需要以身作则。

80. 正能量不是学出来的，也不是讲出来的，是领导带领出来的，是制度约束出来的，是激励激发出来的。

81. 管人的最高境界是不管，是无为而治。

82. 做事之前要四问员工：你的梦想是什么？你距离梦想还有多远？为了梦想你会怎样努力？需要公司给你什么帮助？

83. 要用文化引导，让梦想先行，给足奖励，保障公平，使员工达到自动、自发、自省、自律的状态。

84.要引导成员正确地看待竞争，要争而不赖，争而不怒，争而不破，做到竞争场上是对手，竞争场下是朋友。

85.一支队伍要想走得远，就要稳住底盘、全面把控，做到适时扩张、不断创新。

86.如果刚刚开始带团队，还做不到为员工谋利，至少要做到不与员工争利。

87.遇到困境，不慌不忙。不能立刻解决问题，就要学会与当下的困境共存，在用时间换空间的过程中，找到最佳的机会，然后一鼓作气突破。

88.生于忧患，死于安乐。一支队伍，氛围可以和谐，但不能太安逸；可以适度放松，但不能过度沉湎。

89.带队伍要讲留余思想，总的来说，就是不要太过于拘谨，要让人与人之间的相处变得融洽，不要太过于刻薄。

90.狠抓业绩的领导懂务实，可以打 50 分；善抓文化的领导懂务虚，可以打 50 分。两者都兼备的领导，可以打 100 分。

91.团队执行力的大小，往往取决于领导者管理力的强弱。

92.懂政治、会说话、讲规矩、守原则。适应社会，了解并运用规则，做人有底线。

93.要告诉成员，团结互助就是：别人干得好，我为他高兴；别人没干好，大家来帮忙。

94.一个人是一条虫，一个团队是一条龙。队伍团结则万事兴盛，队伍散漫则一事无成。

95.有什么事要办，就用什么人；而不是手头有什么人，就去办什么事。

96.不管结果是好是坏，都要主动反思。成功时要引导员工总结经验，知道"我们成功在哪里""如何继续获得成功"；失败时要引导员工吸取教训，知道"哪些原因导致了失败""怎样做才能规避下一次的失败"。

97.带队伍要有股"狠"劲，只有无差别地对人对己，做事讲规矩、高标准、严要求，才能树立威信，不令而从。

98.过日子，平平淡淡才是真；带团队，平平淡淡就会散；做事业，平平淡淡只能死。

99.世界上唯一不变的就是变化，所以我们要学会与时俱进、与势俱进、与事俱进。

100.团队与团队的差距就是人的差距。

附录二 团队管理大家谈

周强

◎ 我带团队的管理经验

　　想带好一支团队，重在"识人、用人、育人、留人"，做到"德者居上，能者居中，工者居下，智者居侧"。人，千差万别，但若以动物喻之，无外乎"马、牛、猪、狗"四类。用人之道，简言之，即为：惜"马"，用"牛"，赶"猪"，打"狗"，贵在用其所长，避其所短。

　　工作就是与人打交道，想把事情办好，相互信任是基石、是桥梁、是纽带。"人无信则不立，事无信则不成"，想获得别人的信任，就要以诚待人。毛主席说过："用人不疑，疑人不用，用人放手，纵横自由。"在工作中，我经常放手让员工做事情，这是信任员工的表现，信任也是领导对下属的一种赏识和鼓励。

◎ 我带团队的个人感悟

　　在管理上，我一直遵从以仁为本、服务至上、共赢第一的理念。凡事有阴阳，物无善恶，过则为灾，做人如此，做企业也如此。管理以"仁"为本，"仁"的本质就是"爱人"，把人放在首位，关心人、尊重人、人人平等。如何做到"仁"？孔子说克己复礼为仁，要求人们克制个人欲望，视听言行都要循礼，人类社会就能仁爱、和谐。把"仁"的思想用于管理，就是要求管理者关心人、尊重人、以人为本、重视人才、举贤授能，做负责任的企业。

◎ 我对牛留栓董事长带团队的评价

　　"沟通大师""营销专家""管理专家""资源整合专家"。

曹可奇

◎ 我带团队的管理经验

一将无能，累死三军。要组建一支团队，带队的领导最关键。用人重在选人，要因材施教，用人所长，不要强人所难。管理的核心，在于管好自己，通过不断修炼，达到知行合一。领导树好了榜样，部下就会争相效仿。带队者要端正自己的心态，不断强化自己的能力，用个人的魅力团结更多的人；同时，带队者也要把每个人都放在恰当的位置，助力大家完善自我，在扬长避短中，最大限度地展现团队的价值。

◎ 我带团队的个人感悟

强大的团队必然有强大的文化。这种文化始于领导者本身，最终作用于整个团队，并且会通过领导者的持续营造，形成更强大的影响力，在整个团队中形成良性循环，让每一位成员都能自动自发地工作，形成自律自省的工作氛围。

◎ 我对牛留栓董事长带团队的评价

我与牛先生相识多年，亲眼见证了他的企业从小到大的过程，并被他个人的魅力所深深吸引。他敢想敢干，在企业创业之时，就有宏伟的梦想。即便到了今日，他仍旧没有停下，反而更用心、更拼命，以更大的热情投入到了新的征程中。他待人厚道，信奉吃亏是福，用人不疑，唯才是举，并且认为只要能容人所短，天下就没有不可用的人。

马军士

◎ 我带团队的管理经验

团队由员工和干部组成，是一个有使命、有信念、有价值观、有目标的集体。一个团队好不好，全看干部带得怎么样。我认为，一个好干部要做好 11 个方面：（1）多做实事，少讲空话；（2）踏实肯干才有影响力和说服力；（3）不断开阔眼界、增强气场、提升格局；（4）让自己和属下变得更值钱；（5）保持谦逊，向有结果的人学习；（6）用人所长，抱团发展，合作共赢；（7）在实战中快速复制；（8）一切美好始于有远见的规划；（9）有效的物质、精神激励才能激发队伍潜能；（10）做人做事适度包装，能让人信念坚定，从容不迫；（11）行行出状元，唯有坚持才能成功。

◎ 我带团队的个人感悟

第一，团队发展的持续竞争力在于骨干力量。尽可能多地培养顶梁柱，是建设团队的第一要务。第二，唯有放下高傲的内心，才能从真正优秀的人身上学到东西。抱团才能四两拨千斤，合作才能赢取大未来。第三，团队发展一定要基于文化，竞争、相信、格局、德行、舍得、包容、胸怀，它们都是一流团队的代名词。第四，要打造一流商业模式，让基层员工有钱赚是销售团队发展的硬道理！

◎ 我对牛留栓董事长带团队的评价

牛先生勤奋、敬业，在生活和工作中都十分讲究，能不断影响、改变身边的人，做事有魄力，敢为人先、心存善念、仁义大爱、乐观自信，格局甚大、思路清晰，这些足以让一个团队不断超越梦想，创造奇迹！

戚海青

◎ 我带团队的管理经验

作为管理者，不要尝试改变任何员工的脾气性格，相反，要学会适应他们的性格特征与工作方式，发挥他们的长处。在整个管理过程中，沟通至关重要，上下级 80% 的误会都是因为沟通不畅造成的，所以要加强各级之间的沟通。沟通是一门艺术，没有人愿意被上思想课，有效沟通要先切入生活，最终目的是聊工作。

◎ 我带团队的个人感悟

要明确团队发展的目标，制订可行的发展计划并监督到位。一个团队的精神和凝聚力至关重要，要让每个人的学习能力和团队精神都得到有效提升。文化是团队的灵魂，会议是营销人员的支撑。要把队伍带出成绩，就一定要不断增强企业文化的影响力，提高员工的业务技能，从细节、专业、模拟、演练等方面，强化员工文化营销及服务营销的意识。

◎ 我对牛留栓董事长带团队的评价

牛先生高瞻远瞩，工作亲力亲为，是整个团队的精神领袖。

马晋

◎ 我带团队的管理经验

21世纪最宝贵的资源是人才，单打独斗的年代早已过去，合作共赢才是未来的王道。要想提高业绩，要么自己会干，要么培养一批会干的人，而培养人才的最佳途径就是建设团队。"存人失地，人地皆存"，唯有聚合一批有梦想、有潜力、有品质的人，才能成大事！

◎ 我带团队的个人感悟

第一，思想是带团队的基础。人最难管理的是思想，一个人的思想出了问题，再多的方法、技能都是徒劳。因此，领导干部要在团队中树立正确的价值观，树立先进，鞭策后进，使大家积极、执着。第二，培训是带团队的关键。培训的重点是听懂、相信、多练，充分吸收别人的经验，缩短自己摸索试错的时间。第三，管理是带团队的手段。制度的灵活是一种灾难，而管理的灵活是一种艺术，面对顾客、市场的问题时，偶尔的消极、挫败在所难免，这时，就要学会将理性与人性相结合，先鼓励员工重拾自信，再分析问题，找出解决方案。

◎ 我对牛留栓董事长带团队的评价

有幸结识牛留栓先生18年，追随8年，从一支团队到十万大军，从白手起家到商业巨子，牛留栓董事长的人品与事品让人钦佩，更让人尊重！作为体销之王，他倡导的团队建设哲学、知人善用理念，以及从他身上散发的卓越领导力、敬业精神、善与"狠"的平衡感，深深地影响了越来越多的创业者。

祁建峰

◎ 我带团队的管理经验

带领一个团队，应该从心出发，做好以下几点，才能培养一支生力军。

第一，时刻牢记自己才是团队的旗帜。孔子讲"己不所欲，勿施于人"。破也好、立也好，我们都要要求自己先做到，而后律人。第二，重视榜样的力量。树立了榜样，团队成员就有了参照物，才能清晰地知道前行的方向。第三，树立共同的愿景。团队中，领导和成员是利益共同体的关系，我们终将为造福别人、成就自己而努力，只有不断进步，才能创造奇迹。

◎ 我带团队的个人感悟

"做才有所得"，我们必须与团队共成长，才能"任风入，杨柳千条皆向西"。对于团队而言，领导不是一个管理者，而是一个精神领袖，他时刻要做到高瞻远瞩，谋定而动。当团队的成员也能做到倾心相助、扬长避短时，这支队伍定能成就大业。所以，领导者要始终严于律己，以人为镜，要把看到属下的成长，当成领导者最大的快乐和荣耀。

◎ 我对牛留栓董事长带团队的评价

牛董是名副其实的企业家，他在做人和管理上有着独有的方式和魅力。在一起创办企业的十几年生涯中，我目睹他以自己的人格魅力，吸引了无数精英青年加入集团事业，真是了不起！牛董不仅有高瞻远瞩的商业目光，有谦逊大度、雷厉风行的管理习惯，而且浑身上下散发着人性光辉的无尽张力。我相信，优德必将在牛董的不遗余力当中，远航未来！

张海旺

◎ 我带团队的管理经验

　　作为团队的领导者，首先要具备良好的个人素养、勇于拼搏的精神、无畏的心、正直的气质、与众不同的气场，这些都是领导力的重要组成部分。其次，领导要以身作则，身先士卒。再次，信任是塑造团队之魂的必要前提。最后，准确的目标定位才能保证团队在前进之中不迷失方向。

◎ 我带团队的个人感悟

　　一个好的团队不是偶然诞生的，坚韧不拔的团队之魂要通过不断锻炼和精心培育才能形成。这种团队之魂非常重要，它能将团队凝聚成一股核心力量，让员工感到自己的发展与公司整体的发展密切相关。团队有了灵魂，也就有了战斗力，这样的队伍一定是高效的，是战无不胜的。

◎ 我对牛留栓董事长带团队的评价

　　牛留栓董事长是一个完美的团队领导者。他能用包容、博爱之心对待每一位下属，不抛弃、不放弃，总能给我们带来欢乐和感动；他善于发现身边每一个人的优势，能做到用人之长，并且经常用他那积极向上的正能量，影响身边的每一个人，让身边的人都保持着自信的状态；他具有长远的目光，做事高瞻远瞩，勤奋而敬业，始终保持着创业者高度的热情。这种精神值得每个职场人尊敬！

钟国奇

◎ 我带团队的管理经验

结合自己 21 年带团队的经验，我将组建、发展与管理团队的方式方法总结为"五步模式"法，即选一个好的行业、找一个好的项目，吸引住人；培养出几个优秀骨干，并通过分担团队管理任务促进其成长；以优秀骨干为基点，搭建团队"骨架"；为团队提供广阔平台并通过榜样效应吸引更多人，进而扩建团队；帮助优秀骨干分建团队，形成"裂变"效应。

◎ 我带团队的个人感悟

首先，一定要把下属当"人"看。组建团队时，吸引人的无非是行业和项目；团队建成后，要把团队维持下去，留住下属，充分激发他们的潜能，靠的是归属感。形成这种归属感很容易，就是把下属当"人"看，而不是当挣钱的机器看。

其次，给予下属最需要的。一个人刚进团队，免不了要学习业务、学习管理、学习经验，领导者应该主动为下属提供广阔的平台和足够的发展空间，最好能推行师傅带徒弟的"传帮带"模式，让下属能直接获得帮助。

另外，严是爱、松是害。管理团队，不管是遵守制度还是人才培养，都必须非常严格！只有严格了，才是对团队负责、才是对下属负责，同时也是对自己负责。

◎ 我对牛留栓董事长带团队的评价

我最佩服的，是牛留栓先生能竭尽所能为团队提供广阔的平台，充分促进团队的"裂变"，同时给予团队最大、最全面的帮助，保障团队没有后顾之忧。能在管理中展现这种"大家风范"的管理者，其本人一定是管理"大家"！

刘清山

◎ 我带团队的管理经验

首先，管理团队要非常严格。俗话讲得好，"其身正，不令而行；其身不正，令而不从"。打造团队应该有严格的管理制度，只有这样才能够保证团队的战斗力。

其次，企业文化的传承至关重要。打造团队时，要把企业的宗旨、理念、核心价值观传播到位，让团队中的每个成员都能高度认同企业的发展，明白团队的发展就是自己的发展，企业的利益就是自己的利益，形成与企业共存亡的觉悟。

再次，打造和谐竞争的团队文化。企业管理者要注重培养人才，充分发挥每个人的优势；平时要多搞一些提升凝聚力的活动来融洽氛围，也要搞一些 PK 竞赛来绷紧员工的神经，做到张弛有度。

最后，团队的快速发展离不开骨干，特别是营销团队。要培养员工的自信心，以及中高层领导的责任心和担当能力，让中高层领导在团队中起到"传、帮、带"的作用，成为团队的表率。

◎ 我带团队的个人感悟

美国钢铁大王安德鲁·卡内基曾经说过，可以把我的财产全部拿走，只要把人留下，10 年后我还会成为钢铁大王。这句话充分说明了人对于团队的重要性。多年的团队管理过程也让我深刻认识到，打造一个钢铁团队，其核心就是做到以人为本。有了钢铁团队，企业发展的车轮才能滚滚向前。

◎ 我对牛留栓董事长带团队的评价

牛！牛董是鹰雁团队当之无愧的领军人物。

曹茂山

◎ 我带团队的管理经验

　　大多数人可能认为，能力是领导者重要的条件之一，但我认为，领导艺术源于人与人的沟通，学会与员工打交道，这也是一项重要而基本的能力。结伴同行是每一位管理者都要牢记的准则，无论管理者自己多么能干、多么有干劲，一个人能做的事毕竟是有限的，团结大家的力量才能干大事。团队发展中最重要的因素是信念，自己的信念、信奉的价值观、全力追求的东西，这些东西，领导者不要轻易动摇、改变，否则就会伤及军心。一个人能做到以上几点，才有可能得到员工的真正信任。

◎ 我带团队的个人感悟

　　要想建立一支可靠的团队，领导者要做好以下四步：第一，建立牢固的人际关系，与部下融洽相处；第二，懂得倾听，能站在部下的立场思考；第三，愿意动用自身的资源，让部下的价值得到提升；第四，求学中指导，工作中严谨，生活中关怀，事业中相伴。

◎ 我对牛留栓董事长带团队的评价

　　成长中不断求学，这是牛留栓先生带给我的最大启示。年轻时，学习能淡化浮躁；成长时，学习能淡化挫折；发展时，学习能淡化瓶颈；辉煌时，学习能淡化骄傲。

孟琪

◎ 我带团队的管理经验

"管理者"，顾名思义，就是管理团队的人，团队的精神面貌如何，与管理者的管理方式直接相关。首先，要激励自己的团队，一个人被有效激励之后，他的工作效率可以达到正常工作时的 2 倍，甚至是 3 倍。其次，领导者必须低调做人，高调做事，以身作则，承担责任，同时要加强团队的凝聚力，这样才能促进队伍不断成长。最后，要想让团队做大，领导者必须要有魄力，对于给公司造成恶劣影响的人，绝不能容忍。

◎ 我带团队的个人感悟

第一，管理者要放下架子，融入团队，将团队成员当成家人，这样成员才能把管理者当成可以依赖的人。第二，管理的核心就是沟通，沟通的目的不是说服，而是寻求支持、理解、合作，管理的过程就是沟通的过程，希望员工以怎样的态度对待工作，领导者就要以怎样的态度对待自己的工作。第三，多注意员工的优点和长处，管理者能发现员工的优点和长处，并且给予肯定和赞赏，员工就会把领导视为知己，工作也会更加努力。第四，管理团队一定要说到做到，管理者不诚信，所说的话就没有号召力，员工的士气也会大大降低。

◎ 我对牛留栓董事长带团队的评价

作为优德的统帅，牛董首先从自我做起，勤于学习，严于律己，关注能力、效率、担当，这是打造优德优秀团队的关键。此外，牛董在管理中，一直坚持人本主义的理念，强调企业是人组成的，员工是企业最大的财富，值得所有管理者学习。

胡文志

◎ 我带团队的管理经验

带团队，搞销售，就像领兵打仗一样。首先，带团队的人得有清晰的思路、明确的目标、坚忍不拔的毅力、百折不回的耐心。管理是一门艺术，作为领导，一定要不断学习，不断总结、反省，不断提升和完善自己，认清自己及团队的优缺点，扬长避短，知人善用。其次，带团队一定得有团队文化，让员工有信仰，有担当，有责任心和使命感，同时还要加强业务技能培训，提高员工的专业知识水平。只有在一个领域成为专家，才有希望成为这个领域的赢家。

◎ 我带团队的个人感悟

领导者一定得有大胸怀和大格局，做人要厚道，要能包容、知感恩，要真心实意地帮助员工，帮助他们走上成长、成功之路，帮助他们实现梦想。

◎ 我对牛留栓董事长带团队的评价

成功需要贵人相助，这一点我深有体会。牛董是我生命中的贵人和导师，不仅给了我很好的平台，还教会了我很多做事的方法和做人的道理。在牛董的指引下，我从一名技术男成功蜕变，华丽转身，走向成功。牛董很睿智，是管理界的艺术家，言谈举止、举手投足都能展现出独特的领袖气质和人格魅力。牛董事长虚怀若谷，为人包容、仗义，处处体现了当代企业家的责任与担当。吃亏是福，这是我跟牛董学到的一条人生真谛。